HÄUSLICHE BÄCKEREI

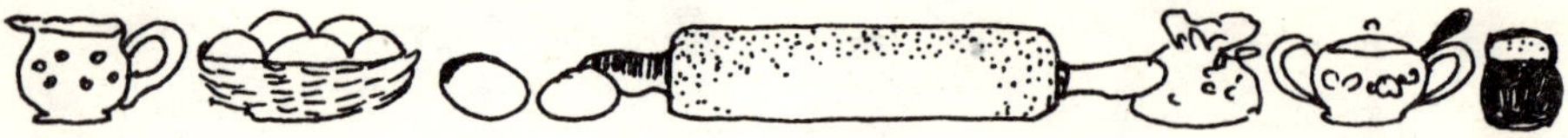

ROBERT PETROWITSCH KENGIS

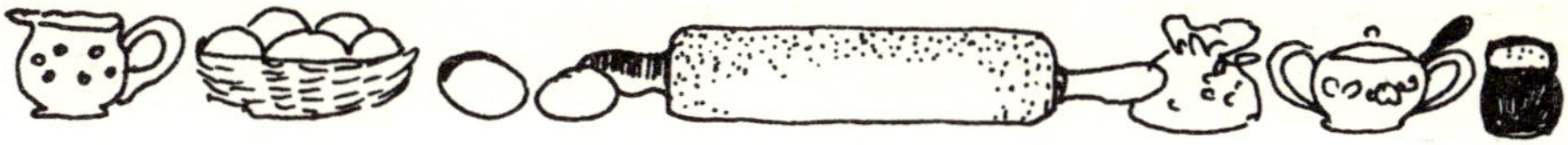

HÄUSLICHE BÄCKEREI

Verlag Mir, Moskau
Verlag für die Frau, Leipzig

Kengis, Robert P.:
Häusliche Bäckerei/Robert Petrowitsch Kengis. [Übers.: Irmgard Schär]. — 1., deutschsprachige Aufl. — Moskau: Verlag Mir; Leipzig: Verlag für die Frau, 1988. — 184, 32 S.: 110 Ill.

ISBN 3-7304-0107-6

Titel der Originalausgabe: Домашнее приготовление тортов, пирожных, печенья, пряников, пирогов.
Übersetzung: Irmgard Schär, Leipzig
Bearbeitung: Redaktion Hauswirtschaft, Verlag für die Frau, Leipzig, DDR (gekürzte Fassung)
1. Auflage 1988
Gemeinschaftsausgabe des Verlages Mir, Moskau, und des Verlages für die Frau, Leipzig

Grafische Gestaltung: Ursula Walch, Leipzig
Farbfotos: Werner Reinhold, Leipzig
Arrangement: Ursula Walch, Werner Reinhold
SW-Fotos: Heinz Schütze, Leipzig
Herstellung des Backwerkes: Günther Liebethal, Liebertwolkwitz
Satz und Druck: UdSSR
Druckgenehmigungsnummer: 126/405/34/88
LSV 9229
Bestellnummer: 673 238 9
01850

Inhalt

Liebe Leser!

Von Piroshki, Kulebjaka und Watruschki haben die meisten von Ihnen wohl schon etwas gehört. Dieses Buch will Sie jedoch noch mit vielen anderen süßen und herzhaften Backwaren aus den verschiedensten Gebieten der Sowjetunion bekanntmachen. Es handelt sich — wie aus einem großen Teil der Rezeptüberschriften ersichtlich ist — um Originalrezepte. Wenn der eine oder andere von Ihnen ein seltenes Backwerk, das er bereits an Ort und Stelle gegessen hat, hier wiederfindet, wird er besonders erfreut sein, daß nun dem Ausprobieren in der eigenen Küche nichts mehr im Wege steht! Die auf dem Schutrumschlag und den 32 farbigen Seiten abgebildeten Backwaren wurden im Verlag für die Frau fotografiert. Beweisen sie nicht, daß nachfolgend Rezepte für allerlei leckere Dinge angeboten werden?

Eines sollten Sie jedoch wissen: Vieles, was in diesem Buch zu finden ist, eignet sich nicht für eine «Schnellbäckerei»! Es gehört zu den Besonderheiten des Landes, daß mitunter Gebackenes zerschnitten, mit allerlei Krems wieder zusammengesetzt, mit Fondant glasiert und schließlich noch garniert wird oder für Herzhaftes mehrere Füllen benötigt werden. Vielleicht erscheint manches Backwerk etwas zu süß, andererseits könnten einige Teige, Krems oder Füllen eventuell ein wenig mehr von den angegebenen Gewürzen vertragen. Doch schließlich bleibt das Variieren jedem selbst überlassen, und das ist ja mitunter gerade das Reizvolle!

Für die Benutzung des Buches sei noch erwähnt, daß die Zutatenmengen meistenteils nicht in Gramm, sondern in «Bechern», Eß- und Teelöffeln angegeben sind. Deshalb gibt gleich auf den ersten Seiten eine Tabelle Auskunft darüber, wieviel Gramm diese in der UdSSR üblichen Becher und Löffel fassen. Der erste Teil des Buches enthält Rezepte für die verschiedenen Krems, Glasuren, Garnituren, Füllen u.a., die in den späteren Rezep-

ten verwendet werden. Dort sind sie in den Zutatenangaben jeweils in Anführungszeichen gesetzt — also beispielsweise «Fülle aus Kuraga» oder «Streusel» aus 2 Eßl. Mehl — und können so über das Sachwortverzeichnis gefunden werden. Da es dem Leser jedoch teilweise selbst überlassen wird, welche Sorte Butterkrem, süße oder pikante Fülle er verwenden möchte, ergeben sich die vielfältigsten Möglichkeiten, Gebäck nach eigenen Wünschen zu bereiten. Bekommen Sie da nicht sofort Lust, sich näher mit den Rezepten zu befassen?
Wir wünschen Ihnen jedenfalls recht gutes Gelingen!

Ihr
Verlag für die Frau

Erläuterungen zur Gewichts- und Maßtabelle

Da unter häuslichen Bedingungen mitunter nicht immer eine Waage zur Hand ist, wird die Dosierung der Rezepte in Teebechern, gekanteten Bechern, Eßlöffeln oder Teelöffeln angegeben. Wenn Waage oder Meßbecher benutzt werden, sollte das Volumen von Bechern und Löffeln mit Wasser ausgemessen werden. Wie aus der nachfolgenden Tabelle ersichtlich ist, muß 1 Teebecher 250 Gramm (Milliliter), 1 gekanteter Becher 200 Gramm, 1 Eßlöffel 18 Gramm und 1 Teelöffel 5 Gramm Wasser fassen. Das Geschirr ist so auszuwählen, daß es für alle Zutaten als ständiger Maßstab dienen kann. Zu beachten ist noch, daß die normal in einen Teebecher gefüllte Mehlmenge mit einem «kleinen Berg» 160 Gramm, hineingestampft im selben Gefäß bis zu 210 Gramm erreichen kann, während sie — vorher gesiebt und aufgelockert — nur ein Gewicht von 125 Gramm ergibt. Deshalb sollte das Mehl erst nach dem Abmessen gesiebt werden. In den Rezepten ist immer ein Teebecher zu 250 Gramm/Milliliter gemeint, wenn «Becher» dasteht. Ist ein gekanteter Becher zu 200 Gramm/Milliliter gemeint, wird er auch als «gekanteter Becher» bezeichnet. Die in den Rezepten angegebenen Resultate an Fertigerzeugnissen sind nur als Orientierungswerte zu betrachten.

Abb. 1. Becher, gekanteter Becher und Löffel zum Abmessen von Zutatenmengen

Gewichts- und Maßtabelle
Lebensmittel

	MASSE DER LEBENSMITTEL, GRAMM			
	im Tee-becher	*im gekante-ten Becher*	*Eß-löffel*	*Tee-löffel*
Wasser	250	200	18	5
Buchweizengrütze	210	165	25	7
Gelatinepulver	-	-	15	5
Haferflocken	100	80	14	4
Kartoffelmehl	180	150	30	10
Maismehl	160	130	30	10
Weizenmehl	160	130	30	10
Semmelbrösel	130	100	10	5
Puderzucker	180	140	25	10
Würfelzucker	200	140	-	-
Zucker	230	180	25	10
Kondensmilch	-	-	30	12
Sahne, saure	250	210	25	10
Sahne, süße	250	200	14	5
Vollmilch	255	204	18	5
Fett, tierisches und pflanzliches	240	190	17	5
Erdbeeren, frische	150	120	25	-
Himbeeren, frische	140	110	20	-
Johannisbeeren, schwarze, frische	180	130	30	-
Sauerkirschen, frische	190	150	30	-
Jam (Marmelade, Konfitüre)	350	290	50	17
Powidel (gekochtes Püree aus Obst)	350	290	50	17
Warenje (eingekochtes Obst)	330	270	50	17
Rosinen	190	155	25	7
Erdnußkerne	175	140	25	8
Mandeln	160	130	30	10
Mohn	-	135	18	5
Kaffee, gemahlen	-	-	20	7
Kakaopulver	-	-	25	9
Essig	-	-	15	5
Salz	-	-	30	10
Natron	-	-	28	12

Krems

Eine Krem ist eine weiche, schaumig-lockere Masse, die durch Schlagen von Butter, Eiern und süßer Sahne mit Zucker und anderen Zutaten bereitet wird. Krem hat einen hohen Nährwert und einen feinen Geschmack. Sie ist auch gut zum Garnieren geeignet. Allerdings verdirbt sie sehr schnell und ist deshalb in jedem Fall kühl zu stellen! Backwaren mit Krem dürfen nicht länger als 36 Stunden, Gebäck mit Kochkrem nicht länger als 3 Stunden bei 5 °C aufbewahrt werden.

BUTTERKREMS

Butterkrems sind besonders beliebt, weil sie sich auch gut zum Garnieren eignen und dabei ihre Form behalten. Nachfolgend Rezepte für fünf Krems: auf der Basis von Kondensmilch, Zuckersirup, Puderzucker, Milch und Eiern sowie nur Eiern. Sahnige Butter ist die Grundlage aller Butterkrems. Am besten eignet sich ungesalzene Butter.

Die Krems sind nicht nur unterschiedlich in der Zusammensetzung, sondern ebenso in den Zubereitungsweisen, der Haltbarkeitsdauer und im Geschmack. Jede Krem läßt sich geschmacklich variieren. Entsprechende Rezepte sind nach den Rezepturen für die verschiedenen Krems zu finden.

Butterkrem auf Kondensmilchbasis

ZUTATEN	MENGEN		
Butter, Gramm	50	100	200
Kondensmilch, Eßlöffel	2	4	8
Kremmenge etwa, Gramm	110	220	440

Die Butter in einem Topf etwa bis zur Beschaffenheit von dicker saurer Sahne erwärmen, dabei mit einem Schneebesen oder Rührlöffel zu einer schaumig weißen Masse schlagen. Unter weiterem Schlagen nach und nach die Kondensmilch zufügen und noch 10 bis 15 Minuten weiterschlagen, bis eine schaumige, glatte Masse entstanden ist. Soll gezuckerte Kondensmilch verwendet werden, muß sie zuvor aufgekocht und auf Zimmertemperatur abgekühlt werden. Falls die Krem beim Schlagen «grießelig» wird, also kleine Teilchen bildet, die sich nicht miteinander verrühren lassen, muß sie leicht erwärmt und dann weitergeschlagen werden. Hilft das nicht, ist sie abzukühlen und durch ein feines Sieb zu streichen. Etwas abgenommene Flüssigkeit muß nochmals erwärmt und dann alles erneut geschlagen werden. Andernfalls läßt sich nach und nach ein wenig weiche Butter zufügen. Die Krem muß abgekühlt verarbeitet werden, darf jedoch nicht bereits steif sein.

Butterkrem auf Zuckersirupbasis

ZUTATEN	MENGEN		
Zucker, Eßlöffel	1 1/2	3	6
Wasser, Eßlöffel	2	4	8
Butter, Gramm	50	100	200
Kremmenge etwa, Gramm	110	220	440

Den Zucker in einen Topf schütten, das Wasser zugießen, mit einem Löffel umrühren und so lange kochen lassen, bis sich der Zucker aufgelöst hat. Dabei den Schaum abheben. Diesen Zuckersirup auf Zimmertemperatur abkühlen lassen. Die Butter schlagen, wie im vorhergehenden Rezept angegeben, und während des Schlagens den Zuckersirup in kleinen Portionen zufügen. So lange schlagen, bis eine steifschaumige Masse entstanden ist.

Butterkrem auf Puderzuckerbasis

ZUTATEN	MENGEN		
Butter, Gramm	50	100	200
Puderzucker, Eßlöffel	2	4	8
Kremmenge etwa, Gramm	100	200	400

Die Krem auf gleiche Weise zubereiten wie im Rezept für «Butterkrem auf Kondensmilchbasis» angegeben, nur mit dem Unterschied, daß während des Schlagens in kleinen Portionen gesiebter Puderzucker zugefügt wird.

Butterkrem auf Milch-Eier-Basis

ZUTATEN	MENGEN		
Zucker, Eßlöffel	1	2	4
Milch, Eßlöffel	1	2	4
Eier, Stück	1/2	1	2
Butter, Gramm	50	100	200
Kremmenge etwa, Gramm	100	200	400

Die Milch in einen Topf schütten, den Zucker einstreuen und unter Umrühren zum Kochen bringen. In einem anderen Topf mit dem Schneebesen die Eier schlagen und — ohne mit Schlagen aufzuhören — in dünnem Strahl die heiße Milch zusetzen. Alles fast bis zum Kochen bringen. Dann auf Zimmertemperatur abkühlen. Inzwischen die Butter schaumig schlagen, wie im Rezept «Butterkrem auf Kondensmilchbasis» angegeben. Unter weiterem Schlagen in kleinen Portionen die abgekühlte Masse zufügen. Noch so lange weiterschlagen, bis eine steifschaumige Krem entstanden ist.

Butterkrem auf Eibasis

ZUTATEN	MENGEN		
Zucker, Eßlöffel	1	2	4
Eier, Stück	1/2	1	2
Butter, Gramm	50	100	200
Kremmenge etwa, Gramm	100	200	400

Zucker und Eier in einen Topf schütten, auf 45 °C erhitzen, dabei so lange mit dem Schneebesen schlagen, bis die Masse sich etwa verdreifacht hat. Dann, unter weiterem Schlagen, auf Zimmertemperatur abkühlen lassen. In einem anderen Topf die Butter anwärmen und dann schaumig schlagen. Dabei allmählich die Zucker-Ei-Masse zufügen. Alles noch so lange weiterschlagen, bis eine steif-schaumige Krem entstanden ist.

AROMATISIERTE BUTTERKREMS

Die in den vorangegangenen Rezepten beschriebenen Krems können durch Hinzufügen verschiedener Zutaten nach Belieben geschmacklich variiert werden. In den nachfolgenden Rezepten sind diese Zusätze für Kremmengen bestimmt, die aus 100 Gramm Butter bereitet wurden. Bei größeren oder kleineren Grundmengen sind die Zusätze natürlich zu verändern.

Aprikosenbutterkrem

Einer Butterkrem 1 Eßlöffel Aprikosenlikör, Aprikosen-Warenje oder Sirup von eingeweichten Aprikosen zufügen. Die Krem möglichst noch etwas orange färben.

Ananasbutterkrem

Einer Butterkrem 1 Eßlöffel Sirup aus einer Ananaskonserve zufügen und die Krem gelb färben.

Apfelsinenbutterkrem

Einer Butterkrem Apfelsinensaft von einer halben Apfelsine und etwas abgeriebene Apfelsinenschale zugeben. Auch 1 Eßlöffel Apfelsinenextrakt oder Apfelsinenlikör ist verwendbar. Diese Krem orange färben.

Benediktiner-Butterkrem

Einer Butterkrem 1 Eßlöffel Benediktinerlikör (Kräuterlikör) zufügen und die Krem zart grün färben.

Vanillebutterkrem

Einer Butterkrem 1 Eßlöffel Vanillelikör oder Vanillinzucker oder 2 bis 3 Tropfen Vanillearoma zufügen. Diese Krem ist weiß.

Sauerkirschbutterkrem

Einer Butterkrem 1 bis 2 Eßlöffel Sauerkirschsaft, der aus frischen Kirschen gepreßt wurde, oder 1 Eßlöffel Sauerkirschlikör oder Sirup aus einer Sauerkirschkonserve o. ä. zugeben. Die Krem rosa färben.

Walderdbeerbutterkrem

Einer Butterkrem 1 bis 2 Eßlöffel Saft, der aus frischen Walderdbeeren gepreßt wurde, oder Sirup aus eingekochten Walderdbeeren zufügen. Diese Krem rosa färben.

Gartenerdbeerbutterkrem

Einer Butterkrem 1 bis 2 Eßlöffel Saft von frischen Gartenerdbeeren oder Sirup aus eingekochten Erdbeeren oder 1 Eßlöffel Erdbeerlikör zufügen. Gegebenenfalls läßt sich auch durch ein feines Sieb gestrichene Erdbeerkonfitüre verwenden. Die Krem rosa färben.

Weinbrandbutterkrem

Einer Butterkrem 1 oder mehrere Eßlöffel Weinbrand — je nach Geschmack — zufügen.

Kaffeebutterkrem

Einer Butterkrem 1 Eßlöffel Kaffeelikör oder sehr starken, gefilterten Kaffee zufügen. Falls die Krem noch zu hell ist, kann mit Zuckercouleur nachgefärbt werden.

Zitronenbutterkrem

Einer Butterkrem den Saft von 1/2 Zitrone und die abgeriebene Schale von 1 Zitrone oder 1 Eßlöffel Zitronenlikör oder Zitronenextrakt oder 2 bis 3 Tropfen Zitronenaroma zufügen. Die Krem gelb färben.

Himbeerbutterkrem

Einer Butterkrem 1 bis 2 Eßlöffel Himbeersaft — ausgedrückt aus frischen Himbeeren — oder Sirup aus eingekochten Himbeeren zufügen. Die Krem wird rosa gefärbt. Nach Belieben kann sie noch zusätzlich mit ein paar Tropfen Zitronensaft abgeschmeckt werden.

Honigbutterkrem

Einer Butterkrem 2 Teelöffel Bienenhonig zufügen und sehr gut verrühren.

Mandelbutterkrem

Einer Butterkrem 2 Eßlöffel abgezogene, feingeriebene und geröstete Mandeln oder 3 bis 4 Tropfen Mandelaroma zugeben.

Pralinenbutterkrem

Einer Butterkrem 2 Eßlöffel Pralinenmasse zufügen und alles gut verschlagen.
Zutaten für die Pralinenmasse:
1 Eßl. Nüsse, 2 Eßl. Mandeln,
2 Eßl. Zucker, etwas Butter,
1 Teel. Kakao.

Die Nußkerne in einem Metallsieb über einer Gasflamme schütteln, damit sich die braunen Häutchen lösen. Die Mandeln abziehen. Nüsse, Mandeln und Zucker in einem kleinen Tiegel auf schwachem Feuer mit einem Holzlöffel so lange rühren, bis der Zucker geschmolzen und hellgelb ist. Diese Mischung zum Abkühlen auf einen leicht mit Butter bestrichenen Teller schütten. Dann mehrmals durch den Fleischwolf mit feiner Scheibe drehen. Beim letzten Mal den Kakao zugeben. Diese Pralinenmasse läßt sich in einem fest verschlossenen Glas kurze Zeit aufbewahren. Statt der Pralinenmasse kann auch käufliches Nugat verwendet werden.

Nußbutterkrem

Einer Butterkrem 3 Eßlöffel feingehackte, geröstete Nüsse zugeben. Zur Geschmacksverbesserung kann noch 1 Eßlöffel Likör «Aromatique» oder «Nowogodny» (russischer Neujahrslikör) genommen werden. Eine bräunliche Nußfärbung erhält die Krem durch Hinzufügen von Zuckercouleur.

Rumbutterkrem

Einer Butterkrem 1 Eßlöffel Rum — oder nach Geschmack mehr — zufügen.

Pistazienbutterkrem

Einer Butterkrem 2 Eßlöffel sehr fein gemahlene Pistazienkerne unterrühren.

Teebutterkrem

Einer Butterkrem 2 Eßlöffel starken Teesud zufügen.

Johannisbeerbutterkrem

Einer Butterkrem 1 bis 2 Eßlöffel Saft von frischen schwarzen Johannisbeeren oder 1 Eßlöffel schwarzen Johannisbeerlikör zufügen. Nach Belieben noch mit einigen Tropfen Zitronensaft abschmecken. Diese Krem rosa färben.

Chartreuse-Butterkrem

Einer Butterkrem 1 Eßlöffel Chartreuse-Likör — nach Geschmack auch etwas mehr — zufügen und die Krem grün färben.

Schokoladenbutterkrem

Einer Butterkrem 1 Eßlöffel Kakao oder 50 Gramm Schokolade zufügen. Die Schokolade muß zuvor auf schwachem Feuer erwärmt werden, bis sie flüssig ist. Dann ist sie sehr rasch unter die Krem zu mischen.

Apfelbutterkrem

Einer Butterkrem 1 Eßlöffel Apfelschnaps oder 2 Eßlöffel Apfelsaft unterrühren. Nach Belieben noch mit etwas Zitronensaft abschmecken.

EIWEISSKREMS

Die Grundlage dieser Kremart ist mit Zucker geschlagenes Eiweiß. Eiweißkrems werden zum Bestreichen und Garnieren von Torten und Kuchen, aber auch zum Füllen von Röllchen und gerollten Waffeln verwendet. Infolge ihrer zarten und schaumigen Beschaffenheit sind sie jedoch nicht für Zwischenschichten geeignet, d. h., es lassen sich damit keine Backschichten verbinden bzw. Torten füllen. Eiweißkrems können ebenfalls mit aromatischen Geschmacksstoffen versehen werden. Alle Zutaten, die zuvor für Grundbutterkrems aus 100 Gramm Butter angegeben wurden, eignen sich auch für Eiweißkrems von 3 Eiweiß.

Eiweißkrem

ZUTATEN	MENGEN				
Eiweiß, Stück	2	3	4	6	8
Puderzucker, Eßlöffel	4	6	8	12	16
Zitronensaft, Tropfen	3	5	6	9	12
Kremmenge etwa, Gramm	140	210	280	420	560

Die Eiweiß in einen Topf gießen, auf Eis oder in kaltes Wasser stellen und mit einem Schneebesen etwa 10 bis 15 Minuten schlagen, bis sich Eischnee, der am Schneebesen hängen bleiben soll, gebildet hat. Unter weiterem Schlagen nach und nach 1/3 des gesiebten Puderzuckers zufügen und noch 2 bis 3 Minuten schlagen. Dann mit einem Holzlöffel den Rest des gesiebten Puderzuckers, die gewünschten Geschmacksstoffe (siehe Rezepte nach «Butterkrems»), Farbe und Zitronensaft rasch unterziehen. Eiweißkrem muß sofort nach ihrer Bereitung verwendet werden, weil sie sonst ihre Steifheit verliert.

Kocheiweißkrem

ZUTATEN	MENGEN				
Zucker, Eßlöffel	4	6	8	12	16
Wasser, Becher (250 ml)	1/8	1/4	1/2	3/4	1
Eiweiß, Stück	2	3	4	6	8
Zitronensaft, Tropfen	3	5	6	9	12
Kremmenge etwa, Gramm	150	225	300	450	600

Den Zucker in einen Topf schütten, das Wasser zugießen und unter Rühren so lange kochen lassen, bis der Sirup der Probe mit einem dicken Faden standhält. In einen anderen Topf die Eiweiß schütten, den Topf in kaltes Wasser oder auf Eis stellen und mit einem Schneebesen so lange schlagen, bis ein dicker weißer und steifer Schnee entsteht, der am hochgehobenen Schneebesen haften bleiben soll. Unter weiterem Schlagen den heißen Zuckersirup in dünnem Strahl in den Eischnee laufen lassen und noch 1 bis 2 Minuten schlagen. Wird dem Eischnee ein noch nicht entsprechend gekochter Zuckersirup zugefügt, wird die Krem dünn und zerläuft leicht. Ist der Sirup zu lange gekocht, enthält er bereits Karamelkrümchen. Solche Zuckerballungen können sich auch bilden, wenn der Zuckersirup in zu dickem Strahl zu schnell in den Eischnee gegossen wird. Zuletzt sofort den Zitronensaft, die gewünschten Geschmacksstoffe (siehe Rezepte nach «Butterkrems») und die entsprechende Farbe zufügen.

Eiweiß-Frucht-Krem

Für etwa 240 g Krem:
1 Teel. Gelatine,
3 Eiweiß,
2 Eßl. Jam oder Warenje (eingekochtes Obst) oder Powidel (Mus),
3 Eßl. Zucker.

Die gewaschene und eingeweichte Gelatine in 1/4 Becher Wasser erwärmen, bis sie sich ganz aufgelöst hat. Die Eiweiß zu steifem Schnee schlagen. Jam, Warenje oder Powidel ein wenig anwärmen, durch ein Sieb streichen, den Zucker zufügen und alles 5 bis 10 Minuten kochen lassen. Dann mit der aufgelösten Gelatine vermischen und allmählich — bei weiterem Schlagen — unter den Eischnee ziehen. Zuletzt sofort die gewünschten Geschmacksstoffe (siehe Rezepte nach «Butterkrems») zugeben. Diese Eiweiß-Frucht-Krem sofort noch warm verwenden.

Eiweiß-Apfel-Krem

Für etwa 450 g Krem:
300 g säuerliche Äpfel,
1 Becher Zucker,
4 Eiweiß.

2–160

Nach dem Entfernen von Gehäuse und Kernen die Äpfel in einer Pfanne in die Backröhre stellen und so lange backen, bis sie ganz weich sind. Dann durch ein Sieb streichen. Dieses Püree zusammen mit dem Zucker 3 bis 5 Minuten kochen. Die Masse noch heiß unter den steifen Eischnee ziehen. Die Krem ist sofort noch warm zu verwenden.

Gebäck mit Eiweißkrem sollte kühl gestellt aufbewahrt und noch am Tage der Zubereitung verzehrt werden!

KOCHKREMS

Kochkrems werden schnell sauer und verderben, besonders, wenn sie warm stehen. Damit Kochkrem nicht anbrennt, muß sie in einem Topf mit dickem Boden auf kleinem Feuer erwärmt und nicht mit dem Schneebesen, sondern mit einem Holzlöffel gerührt werden. Nach dem Kochen wird die Krem im Kühlschrank auf etwa 10°C abgekühlt. Zuvor ist sie mit Zukker zu bestreuen, damit sich keine dicke Haut bildet, oder sie muß in kurzen Zeitabständen umgerührt werden. Die abgekühlte Krem ist dann rasch weiter zu verwenden. Zum Garnieren von Torten- oder Kuchenoberflächen ist sie ungeeignet, da die Muster breitlaufen würden. Kochkrems sind zum Füllen von Röllchen, Körbchen, gerollten Waffeln oder auch zum Bestreichen der Oberfläche von Backwaren aus Hefeteig geeignet. Sie können jedoch auch für Zwischenschichten von Torten und gefüllten Kuchen genommen werden. Auch das Aromatisieren von Kochkrems ist möglich.

Kochkrem auf Eierbasis

ZUTATEN	MENGEN			
Zucker, Eßlöffel	2	4	6	8
Stärke, Teelöffel	1/2	1	1 1/2	2
Eier, Stück	1 1/2	3	4 1/2	6
Milch, süße Sahne oder Wasser, Becher (250 ml)	1/2	1	1 1/2	2
Kremmenge etwa, Gramm	180	360	540	720

Anstelle von ganzen Eiern kann auch die doppelte Menge Eigelb verwendet werden. In einen nicht zu großen Emailletopf zunächst den Zucker und die Stärke schütten. Dann die Eier hineinschlagen. 1 bis 2 Minuten verrühren, die Milch zugießen, den Topf auf den Herd stellen und unter Umrühren mit einem Holzlöffel fast bis zum Sieden erhitzen, d. h. bis der Inhalt dick wird und die ersten Schaumbläschen aufsteigen.

Kochkrem mit Mehl

Für 350 bis 400 g Krem:
1 Ei, 2 Teel. Mehl,
1 Becher Milch oder süße Sahne oder Wasser, 5 Eßl. Zucker.

In einem Topf Ei und Mehl klumpenfrei verrühren, 1/4 der im Rezept angegebenen Milchmenge zugießen und nochmals gut verschlagen. Übrige Milch mit dem Zucker in einem anderen Topf zum Kochen bringen, dabei mit einem Holzlöffel laufend rühren. Vom Feuer genommen sofort in dünnem Strahl in die Ei-Mehl-Masse gießen und dabei gut verschlagen. Alles nochmals aufs Feuer stellen und unter ständigem Rühren dick werden und kurz aufkochen lassen. Zu der Geschmacksverbesserung kann das Mehl zuvor in einem Tiegel leicht geröstet worden sein. Anstelle von Weizenmehl läßt sich auch Stärkemehl verwenden. Die fertige Kochkrem abkühlen lassen.

Luftkochkrem

Für etwa 400 g Krem:
4 Eier, 4 Eßl. Zucker,
1 Becher Milch oder süße Sahne.

Eigelb und Eiweiß trennen. Die Eigelb mit dem Zucker in einem Topf verrühren, die Milch zugießen und alles unter Umrühren zum Kochen bringen. In einer Schüssel die gut gekühlten Eiweiß zu festem Schnee schlagen und dann rasch mit der heißen Masse vermischen. Unter ständigem Rühren alles noch 2 bis 3 Minuten erwärmen. Die Krem wird luftig. Nach dem Abkühlen geliert sie ein wenig und wird steif. Deshalb muß sie noch warm verwendet werden.

AROMATISIERTE KOCHKREMS

Aprikosenkochkrem

Ebenso zubereiten wie eine der Kochkrems, jedoch statt eines ganzen Bechers Milch nur 1/2 Becher und 1/2 Becher Aprikosenmarmelade verwenden, das durch ein feines Sieb gestrichen wurde. Zum Aromatisieren kann statt Marmelade auch 1 Eßlöffel — oder mehr — Aprikosenlikör oder -schnaps zugefügt werden.

Apfelsinenkochkrem

Ebenso zubereiten wie eine der Kochkrems, jedoch statt eines ganzen Bechers Milch nur 1/2 Becher Milch und 1/2 Becher Apfelsinensaft, außerdem noch 1 Eßlöffel Zucker zufügen.

Ananaskochkrem

Ebenso zubereiten wie eine der Kochkrems, jedoch statt eines ganzen Bechers Milch nur 1/2 Becher und 1/2 Becher Saft aus einer Ananaskonserve nehmen. Unter die fertige Krem kleingeschnittene Ananaswürfel mischen.

Vanillekochkrem

Eine der Kochkrems aus 1 Becher Milch bereiten, etwas Vanillinzucker oder 1 Eßlöffel Vanillelikör zufügen.

Zitronenkochkrem

Ebenso zubereiten wie eine der Kochkrems, jedoch 1 Eßlöffel Zucker weglassen und statt eines ganzen Bechers Milch nur 3/4 Becher Milch nehmen. Nach dem Kochen und kurzer Abkühlung von 1/2 Zitrone den Saft und die abgeriebene Schale unterziehen. Nach Belieben kann auch die gesamte Milchmenge verwendet und die Krem dann mit 1 Eßlöffel Zitronenlikör abgeschmeckt werden.

Mandarinenkochkrem

Ebenso zubereiten wie eine der Kochkrems, jedoch statt eines ganzen Bechers Milch 1/2 Becher Milch und 1/2 Becher Mandarinensaft sowie den Saft aus der Schale von 2 Mandarinen zufügen.

Schokoladenkochkrem

Ebenso zubereiten wie eine der Kochkrems, jedoch zu Beginn des Kochens je Becher Milch 2 Eßlöffel Zucker und 2 Teelöffel Kakao oder 50 Gramm Schokolade und keinen zusätzlichen Zucker zufügen. Die Schokolade muß zuvor in kleine Stückchen gebrochen werden.

Mandel- oder Nußkochkrem

Ebenso zubereiten wie eine der Kochkrems, jedoch zu Beginn des Kochens je Becher Milch 2 Eßlöffel geröstete, feingehackte Mandeln, Nüsse oder Erdnüsse zufügen. Diese Krem kann nur als Fülle verwendet werden.

Honigkochkrem

Einer der Kochkrems, die mit 1 Becher Milch zubereitet wurde, 2 Eßlöffel Zucker und 2 Eßlöffel Honig zufügen.

Apfelkochkrem

Ebenso zubereiten wie eine der Kochkrems, jedoch statt eines ganzen Bechers Milch nur 1/2 Becher Milch und dafür 1/2 Becher Apfelsaft oder Apfelpüree nehmen. Zusätzlich noch 1 Eßlöffel Zucker zugeben.

KREMS AUS SÜSSER SAHNE

Krems aus geschlagener süßer Sahne sind steif, zart und leicht. Die frische, flüssige süße Sahne muß 20 bis 30 Minuten auf schwachem Feuer auf 80°C erhitzt werden, damit sie dann nicht so schnell säuert. Danach wird sie auf 3°C bis 4°C abgekühlt und 24 bis 36 Stunden auf dieser Temperatur gehalten. In dieser Zeit reift die süße Sahne und wird dann dichter und schaumiger. Die beste Temperatur des Schlagens liegt bei 2°C bis 3°C. Bei 10°C bis 13°C läßt sich die Sahne bereits schlecht schlagen, sie kann quarkig werden und sich in Butter verwandeln. Deshalb sollen Sahne, Geschirr und Schneebesen so kalt wie möglich sein. Sahne mit 35% Fettgehalt läßt sich gut schlagen. Sahne mit nur 20% Fettgehalt ergibt nur Krem, wenn Gelatine zugefügt wird. Zum Schlagen der Sahne wird ein Schneebesen oder ein Handrührgerät verwendet und nur so lange geschlagen, bis der Schaum nicht mehr vom Schläger tropft und fest ist. Krem aus süßer Sahne direkt vor der Verwendung zubereiten. Damit garniertes Gebäck sollte möglichst nicht länger als 2 bis 3 Stunden aufbewahrt werden, weil die Krem sonst leicht ihre Form verlieren kann und zerfließt. Krem mit Gelatine ist günstiger, sie behält länger ihre Form, jedoch ist ihre Struktur nicht so luftig. Krems aus süßer Sahne nimmt man zum Garnieren von Kuchen und Torten, aber auch zum Füllen von Röllchen, Körbchen, gerollten Waffeln usw. Als Zwischenschichten verwendet man Krem aus Sahne nur für Biskuittorten und -kuchen. Es empfiehlt sich nicht, Sandkuchen- und Blätterteigschichten damit zu füllen, da eine solche Kremzwischenschicht unter dem Gewicht des darauf lastenden Teiges «zusammensackt». Außerdem wird sie beim Schneiden des Backwerkes herausgedrückt.

Krem aus süßer Sahne ohne Gelatine

ZUTATEN	MENGEN			
Süße Sahne (35% Fettgehalt), Becher	1/2	1	1 1/2	2
Puderzucker, Teelöffel	1/2	1	1 1/2	2
Vanillinzucker, Gramm	1	2	3	4
Kremmenge etwa, Gramm	135	270	405	540

Die abgekühlte süße Sahne in eine kalte Schüssel gießen, in kaltes Wasser stellen und mit dem Schneebesen oder einem elektrischen Handrührgerät zu einer dickschaumigen Masse schlagen. Zuletzt den Puder- und Vanillinzucker dazugeben. Die fertige Krem muß am erhobenen Schneebesen hängenbleiben. Das damit garnierte Gebäck ist sofort kalt zu stellen. Diese Krem sollte nicht gefärbt werden, und zum Aromatisieren wird nur Vanillinzucker genommen.

Krem aus süßer Sahne mit Gelatine

Für etwa 400 g Krem:
1/2 Teel. Gelatine,
1 1/2 Becher süße Sahne
mit 20% bis 35% Fettgehalt,
1 1/2 Eßl. Puderzucker.

Die Gelatine in 1/2 Becher süßer Sahne verrühren. Nach etwa 2 Stunden, wenn die Gelatine zu quellen beginnt, den Becher in heißes Wasser setzen und den Inhalt bis zum vollständigen Auflösen der Gelatine umrühren, dann auf 40°C bis 50°C abkühlen lassen. Die übrige kalt gestellte Sahne steifschlagen, dabei nach und nach den gesiebten Puderzucker und in dünnem Strahl das Sahne-Gelatine-Gemisch unterziehen. Diese Krem kann gefärbt werden, solange sie noch nicht geliert ist. Wegen des leichten Gelatinegeschmacks ist es günstig, sie etwas zu aromatisieren (siehe «Aromatisierte Krems aus süßer Sahne»). Soll die Krem als Füllung dienen, können gehackte Nüsse oder Fruchtstückchen untergezogen werden. In jedem Fall ist diese Krem gleich nach dem Gelatinezusatz zu verwenden.

Krem aus süßer Sahne mit Eiern und Gelatine

Für etwa 400 g Krem:
1 Becher süße Sahne
mit 20% bis 35% Fettgehalt,
1 Teel. Gelatine, 3 Eier,
2 Eßl. Zucker.

Eine Lösung aus süßer Sahne und Gelatine zubereiten, wie im vorhergehenden Rezept beschrieben. Eier und Zukker in einem Topf mit dem Schneebesen sorgfältig verrühren. Im Wasserbad auf 40 °C bis 50 °C erhitzen, dabei gleichzeitig schlagen. Den Topf aus dem Wasserbad nehmen, in kaltes Wasser stellen und so lange schlagen, bis eine steife Masse entstanden ist, die bis zur Temperatur von kaltem Wasser abgekühlt werden muß. In einem anderen Topf die restliche gut gekühlte Sahne zu Schlagsahne schlagen. Darunter dann vorsichtig das Ei-Zucker-Gemisch sowie die warme Gelatinelösung heben. Die Krem aromatisieren (siehe «Aromatisierte Krems aus süßer Sahne»), färben und sehr schnell zum Garnieren von Gebäck verwenden, bevor sie geliert.

AROMATISIERTE KREMS AUS SÜSSER SAHNE

Aprikosenkrem aus süßer Sahne

Einer der Krems aus süßer Sahne vor Hinzufügen der Gelatine 2 Eßlöffel Aprikosenlikör oder 2 Eßlöffel durch ein Sieb gestrichenes Aprikosenpüree zugeben.

Ananaskrem aus süßer Sahne

Einer der Krems aus süßer Sahne vor Hinzufügen der Gelatine 2 Eßlöffel Ananassaft oder -sirup oder Ananaspüree zugeben. Die Krem gelb färben.

Apfelsinenkrem aus süßer Sahne

Einer der Krems aus süßer Sahne vor Hinzufügen der Gelatine den Saft und die abgeriebene Schale von 1 Apfelsine zugeben. Krem orange färben.

Vanillekrem aus süßer Sahne

Einer der Krems aus süßer Sahne zu Beginn des Schlagens 1 Päckchen Vanillinzucker oder vor Hinzufügen der Gelatine 2 Eßlöffel Vanillelikör zugeben.

Sauerkirschkrem aus süßer Sahne

Einer der Krems aus süßer Sahne vor Hinzufügen der Gelatine 1 Eßlöffel Sauerkirschlikör oder 2 Eßlöffel frischen Sauerkirschsaft oder Sauerkirschsirup zufügen.

Weinbrandkrem aus süßer Sahne

Einer der Krems aus süßer Sahne vor Hinzufügen der Gelatine 2 Eßlöffel Weinbrand zufügen.

Kaffeekrem aus süßer Sahne

Einer der Krems aus süßer Sahne vor Hinzufügen der Gelatine 1 Eßlöffel Kaffeelikör oder 2 Eßlöffel starken

Kaffeesud, der aus 1 Teelöffel Bohnenkaffee bereitet wurde, zugeben.

Walderdbeer-, Gartenerdbeer- oder Himbeerkrem aus süßer Sahne

Einer der Krems aus süßer Sahne vor Hinzufügen der Gelatine 1/2 Becher Saft oder frische oder eingekochte und durch ein Sieb gestrichene Walderdbeeren, Gartenerdbeeren oder Himbeeren zugeben. Krem rosa färben.

Zitronenkrem aus süßer Sahne

Einer der Krems aus süßer Sahne vor Hinzufügen der Gelatine den Saft und die abgeriebene Schale von 1/2 Zitrone oder 1 Eßlöffel Zitronenlikör oder 3 bis 5 Tropfen Zitronenaroma zugeben. Die Krem gelb färben.

Mandarinenkrem aus süßer Sahne

Einer der Krems aus süßer Sahne vor Hinzufügen der Gelatine den Saft und die abgeriebene Schale von 1 bis 2 Mandarinen oder 1 Eßlöffel Mandarinenlikör zugeben.

Honigkrem aus süßer Sahne

Eine der Krems aus süßer Sahne vor Hinzufügen der Gelatine mit 2 Eßlöffel ein wenig erwärmtem Bienenhonig verrühren.

Mandel- oder Nußkrem aus süßer Sahne

Einer der Krems aus süßer Sahne vor Hinzufügen der Gelatine 1/2 Becher geröstete, gehackte Nüsse oder Mandeln zugeben. Nach Belieben noch 1 Eßlöffel Likör «Aromatique» oder «Nowogodny» (russischer Neujahrslikör) zugeben.

Pralinenkrem aus süßer Sahne

Einer der Krems aus süßer Sahne vor Hinzufügen der Gelatine 2 bis 3 Eßlöffel Pralinenmasse (siehe Rezept «Pralinenbutterkrem») zugeben.

Rosen- oder Rumkrem aus süßer Sahne

Einer der Krems aus süßer Sahne vor Hinzufügen der Gelatine 2 Eßlöffel Rosenlikör oder 1 Tropfen Rosenöl oder 2 Eßlöffel Rum oder 4 bis 5 Tropfen Rumaroma zugeben.

Teekrem aus süßer Sahne

Einer der Krems aus süßer Sahne vor Hinzufügen der Gelatine 2 Eßlöffel Teesud, der aus 1 Teelöffel Tee bereitet wurde, zugeben.

Schokoladenkrem aus süßer Sahne

Einer der Krems aus süßer Sahne vor Hinzufügen der Gelatine je 1 Eßlöffel Kakao und Puderzucker (vorher miteinander gesiebt) oder 50 Gramm erwärmte Schokolade zugeben.

Apfelkrem aus süßer Sahne

Einer der Krems aus süßer Sahne vor Hinzufügen der Gelatine 1 bis 2 Eßlöffel Apfelschnaps oder 2 bis 3 Eßlöffel Apfelsaft oder Apfelpüree oder feingeriebenen Apfel zugeben.

KREMS MIT SAURER ODER SÜSSER UND SAURER SAHNE

Saure Sahne für die Zubereitung von Krems soll frisch sein. Sie muß — ebenso wie süße Sahne — vor dem Schlagen gut gekühlt werden. Krems aus saurer Sahne oder aus süßer und saurer Sahne verlieren bei längerer Aufbewahrung ihre Form, deshalb sollten damit garnierte Backwaren möglichst nach 2 bis 3 Stunden verzehrt werden.

Krem aus saurer Sahne ohne Gelatine

Für etwa 350 g Krem:
1 Becher saure Sahne,
4 Eßl. Puderzucker,
1 Päckchen Vanillinzucker.

Eine Schüssel mit der sauren Sahne in kaltes Wasser stellen und mit dem Schneebesen oder einem elektrischen Handrührgerät zu einer dickschaumigen Masse schlagen, die am hochgehobenen Schneebesen haften bleiben soll. Dann den gesiebten Puderzucker und den Vanillinzucker zufügen.

Krem aus saurer Sahne mit Gelatine

Für etwa 350 g Krem:
1 Teel. Gelatine,
1 Becher saure Sahne,
4 Eßl. Puderzucker.

Die Gelatine in 1/2 Becher Wasser verrühren. Nach etwa 2 Stunden, wenn die Gelatine zu quellen beginnt, den Becher in heißes Wasser setzen und den Inhalt bis zum völligen Auflösen der Gelatine umrühren, dann auf 40 °C abkühlen lassen. Die Krem so zubereiten wie im vorhergehenden Rezept beschrieben, jedoch zuletzt die warme Gelatinelösung in dünnem Strahl unter laufendem Schlagen zufügen. Die Krem kann mit den verschiedensten Zutaten aromatisiert werden, die aber vor Hinzufügen der Gelatine zugegeben werden müssen (siehe «Aromatisierte Krems aus süßer Sahne»).

Krem aus süßer und saurer Sahne

Für etwa 400 g Krem:
1 Becher süße Sahne,
4 Eßl. saure Sahne,
2 Eßl. Puderzucker,
1 Päckchen Vanillinzucker.

Die gut abgekühlte süße und die saure Sahne in eine Schüssel gießen, in kaltes Wasser stellen und mit dem Schneebesen oder einem elektrischen Handrührgerät steif schlagen. Zuletzt gesiebten Puderzucker und Vanillinzukker zufügen.

Kajmak-Krem

Für etwa 400 g Krem:
1 Becher Zucker,
3/4 Becher süße Sahne,
1/2 Päckchen Vanillinzucker,
100 g Butter.

Den Zucker und die süße Sahne unter

ständigem Rühren kochen. Dann den Vanillinzucker zugeben und alles auf 15 °C bis 18 °C abkühlen. Die Butter schaumig rühren und vorsichtig — in 5 Etappen — unter die Zucker-Sahne-Mischung schlagen.

VERSCHIEDENE KREMS

Krem mit Margarine

Für etwa 200 g Krem:
3 Eßl. Kondensmilch,
100 g Margarine,
2 Teel. Sirup von Eingekochtem,
2 Teel. Weinbrand oder Wein,
1 Päckchen Vanillinzucker.

Die Kondensmilch kurz kochen und abkühlen lassen. Die Margarine in einem Topf leicht erwärmen und mit dem Schneebesen so lange rühren, bis eine steif-schaumige Masse entstanden ist. Dann unter weiterem Rühren Kondensmilch, Sirup, Weinbrand und Vanillinzucker zufügen.

Erdnußkrem

Für etwa 280 g Krem:
100 g Margarine oder Butter,
1 1/2 Eßl. geröstete und feingehackte Erdnüsse,
1/2 Päckchen Vanillinzucker,
1 Teel. Kakao,
3/4 Becher Puderzucker.

Die Margarine rühren, wie im vorhergehenden Rezept beschrieben. Dann unter weiterem Rühren Erdnüsse, Vanillinzucker und mit Kakao zusammen gesiebten Puderzucker zufügen.

Zuckerhaltige und andere Halbfabrikate

Für einige Gebäcksorten ist es erforderlich, aus Zucker und Wasser einen Sirup zu bereiten. Mit aromatisierten Zuckersirupen tränkt man beispielsweise Biskuittorten, Kuchen, Babas.
Aus Zuckersirup, der mit den verschiedensten natürlichen Aromastoffen aromatisiert wurde, erhält man auch unterschiedlichen Fondant, der zum Glasieren der Oberflächen von Backwaren dient.

ZUCKERSIRUPE

Für Zuckersirup gießt man Wasser in einen Topf, schüttet Zucker dazu, rührt um und stellt den Topf dann so auf eine Kochstelle, daß er nur von einer Seite her stark erhitzt wird. Auf der anderen Seite wird sich dann Schaum sammeln, den man mit einem Löffel oder Schaumlöffel regelmäßig abschöpfen muß. Sobald die Schaumbildung aufhört, wird der Topf ganz auf starkes Feuer gestellt und das Wasser so lange eingedampft, bis Zuckersirup von der erforderlichen Dichte entstanden ist.
Für die Bestimmung der Dichte von Zuckersirup verwendet man in den Betrieben Spezialgeräte. Unter häuslichen Bedingungen kann man sich an der folgenden Tabelle orientieren.

Verschiedene Merkmale der Sirupdichte	Nummer der Probe	Gehalt im Zucker	Sirup in % Wasser
klebriger Tropfen	1	50	50
dünner Faden	2	75	25
dicker Faden	3	85	15
weiche kleine Kugel	4	90	10
harte kleine Kugel	5	95	5
Karamel	6	98	2

Um die Dichte eines Sirups nach der Probe 1 zu bestimmen, prüft man zwischen Daumen und Zeigefinger die Klebrigkeit eines Tropfens Sirup. Man sollte für die Probe 1 das Zucker-Wasser-Gemisch nicht bis zum Kochen bringen, sondern nur eine bestimmte Zuckermenge in der gleichen Menge kochendheißem Wasser auflösen.

Die Sirupdichte nach der Probe 2 bestimmt man auf folgende Weise: Mit einem kleinen Löffel entnimmt man dem Topf ein wenig heißen Sirup und pustet darauf, um ihn etwas abzukühlen. Dann nimmt man den Tropfen zwischen Daumen und Zeigefinger und dreht ihn dazwischen, so daß ein dünner Sirupfaden entsteht. Man kann auch von einem Teelöffel ein wenig Sirup auf einen kalten Teller tropfen lassen. Dann muß ein dünner Sirupfaden herunterlaufen.

Bei der Probe 3 wird ebenso verfahren, nur muß hier bereits ein dicker Sirupfaden entstehen.

Weiteres Eindampfen führt zu einer größeren Sirupdichte. Bei einem Zuckergehalt von 90% und 10% Wasser wird eine Dichte auf folgende Weise bestimmt: Aus dem Topf schöpft man mit einem Teelöffel siedenden Sirup und läßt ihn in kaltes Wasser fallen. Ist die Sirupprobe erkaltet, kann man daraus mit den Fingern eine weiche Kugel formen (Probe 4).

Wird das Sirupkochen weiter fortgesetzt und danach die gleiche Probe wiederholt, erhält man eine harte Sirupkugel (Probe 5).

Enthält der Sirup nur noch 2% Wasser, und der Zuckergehalt ist auf 98% erhöht (Probe 6), gelingt es nicht mehr, eine Kugel zu formen, weil sich der Zucker in Karamel verwandelt hat. In kaltem Wasser zerbricht er. Beim Anbeißen klebt er nicht mehr an den Zähnen fest, sondern zerfällt in kleine Stückchen.

Bei weiterem Kochen nimmt der Sirup eine gelbliche und danach schwarzbraune Färbung an, wobei sich Rauch entwickelt. Fügt man vorsichtig etwas Wasser zu und rührt um, erhält man Zuckercouleur, der zum Braunfärben von Fondant oder Krem verwendet wird.

Zuckersirupe zum Tränken von Gebäcken

Biskuittorten, Kuchen, Babas gewinnen an Geschmack und werden schön saftig, wenn man sie mit aromatisiertem Zuckersirup duchtränkt. Solche Sirupsorten enthalten im Durchschnitt 50% Zucker. Man stellt sie aus Wasser und Zucker her im Verhältnis von 4 Eßlöffel Zucker und 6 Eßlöffel Wasser.

Biskuitgebäcke mit Krem aromatisiert man mit Zuckersirup, dem Vanillin, Weinbrand, Rum, Dessertwein oder Kaffee zugefügt wurde.

Für Biskuitgebäck mit Fruchtfüllen verwendet man Zuckersirup, der mit Aromastoffen aus Obst aromatisiert wurde. Falls erforderlich, fügt man einige Tropfen Säure (Zitronensaft) hinzu.

Biskuitgebäck und Babas sollte man nach dem Backen mindestens 7 Stunden ruhen lassen und dann erst mit Sirup tränken, weil sie sonst zerweichen und zerfallen. Zuckersirup muß vor der Verwendung jeweils auf Zimmertemperatur abgekühlt sein.

Grundsirup

ZUTATEN	MENGEN				
Zucker, Eßlöffel	2	3	4	5	6
Wasser, Eßlöffel	3	4 1/2	6	7 1/2	9
Sirupmenge etwa, Gramm	100	150	200	250	300

Zucker in einen Topf schütten, dem Rezept entsprechend mit Wasser übergießen, umrühren, zum Sieden bringen und den Schaum abschöpfen. Dann auf eine Temperatur unterhalb 40°C abkühlen, aromatisierende Stoffe zufügen und umrühren. Man darf nie den heißen Sirup aromatisieren, weil sonst die Aromastoffe verfliegen. Für die Aromatisierung verwendet man frische oder konservierte Obstsäfte, Fruchtsirupe, Weinbrand, Wodka, Liköre, Traubenweine, Aromen usw.
In den nachfolgenden Rezepten für aromatisierte Sirupe ist die Dosierung der Zusätze, d. h. der Aroma- und Geschmacksstoffe, für einen Grundsirup berechnet, der aus 4 Eßlöffel Zukker bereitet wird. Wenn der Sirup aus einer anderen Zuckermenge hergestellt wird, muß man die Dosierung der Zusätze entsprechend verändern.

Aprikosensirup

Dem Grundsirup 1 Eßlöffel Aprikosenlikör oder -schnaps zufügen.

Apfelsinensirup

Dem Grundsirup den Saft von 1/2 Apfelsine und nach Belieben etwas abgeriebene Apfelsinenschale oder 1 Eßlöffel Apfelsinenlikör zufügen.

Weinsirup

Dem Grundsirup 1 Eßlöffel eines beliebigen Traubenweines oder anderen kräftigen weißen oder roten Wein zufügen.

Vanillesirup

Dem heißen Grundsirup 2 bis 5 Gramm Vanillinzucker zufügen. Nach dem Abkühlen kann man den Grundsirup auch mit 1 Eßlöffel Vanille-Likör aromatisieren.

Zitronensirup

Dem Grundsirup den Saft von 1/2 Zitrone und nach Belieben etwas abgeriebene Zitronenschale oder 1 Eßlöffel Zitronenlikör zufügen.

Weinbrandsirup

Dem Grundsirup 2 Eßlöffel Weinbrand zufügen.

Kaffeesirup

Dem Grundsirup 2 Eßlöffel starken Kaffee zufügen. Diesen Sirup kann man für Kaffee-Biskuit-Torte oder für Kaffee-Biskuit-Kuchen verwenden.

Rumsirup

Dem Grundsirup 1 Eßlöffel Rum oder einige Tropfen Rumaroma zufügen.

Apfelsirup

Dem Grundsirup 1 Eßlöffel Apfelschnaps (Apfelkorn) zufügen.

FONDANTS

Zum Glasieren von Torten, Kuchen und anderem Backwerk verwendet man mitunter Fondant. Eine so glasierte Gebäckoberfläche wird glatt und glänzend. Außerdem schützt eine Fondant-Glasur das Backwerk vor dem Austrocknen, macht es also länger haltbar und verleiht ihm außerdem noch Geschmacks- und Aromavariationen.
Fondant erhält man aus Zuckersirup, der bis zur «Weichkugelprobe» eingedampft und nach dem Abkühlen mit einem Holzlöffel stark bewegt wird. Diesen Vorgang nennt man «Tablieren». Fondant kann mit den verschiedensten natürlichen Aromastoffen wie Likören, Schnäpsen, Traubenweinen, Fruchtsäften und -sirupen, Kompottsäften und Extrakten aromatisiert werden.

Grundfondant

ZUTATEN	MENGEN			
Zucker, Eßlöffel	4	6	8	10
Wasser, Eßlöffel	3	5	6	8
Fondant-Menge etwa, Gramm	130	195	260	325

Den Zucker in einen Topf schütten, heißes Wasser darüber gießen und rühren, bis sich der Zucker vollständig aufgelöst hat. Mit einem kleinen feuchten Pinsel den Zucker von der inneren Topfkante abwischen, den Topf auf starkes Feuer stellen und ohne Umrühren kochen. Sobald der Sirup aufkocht, mit einem Löffel den sich auf der Oberfläche bildenden Schaum abschöpfen, wiederum Spritzer des Zuckersirups vom Topfrand abwischen, dann den Topf fest zudecken und ihn bis zur «Weichkugelprobe» eindampfen lassen. Vor Beendigung des Kochens fügt man dem Sirup noch etwas Säure zu, wobei auf 100 Gramm der verwendeten Zuckermenge 1/2 Teelöffel 3%iger Essig genommen wird. Nimmt man mehr Essig, läßt sich der Fondant schlecht schlagen, und nach dem Aufstreichen wird er auf den Backwaren nicht fest. Fondant mit einer zu kleinen Säuremenge kristallisiert jedoch rasch und ergibt eine glanzlose Glasur.
Nach dem Kochen wird die Siruproberfläche mit Wasser bespritzt und so rasch wie nur möglich abgekühlt. Zu diesem Zweck setzt man den Topf mit

dem Sirup in kaltes Wasser. Man kann auch Eisstückchen auf die Oberfläche des Sirups legen und die hiervon gebildete Flüssigkeit nach dem Abkühlen abgießen.
Der abgekühlte Sirup wird mit einem Holzlöffel 10 bis 20 Minuten geschlagen, bis sich eine weiße, feinkristallige Masse ergibt, die man als Fondant bezeichnet. Den Fondant mit dem Holzlöffel zerdrücken und unter ständigem Rühren auf 35 °C bis 40 °C erwärmen. Falls der Fondant etwas zu dick wird, kann man ihn mit einer kleinen Menge Wasser verdünnen; wird er jedoch zu dünnflüssig, kann etwas gesiebter Puderzucker untergerührt werden. Zum Glasieren fertiger Fondant soll dickflüssig sein.
Wenn bereits im Zuckersirup beim Abkühlen Zuckerkristalle entstehen, dann braucht man ihn nicht erst zu schlagen, weil die später damit glasierten Backwaren nicht glatt würden. In diesem Falle sollte man dem Sirup noch zweimal so viel Wasser zufügen, als im Rezept angegeben, und den Sirup erneut kochen.
Fondant kann eine gewisse Zeit aufbewahrt werden, deshalb läßt er sich auf Vorrat zubereiten. Man füllt ihn dann in eine Schüssel und bedeckt die Oberfläche mit einem Stück Butterbrotpapier, das zuvor in Wasser getaucht wurde. Bei Bedarf entnimmt man dem Vorrat die erforderliche Menge, verdünnt sie, erwärmt sie unter Umrühren auf 35 °C bis 40 °C, aromatisiert sie nach Belieben und verwendet sie zum Glasieren von Backwaren.
In den nachfolgenden Rezepten wird die Dosierung der zuzusetzenden Aroma- und Geschmacksstoffe auf eine Portion Grund-Fondant berechnet, der aus 10 Eßlöffel Zucker bereitet wurde. Deshalb muß man den Sirup ein wenig dicker einkochen als bis zur «Weichkugelprobe».

Ananas-Fondant

Dem Grund-Fondant 2 Eßlöffel Sirup aus einer Ananaskonserve zufügen und den Fondant gelb färben.

Apfelsinen-Fondant

Dem Grund-Fondant den Saft von 1/2 Apfelsine und nach Belieben abgeriebene Apfelsinenschale oder 1 Eßlöffel Apfelsinenlikör zufügen. Den Fondant orange färben.

Benediktiner-Fondant

Dem Grund-Fondant 1 Eßlöffel Benediktiner-Likör (Kräuterlikör) zufügen und den Fondant grün färben.

Aprikosen-Fondant

Dem Grund-Fondant 1 Eßlöffel Aprikosenlikör oder 1 Eßlöffel Sirup von eingekochten Aprikosen zufügen. Den Fondant orange färben.

Vanille-Fondant

Dem Grund-Fondant 1 Eßlöffel Vanille-Likör oder 3 bis 5 Gramm Vanillinzucker oder 2 bis 3 Tropfen Vanille-Aroma zufügen. Dieser Fondant ist weiß.

Sauerkirsch-Fondant

Dem Grund-Fondant 1 bis 2 Eßlöffel aus frischen Sauerkirschen gepreßten Saft oder 1 bis 2 Eßlöffel Sirup von eingekochten Sauerkirschen zufügen. Den Fondant dunkelrosa färben.

Erdbeer-Fondant

Dem Grund-Fondant 1 bis 2 Eßlöffel frisch gepreßten Erdbeersaft oder 1 Eßlöffel Erdbeerlikör oder 1 bis 2 Eßlöffel Sirup aus eingekochten Erdbeeren zufügen. Den Fondant rosa färben.

Weinbrand-Fondant

Dem Grund-Fondant 1 Eßlöffel Weinbrand zufügen und den Fondant orange färben.

Kaffee-Fondant

Dem Grund-Fondant 1 Eßlöffel Kaffeelikör oder 2 Eßlöffel starken Kaffeesud zugeben. Falls der Fondant noch zu hell sein sollte, muß man ihn mit Zukkercouleur noch etwas nachfärben.

Zitronen-Fondant

Dem Grund-Fondant den Saft und die Schale von 1/2 Zitrone oder 1 Eßlöffel Zitronenlikör oder 2 bis 3 Tropfen Zitronenaroma zufügen. Den Fondant gelb färben.

Himbeer-Fondant

Dem Grund-Fondant 1 bis 2 Eßlöffel Himbeersaft oder 1 bis 2 Eßlöffel Sirup von eingekochten Himbeeren oder 1 Eßlöffel Himbeerlikör zufügen. Den Fondant rosa färben und nach Geschmack noch etwas säuern.

Mandarinen-Fondant

Dem Grund-Fondant den Saft von 1 Mandarine und nach Belieben etwas abgeriebene Mandarinenschale sowie einige Tropfen Zitronensaft zufügen. Den Fondant orange färben.

Milch-Fondant

Bei der Zubereitung des Grund-Fondants statt Wasser die doppelte Menge Milch nehmen. Den Sirup für den Milch-Fondant ohne Säurezusatz bis zur «Weichkugelprobe» eindicken. Zum Aromatisieren 4 bis 5 Gramm Vanillinzucker nehmen. Milch-Fondant hat eine dunkle Kremfärbung und einen zarten Sahne-Milch-Geschmack.

Rosen-Fondant

Dem Grund-Fondant 1 bis 2 Tropfen Rosenöl zufügen. Den Fondant hellrosa färben.

Rum-Fondant

Dem Grund-Fondant 1/2 Eßlöffel Rum oder 3 bis 4 Tropfen Rumaroma zufügen. Dieser Fondant bleibt weiß.

Tee-Fondant

Dem Grund-Fondant Teesud, der aus 1 Teelöffel Tee bereitet wurde, zufügen. Den Fondant mit Zuckercouleur hellbraun färben.

Chartreuse-Fondant

Dem Grund-Fondant 1 Eßlöffel Likör «Chartreuse» zufügen. Den Fondant zart grün färben.

Johannisbeer-Fondant

Dem Grund-Fondant 1 bis 2 Eßlöffel Saft, der aus schwarzen Johannisbeeren gepreßt wurde, oder 1 bis 2 Eßlöffel Sirup von eingekochten schwarzen Johannisbeeren oder 1 Eßlöffel Likör aus schwarzen Johannisbeeren zufügen. Nach Geschmack etwas nachsäuern und unter Zusatz von Zuckercouleur dunkelrot-weinrot färben.

Schokoladen-Fondant

Dem Grund-Fondant 1 Teelöffel gesiebten Kakao oder 1 Eßlöffel Schokoladenlikör zugeben und die Farbe durch Hinzufügen von Zuckercouleur verstärken.

Apfel-Fondant

Dem Grund-Fondant 1 Eßlöffel Apfelschnaps (Apfelkorn) zufügen und nach Geschmack etwas nachsäuern. Dieser Fondant ist weiß.

FADENZUCKERGLASUR

Will man Pfefferkuchen, kleines Backwerk, Früchte o. ä. glasieren, verwendet man dazu gekochte, eingedampfte und aromatisierte Zuckerlösung.
1 Becher Zucker, 1/2 Becher Wasser, Aromastoffe.
Zucker und Wasser miteinander zum Kochen bringen, abschäumen und den Sirup bis zur «Dickfadenprobe» eindampfen. Danach bis auf 80°C abkühlen lassen und den Saft von 1/4 Zitrone oder 1/4 Apfelsine oder 1/2 Mandarine oder 2 bis 5 Gramm Vanillinzucker oder 1/2 Eßlöffel Weinbrand oder Likör zufügen. Den heißen Sirup mit einem Pinsel auf große Backstücke streichen. Kleineres Backwerk kann man in einen Topf legen und mit dem Sirup übergießen, wobei man auf 1 Kilogramm Backwerk etwa 5 bis 6 Eßlöffel Sirup rechnet. Danach muß der Zuckersirup umgerührt werden. Man kann auch den Deckel fest auf den Topf drücken und alles kräftig schütteln. Es muß immer wieder gerührt werden, bis alles Gebäck gleichmäßig mit Sirup überzogen ist. Dann legt man die Gebäckstücke auf Backbleche und läßt sie trocknen. Nach 1 bis 2 Stunden ist die Glasur trocken. Um den Trocknungsprozeß zu beschleunigen, kann man das Backblech mit dem glasierten Backwerk auch einige Minuten in die lauwarme Backröhre stellen. Falls der Sirup sehr dick gekocht war, wird die Backwerkoberfläche matt und von einer dicken Zuckerschicht überzogen. War der Sirup ein wenig zu dünnflüssig, fließt er von der Oberfläche des Backwerks ab.

GELEE

Gelee in erstarrter Form ist eine glänzende, halbdurchsichtige, sulzähnliche Masse, die man leicht in Stücke schneiden oder ausstechen kann. Diese behalten ihre Form gut, so daß sie recht hübsche Garnierungen ergeben können. Gelee wird aus Zucker, Wasser, Gelatine, Zitronensaft, aromatisierenden Stoffen und Speisefarben bereitet. Früchte auf Backwaren können mit noch nicht erstarrtem Gelee übergossen werden und glänzen dadurch später.

Gelee mit Gelatine

ZUTATEN	MENGEN			
Wasser, Eßlöffel	2	4	6	8
Gelatine, Teelöffel	1/4	1/2	3/4	1
Zucker, Eßlöffel	1	2	3	4
Zitronensaft, Tropfen	2	4	6	8
Wein oder Fruchtsaft, Eßlöffel	1	2	3	4

In dem abgekochten, kalten Wasser die Gelatine etwa 30 Minuten vorquellen lassen. Dann Zucker und Zitronensaft zufügen und unter Umrühren zum Kochen bringen. Nach Entfernen des Schaums mit dem Schaumlöffel auf 40 °C bis 60 °C abkühlen, beliebig färben und mit Wein oder anderen durchsichtigen aromatischen Stoffen aromatisieren, wie sie auch für Sirupe zum Tränken von Gebäcken und «Fondant» geeignet sind. Soll das Gelee zum Garnieren in Form von Stückchen und kleinen Figuren dienen, ist es in eine kleine Schüssel, auf einen Teller oder auf eine Platte zu gießen und kühl zu stellen. So kann man es erstarrt beliebig schneiden oder ausstechen.

Ist das Gelee zum Glasieren von Früchten bestimmt, die auf einem Kuchen oder einer Torte liegen, wird es so lange abgekühlt, bis es kurz vor dem Gelieren ist. Dann nimmt man einen Löffel und übergießt damit die Früchte. Sollen nur einzelne Früchte «überglänzt» werden, übergießt man sie und legt sie erst nach dem Erstarren des Gelees auf das Backwerk. In jedem Fall ist mit Gelee Glasiertes kühl zu stellen, weil — besonders im Sommer — das Gelee sonst nicht erstarrt.

Zu schnell fest gewordenes Gelee kann wieder verflüssigt werden, wenn man es im Wasserbad oder in der Backröhre nochmals erwärmt. Kühl gestellt hält sich Gelee 3 bis 4 Tage.

GLASUREN

Glasuren werden mit einem Pinsel auf die Oberfläche von Backwaren aufgetragen und dann in der nicht mehr warmen und offenen Backröhre bei etwa 80 °C getrocknet.

Puderzuckerglasur

Für etwa 200 g Glasur:
1 Becher Puderzucker,
3 Eßl. Wasser, Aroma, Speisefarbe.

Den Puderzucker sieben, in einen Topf schütten, warmes Wasser zugießen und Aroma zufügen. Unter Umrühren bis auf 40 °C erwärmen. Sollte die Glasur ein bißchen zu dick sein, noch etwas warmes Wasser zugießen, ist sie zu flüssig, noch etwas gesiebten Puderzucker zugeben. Nach Belieben kann die Glasur gefärbt werden. Um das Trocknen zu beschleunigen, lassen sich statt Wasser 3 Eiweiß verwenden.

Kochschokoladenglasur

Für etwa 270 g Glasur:
1 Becher Zucker,
1/2 Becher Wasser,
1 Eßl. Kakao.

Zucker und Wasser verrühren und bis zur Dickfadenprobe kochen lassen. Dann den Kakao zugeben und die Glasur auf 60°C bis 80°C abkühlen. Damit der Zucker nicht kristallisiert, immer wieder einen hölzernen Rührlöffel in die Glasur tauchen und sie vom Topfrand lösen. Vom Rühren wird die Glasur heller und glänzender. Dann ist sie verwendungsfähig.

Eiweißglasur

Für etwa 270 g Glasur:
1 Becher Zucker, 1 Becher Wasser,
2 Eiweiß, Aroma, Speisefarbe.

Zucker und Wasser bis zur Weichkugelprobe kochen. Die Eiweiß gut schlagen und allmählich die dicke Zuckerlösung in dünnem Strahl zugeben. Dabei laufend weiterschlagen. Zuletzt Aroma und Speisefarbe zufügen und alles noch einmal unter Rühren auf 40°C erwärmen. Dann die Backwaren damit glasieren und trocknen lassen.

SPEISEFARBEN

Krems, Glasuren u. ä. kann man durch unschädliche, natürliche Speisefarbstoffe färben. Solche Farbstoffe verderben jedoch rasch unter der Einwirkung von Licht, Luft und Feuchtigkeit. Deshalb muß man sie in fest verschlossenen Fläschchen aus dunklem Glas aufbewahren. Beim Färben von Krems usw. ist jedoch zu beachten, daß sich eine grelle und unnatürliche Färbung unangenehm auswirkt. Speisefarbstoffe löst man in warmem abgekochtem Wasser auf und verwendet sie nach Wunsch.

Weißfärbung geben Puderzucker, Fondant, Milch, süße oder saure Sahne, weiße Krems.

Gelbfärbung erhält man durch Safran, der mit wenig warmem Wasser, Wodka oder anderem Alkohol übergossen und nach 24 Stunden durch einen Filter geseiht wird. Auch mit Möhrenmasse läßt sich eine Gelbfärbung erreichen. Dafür Butter und geriebene Möhre zu gleichen Teilen 3 bis 5 Minuten bis zum Weichwerden dünsten lassen. Dann durch ein feines Sieb oder einen Filter drücken, damit der Saft ablaufen kann. Selbstverständlich ist auch Eigelb zum Färben verwendbar.

Grünfärbung erzielt man mit Spinatsaft.

Braunfärbung verleihen starker Kaffeesud oder sogenannter Couleur, der aus gebranntem Zucker hergestellt wird. Man schüttet dafür 1 Eßlöffel Zucker in eine kleine Pfanne, bringt ihn unter Umrühren auf schwachem Feuer so lange zum Erhitzen, bis der Zucker eine dunkelbraune Farbe annimmt und sich Rauch entwickelt. Unter fortgesetztem Rühren wird nach und nach 1/2 Becher heißes Wasser zugegossen und so lange gerührt, bis sich der Zukker aufgelöst hat. Die dabei erhaltene klebrige dunkelbraune Lösung seiht man durch einen Filter. Ist die Röstung des Zuckers nicht intensiv genug, erhält man nur eine schwache Färbung. Zu stark gebrannter Zucker hingegen klumpt und löst sich schlecht auf, so daß sich nur wenig Zuckercouleur ergibt.

Rot- und Rosafärbungen erhält man durch Zusatz von Himbeer-, Erdbeer-, Johannisbeer- oder Kirschsaft, rotem Sirup, Saft von Eingekochtem, Rotwein, Rotkraut oder roter Rübe. Letztere wird sehr fein geschnitten, mit der gleichen Menge leicht gesäuertem Wasser übergossen, zum Kochen gebracht und durchgeseiht.

Orangefärbung ergeben Mischungen aus gelbem und rotem Farbstoff.

Schokoladenfärbung erreicht man durch Zusatz von erwärmter Schokolade oder Kakao oder bei Mischung von Zuckercouleur (siehe «Braunfärbung») mit rotem Farbstoff.

Garnieren von Gebäck

Torten, Kuchen und anderes Gebäck erhalten ein schönes Aussehen durch Garnierungen wie Blüten, Blätter, Kanten, Figuren, Ornamente und Schriften, die aus den verschiedensten Zutaten hergestellt werden können. Alle diese Massen müssen glatt und geschmeidig sein, damit sie sich gut spritzen lassen. Würde die Spritztülle durch Krümchen teilweise verstopft, sehen die Garnituren nicht exakt aus. Um Gebäck besonders schön zu garnieren, braucht man eine lange Praxis. Deshalb sollte man erst einmal die einfachsten Dekorationsarten erlernen und dann allmählich kompliziertere versuchen.

KREMGARNITUREN

Auf die Oberfläche eines Gebäcks, das mit Krem bestrichen wurde, kann man einfache Muster mit der Gabel oder einem «Garnierkamm» herstellen. So ein Garnierkamm kann aus festem Karton oder Blech selbst geschnitten werden, wobei die Zähne unterschiedliche Formen haben können. Drückt man den «Kamm» leicht auf die Kremoberfläche, lassen sich damit gerade oder wellenförmige Linien ausführen. (Siehe Abb. 2 und Abb. 3)

Sehr unterschiedliche Muster kann man auf Kuchen, Torten u. ä. erhalten, wenn man die Krem mit Hilfe eines Spritzbeutels oder einer Garnierspritze und unterschiedlichen Spritztüllen — aus Metall oder Plast — spritzt. Hat man beides nicht, kann man kegelförmige Röhrchen aus Papier verwenden, die als Spritztütchen bezeichnet werden. Man fertigt sie aus Butterbrot- oder anderem festem Papier, das aber nicht zu dick sein darf, wie folgt: Man schneidet ein Dreieck aus und rollt es über einen Finger auf. Am breiten Ende biegt man den Rand des Spritztütchens leicht nach innen. Die Spitze kann man gerade, schräg, keilförmig oder gezahnt einschneiden. Je nach Form der Einschnitte ergeben sich unterschiedliche Kremmuster.

(Siehe Abb. 4, Abb. 5 und Abb. 7)
Mit einem gerade abgeschnittenen Spritztütchen mit breiter Öffnung kann man Gebäck und Kuchen dekorieren. Aus einem Spritztütchen mit schmaler Öffnung trägt man Schriften oder Zahlen auf, oder aber man zeichnet Linien, Punkte, Kegel, Weintrauben, Igelstacheln o. ä.
(Siehe Abb. 6, Abb. 9 und Abb. 10)
Aus einem schräg abgeschnittenen Spritztütchen kann man Blumen spritzen und an den Rändern einer Torte oder eines anderen Backwerkes Kanten anbringen.
(Siehe Abb. 8)
Mit einem keilförmig angeschnittenen Spritztütchen kann man die Krem zu Blättchen unterschiedlicher Größe und Form spritzen.
(Siehe Abb. 11)
Am meisten werden Spritztütchen mit gezahntem Anschnitt verwendet. Bei unterschiedlicher Zahngröße kann man vielerlei Zeichnungen unterschiedlicher Form anfertigen. Aus einem grob gezahnten Spritztütchen wird der Teig für Figurengebäck gespritzt.
Setzt man in die Mitte einer Spritztülle aus Metall mit gezahntem Anschnitt eine Spritztülle mit glattem Anschnitt ein, wird die Krem zwischen der äußeren gezahnten Tülle und der inneren glatten Tülle herausgedrückt, und es entsteht ein Blümchen mit einer Öffnung in der Mitte.
Zum Spritzen füllt man jeweils den Spritzbeutel oder das -tütchen mit einem Löffel zu Dreiviertel mit Krem und drückt oben zu. Dann nimmt man den Spritzbeutel in die rechte Hand, drückt leicht und bringt so die Garnierungen auf. Damit die Hand nicht zittert, kann man sie unterhalb des Gelenks mit der linken Hand abstützen.

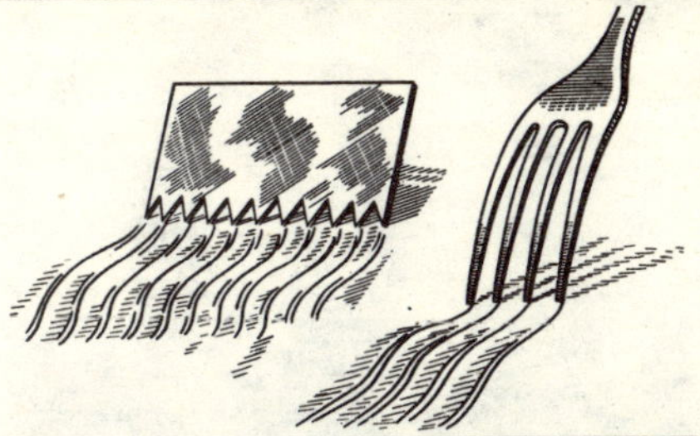

Abb. 2. Oberflächendekore bei Kremtorten sind mit Garnierkamm oder Gabel möglich

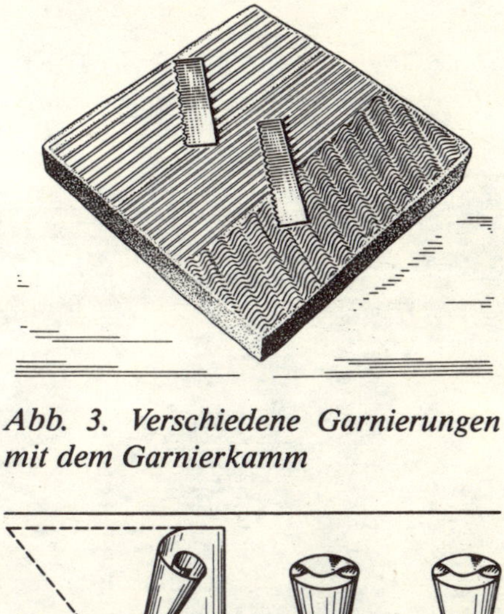

Abb. 3. Verschiedene Garnierungen mit dem Garnierkamm

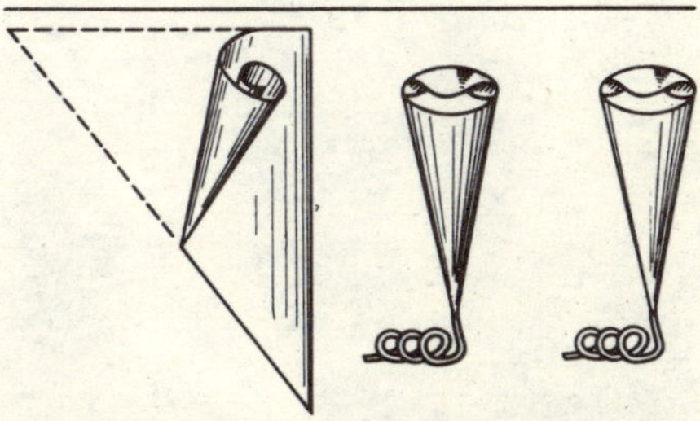

Abb. 4. Anfertigung von Spritztütchen aus Butterbrotpapier

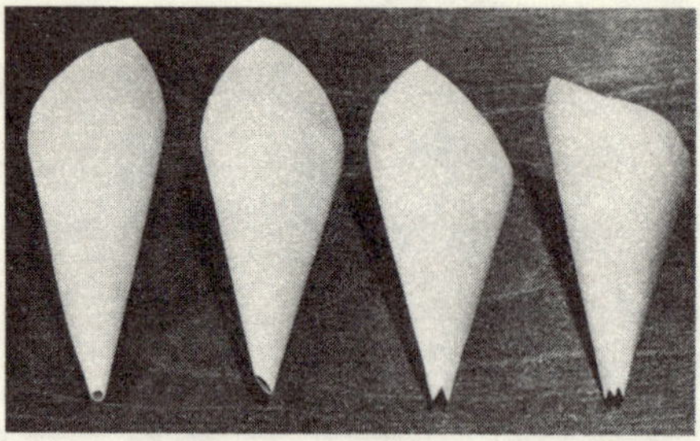

Abb. 5. Spritztütchen mit verschiedenen Anschnitten: gerader, schräger, keilförmiger und gezahnter Anschnitt

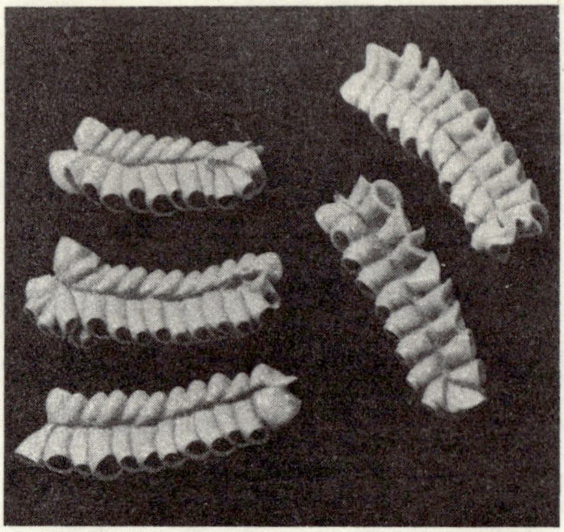

Abb. 7. Butterkrem mit keilförmigem Spritztütchenanschnitt gespritzt

Abb. 6. Vielerlei läßt sich mit der Lochtülle (gerader Spritztütchenanschnitt) garnieren

Abb. 8. Für diese Garnituren wurden Spritztütchen mit gezahntem (sternförmigem) und geradem Anschnitt verwendet

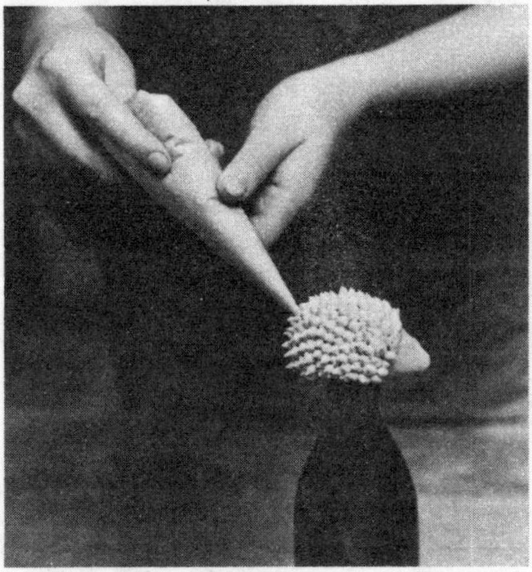

Abb. 9. So werden Igelstacheln aus Krem gespritzt

Die Vielfalt der Zeichnungen entsteht durch zickzack- oder wellenförmige Bewegung des Spritzbeutels oder -tütchens, durch Veränderung des Druckes mit der rechten Hand oder durch Veränderung des Neigungswinkels zwischen Spritzbeutel und Backwerk. Bevor man irgendeine Garnitur beendet, hört man auf zu drücken und macht eine scharfe Bewegung von sich weg entlang dem Strich der Zeichnung. Dann legt sich der Rest der austretenden Krem kaum sichtbar an der Zeichnung entlang. Wird der Spritzbeutel nur abgehoben, entsteht auf der Zeichnung ein Kegel, den man vermeiden muß. Wer kleine Muster, Schriften und Punkte aufbringen will, muß die Spritztülle nahe an das Backwerk halten. Bei Strichen muß die Spritztülle hoch gehalten werden. Große Blumen oder Blüten formt man zunächst auf Butterbrotpapier, läßt sie im Kühlschrank fest werden und legt sie dann erst vorsichtig auf die Torte.

Eine schöne Verzierung für Torten und Kuchen ist eine Rose aus Krem. Für ihre Herstellung schneidet man zuerst ein kegelförmiges Stückchen Teig aus dem Tortenboden, das als Unterlage für die Rose dient. Man befestigt es an einer Gabel oder einem zugespitzten Stäbchen.

Für das Anbringen der Rosenblätter aus Krem braucht man eine flache Spritztülle, die man in einen Spritzbeutel einsetzt. Hat man diese nicht, muß man in das schmale, gerade geschnittene Ende eines Spritztütchens einen entsprechend gebogenen Draht einlegen. In die linke Hand nimmt man das Teigstückchen und in die rechte das Spritztütchen. Während das Teigstückchen gedreht wird, spritzt man die Krem als bogenförmige Rosenblätter darauf. Will man weiß-rosa Rosenblätter herstellen, füllt man in das Spritztütchen links weiße Krem und rechts rosa Krem

ein. Diese Methode kann man auch für andere Garnierungen anwenden. Ist die Rose fertig, legt man das Spritztütchen auf den Tisch, schiebt zwei Finger der linken Hand unter das Teigstückchen und zieht vorsichtig die Gabel oder das Stäbchen heraus. Danach schiebt man eine Gabel unter die Rose und transportiert sie auf die bereits dekorierte Torte. Besser ist es jedoch, man läßt sie zuvor kühl gestellt auf einem Teller steif werden.
(Siehe Abb. 12)
Alle Spritzbeutel und -tüllen müssen sofort nach der Verwendung gesäubert werden. Spritztütchen aus Papier wirft man weg, weil sie sich nicht mehrmals verwenden lassen.

Abb. 11. Gespritzt mit geradem oder keilförmigem Anschnitt des Spritztütchens

Abb. 12. Kremrosen erfordern viel Geschicklichkeit

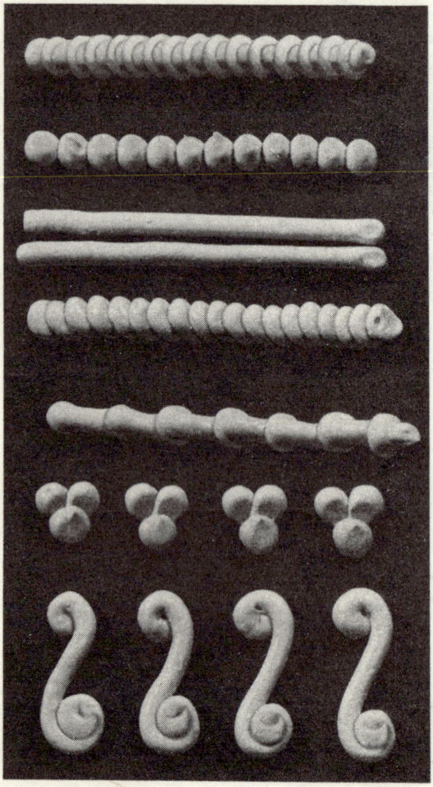

Abb. 10. Butterkremgarnituren mit geradem Anschnitt eines Spritztütchens ausgeführt

Eiweißspritzglasur

Für etwa 150 g Spritzglasur:
3/4 Becher Puderzucker, 1 Eiweiß, 3 bis 5 Tropfen Zitronensaft, Speisefarbe.

Den gesiebten Puderzucker in eine Porzellanschüssel schütten und unter Umrühren mit einem Holzlöffel das Eiweiß zufügen. Dann die Masse etwa 10 Minuten schlagen, bis sie steif ist. Um die Konsistenz zu verbessern, wird soviel Zitronensaft zugefügt, daß ein leicht säuerlicher Geschmack entsteht. Die Masse beliebig färben oder auch weiß lassen. Soll diese Eiweißspritzglasur nicht sofort nach der Zubereitung verwendet werden, ist sie mit einem feuchten Tuch zu bedecken, damit sich obenauf keine Haut bildet. Für das Spritzen ist ein Spritztütchen — wie bei «Kremgarnierungen» beschrieben — anzufertigen. Erst nach dem Hineinfüllen der Spritzmasse wird mit einer Schere das spitze Ende des Tütchens gerade abgeschnitten. Nun lassen sich vielerlei einfache Garnituren «zeichnen».
(Siehe Abb. 13)

Fruchtspritzglasur

1 bis 2 Eßl. Powidel (Pflaumenmus), Jam oder Aprikosenmarmelade durch ein feines Sieb streichen, nach Belieben mit Speisefarbe färben und mit ein wenig klarem Zucker aufkochen. Dann in ein Spritztütchen füllen. Besonders hübsch sehen auf verschiedenen Gebäcken farbige Punkte oder kleine Figuren aus.

Mehlspritzglasur

1/2 Eßl. Zucker, 1/4 Becher Milch, 1 Eiweiß, 1/2 Becher Mehl.

Zucker, Milch und Eiweiß mit dem Schneebesen schlagen, bis der Zucker völlig aufgelöst ist. Ohne mit dem Schlagen aufzuhören, allmählich das Mehl zugeben, bis eine sahneartige Masse entstanden ist. Diese in einen Spritzbeutel füllen. Auf ein gefettetes, mit Mehl bestäubtes Backblech beliebige Zeichnungen und Figuren aufspritzen. Mit Hilfe einer Schablone können auch verschiedene Ornamente entstehen. Die zum Backen vorbereitete Mehlspritzglasur wird mitunter noch mit Streuseln garniert. Gleich nach dem Backen lassen sich solche Garnituren zu Spiralen und Schleifen drehen, die diese Form nach dem Erkalten behalten.

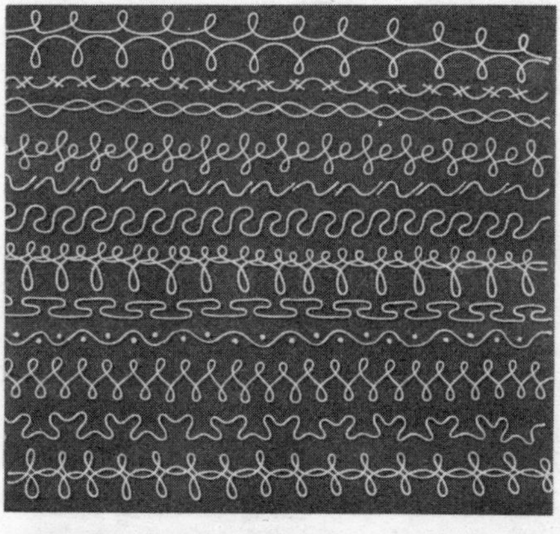

Abb. 13. Kanten aus Eiweißspritzglasur, ausgeführt mit Spritztütchen mit geradem Anschnitt

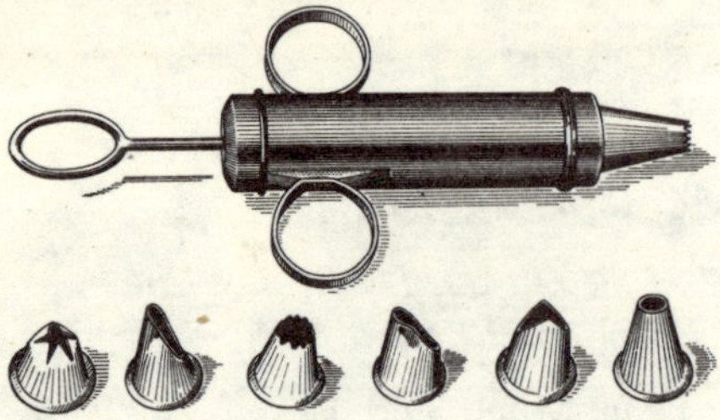

Abb. 14. Metallspritze mit einem Satz Spritztüllen

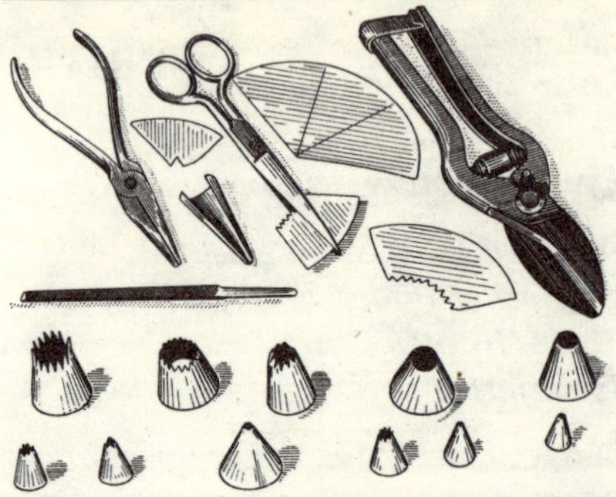

Abb. 15. Spritztüllen lassen sich aus Blech auch selbst herstellen

Abb. 16. Verschieden gezahnte Garnierkämme

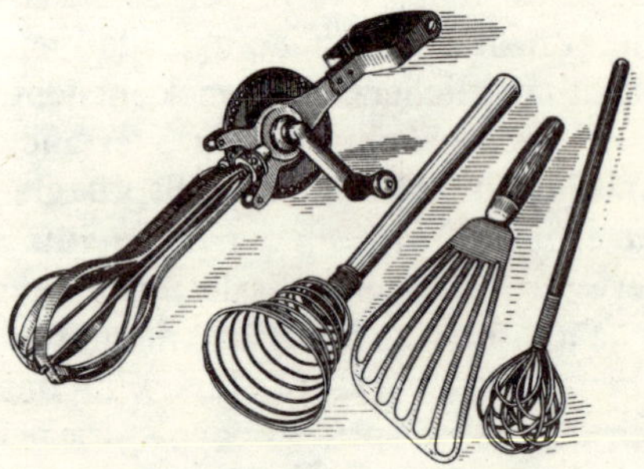

Abb. 17. Verschiedene Geräte zum Schlagen von Eiweiß oder Krems

GARNITUREN AUS GELEE

Das Gelee nach dem Rezept «Gelee mit Gelatine» bereiten und mit Wein, Fruchtsaft oder Vanille aromatisieren. Das noch nicht erkaltete Gelee in mehrere flache Schälchen gießen, so daß der Boden etwa 1/2 cm hoch bedeckt ist. Dann mit Speisefarbe färben, damit jedes Schälchen eine andere Farbe hat. Erstarrt mit dem Messer in Würfel, kleine Rhomben und andere Figuren schneiden und zum Garnieren von Kuchen, Torten o. ä. verwenden.

Verschiedenfarbiges Schichtgelee entsteht, wenn von dem noch nicht erkalteten Gelee Schichten von jeweils 2 mm Dicke gegossen werden, wobei die einzelnen Schichten jeweils erst erkaltet sein müssen. Eine hübsche Garnitur ist auch Mosaikgelee. Dafür verschiedenfarbiges Gelee in kleine Würfel schneiden und in einer Schüssel mit einer 5 mm dicken Schicht farblosem oder Milchgelee übergießen.

Marmorgelee entsteht aus dem Gelee

von zwei, drei oder vier Farben. Kurz vor dem Erstarren das Gelee aller Farben etwa 1 cm dick in eine Schüssel zusammengießen und mit einem Stäbchen verrühren, so daß das Gelee dann marmoriert aussieht.
(Siehe Abb. 18)

Abb. 18. Allerlei Garnituren aus Gelee

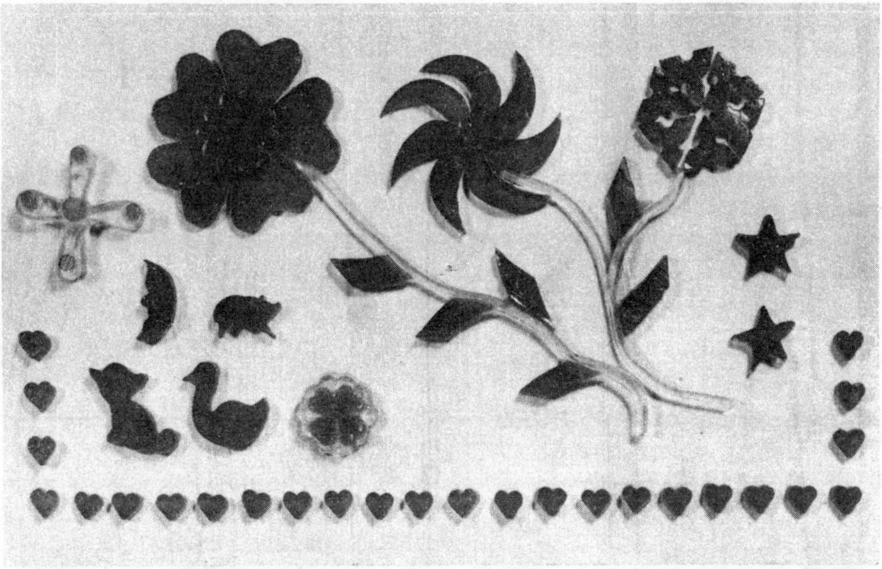

GARNITUREN AUS SCHOKOLADE

Eine Tafel Schokolade 30 Minuten an einen warmen Ort mit einer Temperatur um 30 °C legen. Sobald die Schokolade etwas elastisch wird, mit einem Messer dünne Schichten abschneiden, die sich zu Röhrchen rollen. Die so erhaltenen Schokoladenspäne zum Garnieren von Kuchen oder Torten verwenden. Nach Belieben noch leicht mit Puderzucker besieben.
Für die Zubereitung von Schokoladenornamenten eine Tafel Schokolade in kleine Stücke zerbrechen, in eine Tasse legen und warm stellen, bis die Schokoladenmasse weich und sämig ist. Evtl. tropfenweise Wasser zufügen. Diese Masse in ein Spritztütchen aus Papier füllen. Das spitze Ende des Tütchens abschneiden und alle möglichen Ornamente auf weißes Papier drücken. Komplizierte Muster zuvor mit Bleistift auf das Papier zeichnen und das Spritztütchen an den Linien entlangführen. Die vorher entworfene Zeichnung kann auch unter eine Klarsichtfolie gelegt und darauf dann in Schokolade nachgezogen werden. Diese Schokoladenornamente kühl stellen,

damit sie fest werden. Dann vorsichtig mit einem Messer ablösen und auf das Gebäck legen. Werden die Schokoladenornamente grau und glanzlos, muß die Schokoladenmasse wieder in eine Tasse gegeben, auf 50°C erwärmt — d. h. verflüssigt — und wieder abgekühlt werden, bis sie eine dichte schwarze Masse ist. Dann unter Umrühren nochmals auf 35°C (nicht mehr) erhitzen. Daraus können dann die zuvor genannten Garnierungen nochmals ausgeführt werden.
Aus einer dickeren Schokoladenmasse läßt sich auch ein sehr schönes Muster herstellen, wenn das Spritztütchen gezahnt beschnitten wird. Auch solche Figuren sind zunächst auf weißem Papier auszuführen und erst nach dem Erkalten auf die Torte zu legen. Für solche Garnituren der erwärmten Schokolade unter Umrühren ebenfalls allmählich tropfenweise Wasser zufügen. Zuviel Wasser kann die Schokolade jedoch verderben.
Zum Garnieren von Kuchen und Torten läßt sich auch käufliches Schokoladenkonfekt verwenden.
Schokoladenersatz kann aus 15% Kakao, 40% Puderzucker, 45% Butter und 0,5% des Gesamtgemisches Vanillinzucker bereitet werden. Ein Viertel der Buttermenge auf 40°C bis 50°C erhitzen. Dann Vanillinzucker und Kakao zufügen. Die übrige Butter zunächst mit dem Puderzucker und dann mit den übrigen Zutaten verarbeiten. Dieser Schokoladenersatz eignet sich nicht für Schokoladenornamente.

GARNITUREN AUS MARZIPAN

1 Becher Mandeln, 1/4 Becher Wasser, 1 Becher Zucker; etwas Butter.

Die Mandeln abziehen. Gut getrocknet durch die Mandelmühle drehen. Wasser und Zucker zu Sirup und dann bis zur Probe der festen Kugel kochen. Die geriebenen Mandeln dazuschütten und die Masse unter Umrühren mit einem Holzlöffel noch 3 bis 4 Minuten erwärmen. Dann auf ein leicht mit Butter bestrichenes Backblech oder einen Teller geben und abkühlen lassen. Später durch den Fleischwolf mit feiner Scheibe drehen. Aus diesem Marzipan lassen sich die unterschiedlichsten Garnituren formen. Ist das Marzipan sehr weich, weil der Sirup nicht bis zur erforderlichen Probe dick gekocht wurde, ist noch etwas Puderzucker zuzufügen. Ist das Marzipan jedoch ein bißchen zu fest und krümelt beim Formen, dann noch ein wenig Zuckersirup oder Honig zugeben. Da Marzipan sehr schnell trocken wird, muß es mit einem feuchten Tuch oder einem flachen Teller bedeckt werden.
Mit der Hand oder mit Hilfe von Formen lassen sich aus Marzipan Pilze, Beeren, Früchte, Tierfiguren u. ä. herstellen, die mit einem kleinen Pinsel und Speisefarben bemalt werden können. Die Speisefarben müssen in diesem Fall in etwas Alkohol aufgelöst worden sein. Marzipan kann auch dünn ausgerollt und mit verschiedenen Formen ausgestochen oder als Decke für eine Torte oder auch als beliebige Fülle genommen werden.

GARNITUREN AUS KARAMEL

1 Becher Zucker, 3/4 Becher Wasser,
3 bis 5 Tropfen Essigessenz
oder 10 bis 12 Tropfen Zitronensaft,
Aroma, Speisefarbe.

Einen Zuckersirup nach dem Rezept «Grundfondant» zubereiten, jedoch bis zur Karamelprobe einkochen. Damit der Karamel nicht verzuckert, dem Sirup zu Beginn des Kochens etwas Essigessenz zufügen, so daß er einen säuerlichen Geschmack bekommt. Es kann auch Zitronensaft dazugegeben werden, doch wird der Karamel davon gelb. Durch Hinzufügen von Speisefarbe und beliebigem Aroma läßt sich Karamel dem jeweiligen Verwendungszweck entsprechend anpassen.
Aus Karamel können leicht Karamelblättchen hergestellt werden. Zu diesem Zweck aus Kartoffel, Möhre oder Kohlrübe einen blattförmigen «Stempel» mit Adern schneiden. Diesen

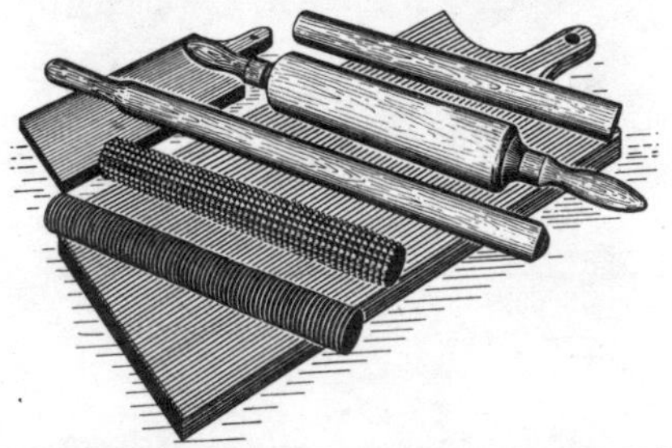

Abb. 19. Roll- bzw. Nudelhölzer und Walzen zur Teigmarkierung

Abb. 20. Teigausstecher

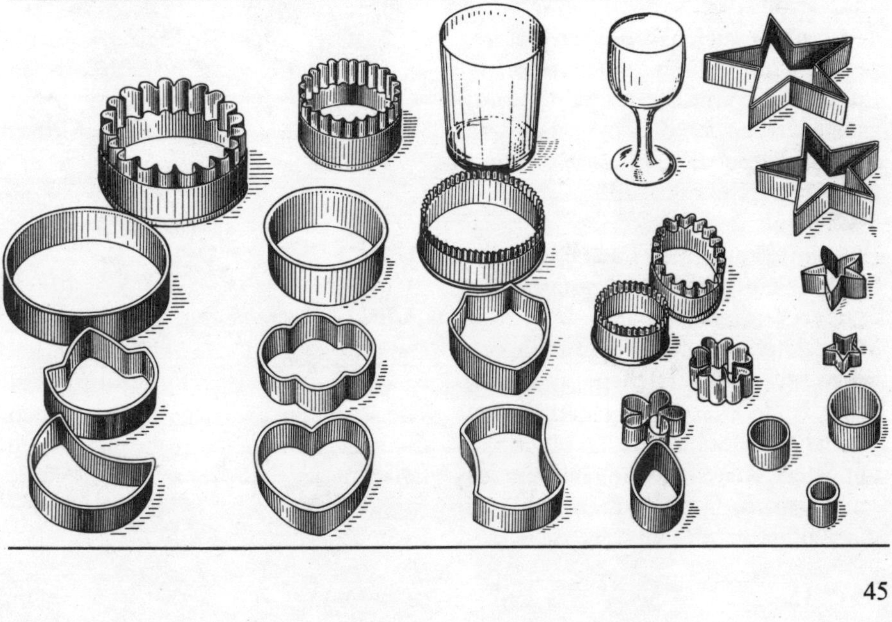

Stempel an einer Gabel befestigen und die Unterseite mit der Zeichnung in heißen Karamel tauchen. Dann den Stempel mit dem daran klebenden Karamel auf einen leicht mit Butter bestrichenen kalten Teller legen, den Karamel ein wenig an den Teller drücken, so daß sich der Stempel leicht von der Karamelschicht löst. Das Blättchen sofort mit dem Messer vom Teller lösen. Solange die Masse noch nicht erstarrt ist, kann sie in eine beliebige Form gezogen oder gebogen werden, beispielsweise durch Auflegen auf ein Rundholz.
Aus etwas abgeführter Karamelmasse lassen sich auch Wellen, Schriftschnörkel, Schnecken, Spiralen oder gewundene Ranken formen. Dafür die Karamelmasse wie einen «Draht» drehen und spiralenförmig auf ein mit Butter bestrichenes Stäbchen wickeln.

STREUSEL FÜR TORTEN

Feinbackwaren lassen sich mit Streuseln garnieren, die aus verschiedenen Zutaten hergestellt werden. Es ist günstig, die Streusel zu sieben, damit die Krümchen etwa gleich groß sind. Werden die Streusel zunächst durch ein feines und dann durch ein grobes Sieb geschüttelt, ergeben sich grobe, mittlere und feine Streusel.
Für das Garnieren von Torten mit Streuseln ist es praktisch, Schablonen aus Karton zu verwenden, die verschiedene Ornamente, Tierfiguren o. ä. zeigen. So kann z. B. vor dem Besieben mit Puderzucker eine Sternschablone aufgelegt werden, so daß nach dem Abnehmen dieser Schablone eine sternförmige Fläche freibleibt.
(Siehe Abb. 24)
Eine Torte kann auch nach dem Besieben mit einem Messer ganz einfach garniert werden.
Mandelstreusel lassen sich aus abgezogenen Mandeln herstellen. Sie können roh oder auch geröstet sein. Abgezogene Mandeln hacken und nach Belieben mit Speisefarbe färben. Mandeln lassen sich zum Garnieren jedoch auch nur halbieren oder vierteln.

Abb. 21. Formen für Torteletts, Kuchen und Baba

Abb. 22. Verschiedene Tortenformen

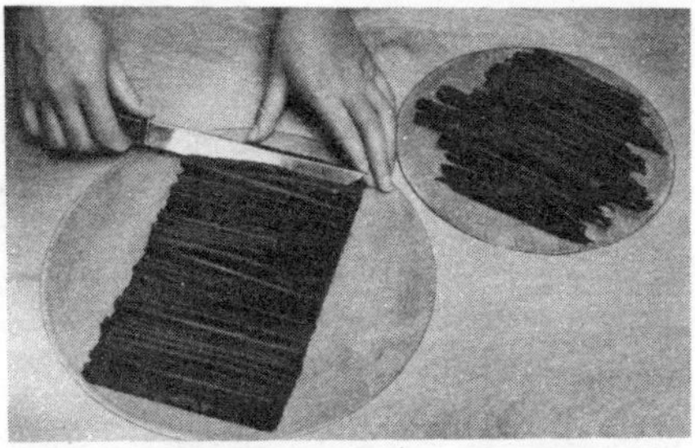

Abb. 23. So werden Schokoladenspäne abgehobelt

Abb. 25. Garnieren einer Kremtorte mit dem Messer

Abb. 24. Sternschablone für Streuseldekor

Pistazienstreusel werden aus vorbereiteten Pistazienkernen hergestellt oder statt dessen grün gefärbte Mandeln genommen. Zunächst ist mit einem Messer die harte Pistazienschale zu entfernen. Dann werden die Kerne 1 bis 2 Minuten gebrüht, sofort in kaltes Wasser gelegt und danach wie Mandeln abgezogen.

Zuckerstreusel können einfach aus grobem Kristallzucker bestehen oder aus entsprechend zerkleinertem Würfelzucker, der nach Belieben unterschiedlich gefärbt und dann breitgeschüttet getrocknet wird.

Biskuitstreusel wird aus Biskuit oder Biskuitbruch hergestellt, der zerkrümelt und durch ein grobes Sieb oder einen Durchschlag geschüttet wurde. Diese Krümel dann in der Backröhre hell überbräunen und mit Puderzucker oder Kakao besieben, so daß weiße oder schokoladenbraune Biskuitstreusel entstehen.

Krümelstreusel sind aus Blätterteig-, Sandkuchenkrümeln o. ä. zu gewinnen, die schön braun und knusprig geröstet werden können. Sie eignen sich besonders zum Bestreuen der seitlichen Tortenränder.

Schokoladenstreusel werden aus Bruchschokolade hergestellt, die auf einer Rohkostreibe gröber oder feiner zu reiben ist.

Trüffelstreusel erhält man aus Fondant, hergestellt nach dem Rezept «Grundfondant». Aus 2 Eßlöffel Zukker zubereiteten Fondant bis 40°C erwärmen, dann 1 Teelöffel Kakao und 20 Gramm Butter zufügen. Die Masse etwas abkühlen lassen und sobald sie dick wird, durch ein Sieb drücken.

Streusel

1 Eßl. Zucker, 20 g Butter,
1 Eßl. Mehl.

Streusel sind große süße Mehl-Butter-Krümel, die vor dem Backen auf den Teig zu streuen sind. Zucker, Butter und Mehl gut durcheinander mischen und so lange kneten, bis sich Krümel bilden. Streusel gleichmäßiger Größe entstehen, wenn die Masse durch ein grobes Sieb gedrückt wird. Ist sie sehr weich, so daß sich keine Streusel bilden, muß sie gut gekühlt und ihr noch etwas Mehl zugefügt werden. Entstehen jedoch beim Sieben sehr feine Mehlkrümel, ist noch etwas Butter oder Eigelb zuzugeben bzw. etwas länger durchzuarbeiten. Streusel aus einer größeren Zutatenmenge halten sich einige Tage im Kühlschrank.

7

8

Füllen

Kuchen, Pasteten, Kulebjaki, Watruschki und andere russische Backerzeugnisse werden mit den verschiedenartigsten Füllen versehen.
Die nach den folgenden Rezepten zubereiteten Füllen ergeben Mengen zwischen 200 Gramm und 350 Gramm. Damit lassen sich jeweils 10 Pasteten von 70 Gramm bis 80 Gramm herstellen.
Für Pasteten und Kulebjaki müssen die hier berechneten Mengen für die Fülle verdoppelt oder auch verdreifacht werden. Die meisten Füllen sind leicht verderblich, deshalb sind sie gleich weiter zu verwenden. Sie müssen immer kräftig im Geschmack und saftig sein. Ein guter Geschmack hängt jedoch nicht nur von der Auswahl der Zutaten, sondern auch von der Zubereitungsweise ab. So sind Fleisch und Fisch in gebratener Form mitunter schmackhafter als gekocht. Goldgelb geröstete Zwiebel hat ein kräftiges Aroma. Ist sie jedoch zu stark oder zu wenig geröstet, schmeckt sie nicht so gut bzw. unangenehm (angebrannt!). Mehl sollte möglichst zuvor in etwas Fett angeröstet werden.

Soße für verschiedene Füllen

1 Teel. Mehl, 2 Eßl. Fett,
1 Zwiebel, 1 Becher Fleischbrühe
oder Wasser, Lorbeerblatt,
Salz, Pfeffer, frische Kräuter.

Das Mehl in einem kleinen Tiegel so lange rühren, bis es hellbraun ist. Das Fett in einer kleinen Pfanne erhitzen, die feingeschnittene Zwiebel zufügen und ebenfalls unter Rühren goldgelb rösten. Dann das Mehl zufügen, verrühren, Brühe oder Wasser zugießen und unter Weiterrühren 10 Minuten kochen lassen, so daß eine dickliche Soße entsteht. Mit zerriebenem Lorbeerblatt, Salz, Pfeffer und Kräutern würzen. Nach Belieben saure Sahne zufügen. Diese Soße dient zur Verfeinerung einiger nachfolgender Füllen.

Fülle aus Fleisch

Für etwa 250 g Fülle:
300 g Fleisch ohne Knochen (Rind-, Hammel-, Kalb- oder mageres Schweinefleisch),
2 Eßl. Fett, Salz,
Pfefferkörner, Lorbeerblatt,
1 mittelgroße Zwiebel,
1 Teel. Mehl, Kräuter.

Erste Methode: Das gewaschene Fleisch in Stücke von 30 bis 40 Gramm schneiden und in Fett anbraten. Die Fleischstückchen in einen Topf legen, Salz, Pfefferkörner sowie Lorbeerblatt zugeben und soviel Wasser oder Brühe zugießen, daß das Fleisch bedeckt ist. Zugedeckt 1 bis 2 Stunden weichdünsten. Das Fleisch durch den Wolf drehen. In dem Bratfett die feingeschnittene Zwiebel glasig werden lassen, das Mehl zufügen und alles unter Rühren hell bräunen lassen. Mit der durchgeseihten Brühe vom Fleisch auffüllen. Nun das durch den Wolf gedrehte Fleisch sowie die gehackten Kräuter dazugeben, gut verrühren und nach Geschmack salzen.

Zweite Methode: Das Fleisch waschen, durch den Wolf drehen, in eine mit Fett ausgestrichene Pfanne legen und auf dem Herd oder in der Backröhre weichbraten, wobei es jedoch nicht austrocknen darf. Dann das Fleisch nochmals durch den Wolf drehen. Die feingehackte Zwiebel und das Mehl in einer Pfanne mit Fett rösten, Brühe auffüllen, Gewürze sowie feingehackte Kräuter zufügen und alles gut vermischen.

Dritte Methode: Das Fleisch kochen, durch den Wolf drehen, mit der am Anfang des Kapitels genannten «Soße für verschiedene Füllen» vermischen.

Fleischfüllen lassen sich auch mit Reis mischen. Dabei werden 100 Gramm Fleisch durch 100 Gramm garen Reis ersetzt (1 Eßlöffel roher Reis).

Fülle aus Wildbret oder Geflügel

Für etwa 250 g Fülle:
400 g Wildbret oder Geflügel (ausgenommen),
2 Teel. Mehl, 1 Eßl. Fett,
1/3 Becher Milch, 1/2 Teel. Salz,
Kräuter.

Das vorbereitete Fleisch garbraten oder -kochen. Dann von den Knochen lösen und feinhacken. Das Mehl mit dem Fett ein wenig anschwitzen, die Milch auffüllen und alles gut durchkochen lassen. Mit dem Fleisch vermischen, salzen und gehackte Kräuter zufügen.

Fülle aus Wildbret oder Geflügel mit Ei und Reis

Für etwa 250 g Fülle:
250 g Wildbret oder Geflügel (ausgenommen),
1 Eßl. Fett, 1 Eßl. Reis, Salz,
1 hartgekochtes Ei,
1 Eßl. süße Sahne, Muskat.

Das vorbereitete Fleisch braten oder kochen, von den Knochen lösen und feinhacken. Den Reis in Salzwasser garen. Das Ei ebenfalls kleinhacken. Alle Zutaten gut vermischen und mit Sahne, Salz sowie Muskat abschmecken.

Fülle aus Innereien

Für etwa 250 g Fülle:
350 g Innereien (Herz, Lunge),
1 Zwiebel, 2 Eßl. Fett, Soße.

Die Innereien waschen, in 30 bis 40 Gramm schwere Stückchen schneiden und in Salzwasser garkochen. Dann mit dem Messer feinschneiden oder durch den Wolf drehen, leicht mit feingeschnittener Zwiebel anbraten und mit der am Anfang des Kapitels genannten «Soße für verschiedene Füllen» vermischen. — Dieser Fülle können auch noch 2 hartgekochte und feingehackte Eier oder statt der Eier 2 Eßlöffel körnig gekochter Reis zugefügt werden.

Fülle aus Schweinefleisch

Für etwa 250 g Fülle:
300 g durchwachsenes Schweinefleisch,
Salz, 1/4 Teel. gemahlener Pfeffer,
1/2 Teel. Zucker,
2 mittelgroße Zwiebeln.

Das Fleisch in wenig gesalzenem Wasser garkochen. Dann in kleine Würfel schneiden, mit dem Pfeffer, dem Zukker und den feingeschnittenen Zwiebeln vermischen. Falls nötig, noch etwas salzen. Nach Belieben auch 1 Eigelb zufügen. — Für diese Fülle läßt sich auch Kaßler oder Schwarzfleisch verwenden (ohne Salz kochen!).

Fülle aus Hirn

Für etwa 250 g Fülle:
250 g Hirn, 2 Becher Wasser,
2 Eßl. 2%iger Essig,
1/2 Teel. Salz, 3 Lorbeerblätter,
1 Eßl. saure Sahne,
1 mittelgroße Zwiebel, 2 Eßl. Fett.

Das Hirn in kaltes Wasser legen, alles geronnene Blut entfernen, das Hirn häuten. In einem Topf mit dem gesäuerten, leicht gesalzenen Wasser unter Zugabe von Lorbeerblättern 10 bis 15 Minuten garziehen lassen. Das abgekühlte Hirn kleinschneiden, mit der sauren Sahne und der feingewürfelten, in Fett gerösteten Zwiebel vermischen. — Zur Geschmacksverbesserung kann das vorbereitete Hirn auch in einer Pfanne mit Butter gebraten, dann fein gehackt und mit saurer Sahne und gerösteter Zwiebel vermengt werden.

Fülle aus Fisch

Für etwa 250 g Fülle:
400 g Fisch oder 300 g Fischfilet,
Salz, 2 Eßl. Öl,
1 mittelgroße Zwiebel, 1 Teel. Mehl,
etwas Brühe, Lorbeerblatt,
Pfeffer, Kräuter.

Erste Methode: Frischfisch schuppen und ausnehmen. Dann kurz waschen, salzen und auf beiden Seiten braten. Danach etwas grob schneiden, dabei entgräten. Die feingeschnittene Zwiebel glasig braten, das Mehl dazugeben und alles hellbraun rösten. Wenig Brühe oder Wasser auffüllen und gut durchkochen, so daß eine sämige Soße entsteht. Alle Zutaten vermischen und mit zerriebenem Lorbeerblatt, Salz, Pfeffer und Kräutern abschmecken.

Zweite Methode: Den vorbereiteten Fisch in eine Pfanne legen, etwas Wasser zugießen, Salz, Lorbeerblatt und Pfefferkörner oder Kräuter dazugeben. Kleineren Fisch 10 bis 15 Minuten, große Stücke eines Störs dagegen 1 bis 2 Stunden kochen. Den garen Fisch nicht sehr klein schneiden und mit den anderen Zutaten vermischen. Die Fülle nach dem Kochen durchseihen und für die am Anfang genannte «Soße für verschiedene Füllen» verwenden. — Soll die Fülle mit 100 Gramm Reis (1 Eßlöffel roher Reis) oder 2 hartgekochten Eiern verändert werden, ist die Fischmenge um 100 oder 50 Gramm zu reduzieren.

Fülle aus Wjasiga
(Rückensehnen von Stör oder Hausen)

Für etwa 250 g Fülle:
200 g frische oder 50 g getrocknete Wjasiga, Salz, Soße.

Die frische Wjasiga waschen und in Salzwasser 1 bis 2 Stunden weichkochen. Dann mit dem Messer klein schneiden oder durch den Wolf drehen, mit der am Anfang des Kapitels genannten «Soße für verschiedene Füllen» vermischen. — Handelt es sich um getrocknete Wjasiga, muß sie vor dem Kochen 2 bis 3 Stunden eingeweicht werden. Bei der Zubereitung einer solchen Fülle läßt sich auch die Hälfte der Wjasigamenge durch 200 Gramm Frischfisch ersetzen. Ebenso kann ein Viertel der Wjasigamenge durch 2 hartgekochte, feingehackte Eier ersetzt werden. Auch eine Fülle aus 120 Gramm frischer Wjasiga und 100 Gramm garem Reis sowie den übrigen Zutaten ist möglich.

Fülle aus Reis

Für etwa 250 g Fülle:
3 Eßl. Reis, 3 Becher Wasser,
1 Teel. Salz, 2 Eßl. Fett.

Den Reis verlesen, mehrmals waschen und in einem Sieb abtropfen lassen, dann in siedendes Salzwasser schütten und halbgar kochen. Wieder in ein Sieb schütten, mit heißem Wasser übergießen und abtropfen lassen. Dann den Reis in einem Topf mit dem erhitzten Fett schwenken und abschmecken. — Statt 3 Eßlöffel Reis können auch nur 2 Eßlöffel Reis genommen und dafür 1 bis 2 hartgekochte, feingehackte Eier zugefügt werden. Möglich ist auch die Variante mit 2 Eßlöffel Rosinen und 1 Eßlöffel Zucker.

Fülle aus Buchweizen

Für etwa 280 g Fülle:
1/2 Becher Buchweizen,
3/4 Becher Wasser, 1/2 Teel. Salz,
2 Eßl. Fett, 1 Zwiebel.

Den Buchweizen verlesen, in einen trockenen Topf schütten und auf der Herdplatte oder in der Backröhre mittelbraun rösten. Das Wasser mit dem Salz zum Kochen bringen und den gerösteten Buchweizen hineinschütten. Im fest zugedeckten Topf im Wasserbad auf der Herdplatte oder in der Backröhre 3 Stunden garen lassen. Dann die in Fett geröstete kleingeschnittene Zwiebel untermischen. — Statt Zwiebel kann auch ein hartgekochtes und feingehacktes Ei genommen werden.

Fülle aus Buchweizen mit Leber

Für etwa 280 g Fülle:
1/4 Becher Buchweizen,
1/3 Becher Wasser, 1 Teel. Salz,
150 g Leber, 2 Eßl. Fett,
1 Zwiebel, Pfeffer.

Den Buchweizen nach dem vorhergehenden Rezept zubereiten. Die Leber waschen, häuten, in Scheibchen schneiden und in Fett braten. Nun fein zerkleinern, Buchweizen sowie die kleingeschnittene und gebratene Zwiebel dazugeben. Die Fülle mit Salz und Pfeffer abschmecken. — Statt Leber können auch 200 Gramm frische oder 50 Gramm getrocknete, entsprechend gegarte und zerkleinerte Pilze verwendet werden.

Fülle aus Buchweizen mit Speck und Eiern

Für etwa 250 g Fülle:
1/4 Becher Buchweizen,
1/3 Becher Wasser, 1/2 Teel. Salz,
1 hartgekochtes Ei,
100 g Speck, 1/2 Zwiebel.

Buchweizen nach dem Rezept «Fülle aus Buchweizen» zubereiten. Das Ei feinhacken. Den Speck in kleine Würfel schneiden und in einer Pfanne glasig braten, die kleingeschnittene Zwiebel zugeben und alles zusammen weiter goldgelb rösten. Dann alle Zutaten miteinander vermischen und abschmecken.

Fülle aus Hirse und Rosinen

Für etwa 300 g Fülle:
1/3 Becher Hirse, 1 1/2 Becher Wasser,
Salz, 2 Eßl. Fett, 1 Eßl. Zucker,
1/2 Becher Rosinen.

Die Hirse verlesen und in einem Sieb so lange durchspülen, bis das Wasser klar bleibt. Dann 6 bis 8 Minuten in Salzwasser kochen. Danach wieder in einem Sieb abtropfen lassen. Fett, Zukker sowie die gewaschenen Rosinen zugeben. Eventuell noch nachsalzen. Alles wieder in einen Topf schütten und für etwa 2 Stunden in die mäßig warme Backröhre stellen.

Fülle aus frischem Kraut

Für etwa 300 g Fülle:
400 g Weißkraut, 2 Eßl. Fett,
1 hartgekochtes Ei, Salz.

Von dem Krautkopf schlechte Blätter und den Strunk entfernen. Das Kraut waschen, in eine tiefe Pfanne mit zerlassenem Fett legen und auf der Herdplatte halbgar braten, damit es später in den fertigen Piroshki, Pasteten o. ä. seine Knusprigkeit behält. Das Ei fein hacken, untermischen und die Fülle nach Geschmack salzen.

Fülle aus Sauerkraut

Für etwa 270 g Fülle:
1 Becher Sauerkraut,
2 Eßl. Fett, 1 mittelgroße Zwiebel,
Zucker, Salz.

Das Sauerkraut klein schneiden. In einem Topf Fett flüssig werden lassen, Sauerkraut und geröstete Zwiebelwürfel — gegebenenfalls auch wenig Wasser oder Brühe — dazugeben und unter Umrühren garen. Mit etwas Zucker und Salz abschmecken. Nach Belieben noch feingehackte Kräuter oder ein kleingeschnittenes, hartgekochtes Ei zufügen.

Fülle aus Möhren

Für etwa 230 g Fülle:
250 g Möhren, Salz, 1 Eßl. Butter,
1 hartgekochtes Ei, 1 Teel. Zucker.

Die geputzten Möhren in grobe Würfel schneiden, in einem Topf mit soviel heißem Wasser übergießen, daß die Möhren gerade bedeckt sind. Nach Geschmack salzen, zudecken und 20 bis 30 Minuten garen. Dann das Wasser abgießen, die Möhren kleinhacken oder durch den Wolf drehen, mit der Butter sowie dem feingehackten Ei vermischen. Mit Zucker und Salz abschmecken.

Fülle aus Möhren mit saurer Sahne

Für etwa 260 g Fülle:
200 g Möhren, 3 Eßl. Fett,
1 Teel. Mehl, 3 Eßl. saure Sahne,
1 hartgekochtes Ei, Salz,
1/2 Teel. Zucker.

Die geputzten Möhren mit dem Messer ganz fein schneiden oder raspeln. Dann im erhitzten Fett garbraten. Das Fett abgießen, darin das Mehl rösten, etwas abkühlen lassen und mit der sauren Sahne vermischen. Dann die Möhrenmasse sowie das feingehackte Ei zufügen. Alles gut vermischen und mit Salz und Zucker abschmecken.

Fülle aus Zwiebeln

Für etwa 300 g Fülle:
200 g Zwiebeln, 3 Eßl. Butter,
2 Eßl. geriebene Semmel,
3 hartgekochte Eier, Brühe,
Salz, Kräuter.

Die Zwiebeln fein schneiden, in Butter goldgelb rösten. Gesondert in etwas Butter die Semmelbrösel leicht bräunen. Die Eier feinhacken. Alle Zutaten vermischen, soviel Brühe zugießen, daß die Fülle geschmeidig wird. Mit Salz und gehackten Kräutern abschmecken.

Fülle aus Schnittlauch

Für etwa 280 g Fülle:
200 g Schnittlauch,
3 Eßl. Öl oder Butter,
1/4 Teel. Salz, 3 hartgekochte Eier.

Den Schnittlauch verlesen und schneiden. Zusammen mit Öl und Salz in eine Kasserolle geben und dünsten. Vom Feuer nehmen, die kleingehackten Eier dazugeben und alles gut vermischen. — Der Schnittlauch kann auch mit heißer Butter übergossen, mit Salz bestreut und kräftig mit einem Löffel gedrückt werden. Dann kommen die kleingehackten Eier dazu und alles wird gut vermischt. Bei dieser Zubereitungsweise hat die Fülle einen schärferen Geschmack.

Fülle aus Pilzen

Für etwa 240 g Fülle:
400 g frische oder 100 g getrocknete
Pilze, Salz, 2 Eßl. Fett,
1 Eßl. Mehl, 1 mittelgroße Zwiebel,
Pfeffer, Kräuter.

Die Pilze waschen und putzen, in wenig Salzwasser garen. Getrocknete Pilze zuvor mindestens 3 Stunden in kaltem Wasser einweichen. Die garen Pilze durch den Wolf drehen oder mit einem Messer ganz fein schneiden und in 1 Eßlöffel Fett durchbraten. Aus dem übrigen Fett, Mehl und Zwiebel eine Soße nach dem am Anfang des Kapitels genannten Rezept «Soße für verschiedene Füllen» zubereiten. Pilze und Soße vermischen, mit Salz, Pfeffer und feingehackten Kräutern abschmecken. — Für eine Pilzfülle mit Reis nur die Hälfte der Pilze verwenden und dafür 3 Eßlöffel körnig gekochten Reis zufügen. Aus der Hälfte der Pilze und 1 Becher Sauerkraut kann ebenfalls eine Fülle hergestellt werden.

Fülle aus Pilzen mit saurer Sahne

Für etwa 280 g Fülle:
400 g frische oder 100 g getrocknete Pilze, Salz, 2 Eßl. Fett,
1 Teel. Mehl, 1/2 Zwiebel,
3 Eßl. saure Sahne, Pfeffer, Kräuter.

Die Pilze nach dem vorhergehenden Rezept garen, zerkleinern und in 1 Eßlöffel Fett durchbraten. Aus dem übrigen Fett, Mehl und Zwiebel ebenfalls eine Soße nach dem am Anfang des Kapitels genannten Rezept «Soße für verschiedene Füllen» zubereiten, jedoch statt Brühe oder Wasser saure Sahne verwenden. Die Pilze mit der Soße gut vermischen, mit Salz, Pfeffer und gehackten Kräutern abschmecken.

Fülle aus Sago

Für etwa 300 g Fülle:
3 Eßl. Sago, 4 Becher Wasser,
Salz, 1 Zwiebel, 2 Eßl. Öl, Kräuter.

Den Sago in das siedende, leicht gesalzene Wasser schütten und 20 bis 25 Minuten kochen, bis er glasig ist. Dann auf ein Sieb zum Ablaufen des Wassers schütten und noch mehrmals mit frischem Wasser durchspülen. Die feingehackte Zwiebel goldbraun braten und zum Sago geben. Mit Salz und feingewiegten Kräutern abschmecken. — Dieser Fülle können auch 150 Gramm garer zerpflückter Frischfisch oder 2 gehackte, hartgekochte Eier zugefügt werden. Die Sagomenge ist dann um 1 Eßlöffel zu verringern.

Fülle aus Quark

Für etwa 270 g Fülle:
1 Becher Quark, 1 1/2 Eßl. Zucker,
1 Ei, 1 Teel. Mehl,
1 Päckchen Vanillinzucker, Salz.

Den Quark durch ein Sieb streichen. Den Zucker, das Ei und das Mehl (zuvor ohne Fett in einem Tiegel geröstet) dazugeben, mit Vanillinzucker und Salz abschmecken. Alles gut vermischen. Nach Belieben noch etwas abgeriebene Zitronen- oder Apfelsinenschale zufügen. Die Fülle läßt sich auch mit vorgequollenen Rosinen, gehackten Nüssen oder feingeschnittenen Zukaten (z. B. Zitronat, Orangeat) verfeinern. Dann genügt eine Quarkmenge von einem 3/4 Becher.

Fülle aus Milch und Ei

Für etwa 300 g Fülle:
1 Teel. Mehl, 1 Eßl. Butter,
3/4 Becher Milch,
3 hartgekochte Eier, Salz, Kräuter.

Das Mehl in der Butter goldgelb anschwitzen, Milch auffüllen, durchkochen und nach dem Abkühlen mit den feingehackten Eiern vermischen. Zuletzt mit Salz und gehackten Kräutern abschmecken.

Fülle aus Kuraga
(getrocknete Aprikosen ohne Stein)

Für etwa 300 g Fülle:
1/2 Becher Kuraga, 1 Becher Wasser,
3/4 Becher Zucker.

Erste Methode: Die Aprikosen waschen und 3 Stunden in dem kalten Wasser einweichen. Dann im selben Wasser unter Hinzufügen des Zuckers kochen, bis sich eine püreeähnliche Masse ergibt.
Zweite Methode: Die Trockenapriko-

sen waschen, mit soviel warmem Wasser begießen, daß sie bedeckt sind. Dann 1 bis 2 Stunden quellen lassen. Nun zum Kochen bringen. Dann das Wasser abgießen, die Kuraga abkühlen, auf den ausgerollten Teig legen und mit Zucker bestreuen.

Fülle aus Äpfeln

Für etwa 225 g Fülle:
250 g Äpfel,
2 Eßl. Zucker.

Erste Methode: Die Äpfel waschen, schälen, vom Kernhaus befreien und in Achtel schneiden. Den Zucker darüberstreuen, ganz wenig Wasser zugeben und unter Umrühren fast weich kochen. Dann abkühlen lassen. Nach Belieben etwas gemahlenen Zimt, abgeriebene Zitronen- oder Apfelsinenschale zugeben. Bei sehr süßen Äpfeln kann mit ein wenig Zitronensaft abgeschmeckt werden.
Zweite Methode: Die geachtelten Äpfel mit Zucker bestreuen, mit Weinbrand oder Wodka beträufeln und 1 bis 2 Stunden stehen lassen, bis sie weicher werden. Dann als Fülle verwenden.

Fülle aus Mohn

Für etwa 250 g Fülle:
5 Eßl. Mohn, 4 Eßl. Zucker, 1 Ei.

Den Mohn mit siedendem Wasser übergießen und aufkochen. Dann auf ein ganz feines Sieb schütten und das Wasser ablaufen lassen. Danach den Mohn trocknen und später zwei- bis dreimal durch einen Fleischwolf mit feiner Scheibe oder eine Mohnmühle drehen. Zuletzt mit dem Zucker und dem Ei gut verrühren.

Fülle aus Mohn mit Honig

Für etwa 220 g Fülle:
6 Eßl. Mohn, 3 Eßl. Honig.

Den Mohn mit warmem Wasser waschen und auf einem Sieb abtropfen lassen. Dann den Mohn in einen Topf schütten, den Honig dazugeben und 4 bis 8 Minuten kochen lassen. Abgekühlt als Fülle verwenden.

Fülle aus Mandeln

Für etwa 320 g Fülle:
1/2 Becher süße Mandeln,
3/4 Becher Zucker, 1 Ei,
1 Eßl. Butter, 1 Eßl. Mehl.

Die abgezogenen Mandeln in einem Tiegel unter Rühren goldgelb rösten. Abgekühlt durch die Mandelmühle drehen. Mit Zucker, Ei und dem in Butter gerösteten Mehl gut vermischen.

Fülle aus Rhabarber

Für etwa 350 g Fülle:
5 Stengel Rhabarber (etwa 500 g),
3/4 Becher Zucker, 1/4 Teel. Zimt,
abgeriebene Schale von 1 Zitrone.

Erste Methode: Die geputzten Rhabarberstengel in kleine Würfelchen schneiden, Zucker, Zimt und Zitronenschale dazugeben und unter Umrühren zum Kochen bringen. Abgekühlt als Fülle verwenden.
Zweite Methode: Den geputzten, geschnittenen Rhabarber mit dem Zukker vermischen, die Gewürze dazugeben und 24 Stunden stehen lassen. Dabei von Zeit zu Zeit umrühren. Dann den Rhabarber in einen Durchschlag oder ein Sieb zum Abtropfen schütten. Diesen süßen Rhabarber als Fülle verwenden.

Gebäck aus einfachem Hefeteig ohne Vorteig

Aus diesem Teig kann man einfache Brötchen, Piroshki (Pasteten), Pontschiki (russische Pfannkuchen) und andere Backerzeugnisse mit kleineren Zutatenmengen zubereiten. Um schmackhafte, gut durchgebackene Erzeugnisse zu erhalten, muß man lernen, den Teig richtig mit Hefe aufzulockern. Herzhafte Füllen aus Fleisch, Fisch oder Pilzen passen z. B. nicht zu einem süßen Teig oder einem Teig, der mit Zitrone oder Kardamom aromatisiert ist. Für süße Füllen jedoch darf man keinen salzigen Teig verwenden.

Einfacher Hefeteig ohne Vorteig (Hefeteig I)

ZUTATEN	MENGEN			
Mehl, Becher	1	2	3	4
Zucker, Eßlöffel	0—1/2	0—1	0—1 1/2	0—2
Margarine oder Öl, Eßlöffel	0—1	0—2	0—3	0—4
Eier, Stück	0—1/4	0—1/2	0—3/4	0—1
Hefe, Gramm	5	10	15	20
Salz, Teelöffel	1/8	1/4	1/3	1/2
Milch oder Wasser, Becher	1/4	1/2	3/4	1
Backwarenmenge etwa, Gramm	250	500	750	1000

In eine Schüssel die warme Milch oder das warme Wasser (Temperatur 30 °C) gießen und die Hefe darin auflösen. Salz, Zucker, Ei, gewünschte Geschmacksstoffe und das durchgesiebte Mehl dazugeben und alles 5 bis 8 Minuten kneten, damit ein glatter, nicht zu fester Teig ohne Klumpen entsteht. Wenn die angegebene Flüssigkeitsmenge für das Anrühren des Teiges nicht ausreicht, muß man noch ein wenig Milch oder Wasser zufügen. Das Mehl ist vor dem Durchsieben mit dem Becher zu messen. Gegen Ende der Teigbereitung zieht man noch die angewärmte Margarine oder das Öl darunter und mischt leicht durch. Dann bedeckt man die Schüssel mit einem Topfdeckel oder Tuch und stellt sie zum Gehen warm. Nach 1 Stunde den Teig etwas zusammenstoßen. Es dauert noch etwa 40 bis 50 Minuten, bis der Teig genügend gegangen ist. Nun muß man ihn noch einmal zusammenkneten und auf ein mit Mehl bestreutes Backblech legen.

Man kann die Dauer des Gehens eines Teiges regulieren, indem man die Dosierung der Hefe und die Temperaturbedingungen ändert. Als normal für das Gehen betrachtet man eine Temperatur zwischen 20 °C und 30 °C. Bei niedrigerer Temperatur wird das Gehen verlangsamt, ist die Temperatur höher, wird es beschleunigt. Man sollte aber beachten, daß der Prozeß des Gehens bei einer Temperatur unter 10 °C oder über 55 °C zum Stillstand kommt.

Was kann man tun, wenn der Teig nicht geht?

Den unter 10 °C abgekühlten Teig muß man langsam auf 30 °C erwärmen, aber so, daß er in dieser Zeit mit nichts in Berührung kommt, das wärmer als 50 °C ist.

Den ein bißchen zu warmen Teig muß man auf 30 °C abkühlen und dann frische Hefe zufügen.

Wird dem Teig zu viel Salz oder Zucker zugefügt, verlangsamt sich das Gehen oder kommt zum Stillstand. In einem solchen Fall muß man noch etwas Teig anrühren und diesen mit dem zu salzigen oder zu süßen Teig vermischen.

Wenn der Teig nicht geht, kann es auch an der Hefe liegen. Um sie zu prüfen, muß man eine kleine Menge Vorteig anrühren und mit einer dünnen Schicht Mehl bedecken. Wenn nach 20 Minuten in der Mehlschicht keine Risse sichtbar sind, dann ist die Hefe nicht mehr verwendbar, und man muß neue Hefe von besserer Qualität nehmen.

Veränderungen des angegebenen Grundrezeptes wirken sich so aus:

— zu viel Wasser — der Teig läßt sich schlecht formen, die Backwaren laufen breit und werden flach;
— zu wenig Wasser — der Teig geht schlecht, das Gebäck wird fest und hart;
— Austausch des Wassers durch Milch oder süße Sahne — die fertigen Backwaren haben ein schöneres Aussehen, der Geschmack ist besser;
— Erhöhung der Fettmenge — die Backwaren sind mürber, wohlschmekkender, werden nicht so schnell trocken;
— zu viel Salz — der Teig geht schlecht, die Backwaren bekommen einen salzigen Beigeschmack, die Oberfläche wird blaß;
— zu wenig Salz — die Backwaren schmecken fad und werden breit;
— zu große Zuckermenge — die Oberfläche des Gebäcks bekommt beim Backen rasch Farbe, während das Innere schlecht durchbäckt, außerdem geht der Teig schlecht; bei einem Zuckerzusatz von mehr als 35 % hört der Teig auf zu gehen;
— unzureichende Zuckermenge — die Backwaren werden blaß und zu wenig süß;

— Erhöhung der Eiermenge — die Backwaren werden lockerer und wohlschmeckender;
— Austausch von ganzen Eiern durch Eigelb — die Backwaren werden mürber, sie bekommen eine Gelbfärbung;
— Erhöhung der Hefemenge — das Gehen wird beschleunigt; eine zu große Hefemenge verleiht den Backwaren jedoch einen unangenehmen Hefegeruch und -geschmack.

Die Teigbearbeitung:

Von dem Teig auf dem Backbrett schneidet man ein Stück ab, legt es auf die mehlbestreute Unterlage und drückt es mit der Hand flach. Dann schlägt man die Teigränder in der Mitte des Stückes zusammen und dreht es auf die andere Seite, damit die «Naht» nach unten kommt.

Man kann den Teig gleich auf das gefettete Backblech legen oder auch mit dem Nudelholz — z. B. zu Hüllen für Piroggen — ausrollen. Zuvor muß der Teig noch 3 bis 5 Minuten ruhen.

Bei der Bereitung kleinerer Gebäckstücke schneidet man ein Stück Teig ab, dessen Ränder von allen Seiten in der Mitte zusammengedrückt werden und formt daraus ein längliches, schmales Teigstück, das quer in gleichmäßige Stücke geteilt wird. Für kleines Backwerk rollt man die Teigstücke dünner aus, für größeres Gebäck dicker.

Die Qualität der Backerzeugnisse wird besser, wenn man die Teigstückchen vorher auf dem mit Mehl bestäubten Brett zu kleinen Kugeln rollt.

Für runde Gebäckstücke muß man die geformten Kugeln auf ein gefettetes Backblech oder in eine gefettete Pfanne legen, und zwar mit entsprechendem Abstand, so daß sie beim Gehen und Backen einander nicht berühren. Für Gebäckstücke, die nicht kugelförmig werden sollen, legt man die aus Teig geformten Kugeln auf ein mit Mehl bestäubtes Brett und zerteilt sie erst nach 5 bis 8 Minuten.

Das Ruhen-, Stehen- oder Gehenlassen vor dem Backen

Nach dem Zusammenstoßen und während der Teigbearbeitung wird der Teig fester und dichter. Damit die Backwaren nicht flach werden, muß man die Bleche oder Pfannen mit den geformten Teigstücken an einen warmen feuchten Ort ohne Zugluft stellen und sie mit einem Tuch bedecken. Unter solchen Bedingungen erfolgt im Teig eine zusätzliche Gärung, die man im Russischen als «rasstojka», das Ruhen-, Stehen- oder Gehenlassen vor dem Backen, bezeichnet. Während dieser Zeit vergrößert sich das Backwerk. Gebäck aus gutem Hefeteig (Hefeteig II) muß vor dem Backen länger gehen, dagegen braucht Gebäck aus weniger gehaltvollem Teig nicht so lange zu gehen. Durch Befühlen kann man den Zeitpunkt feststellen, an dem das Gehenlassen beendet ist. Backerzeugnisse, die zu wenig Zeit vor dem Backen gegangen sind, werden meist zu fest, gut gegangene sind lockerer. Hat das Gehenlassen vor dem Backen nicht ausgereicht, hat das Backwerk einen geringen Umfang, es ist nicht locker, sondern schlecht durchgebacken, schwer und hat Risse. Wenn das Gebäck vor dem Backen zu lange gestanden hat, ist es breitgelaufen und hat innen ungleichmäßig große Poren.

Das Bestreichen und Bestreuen von Backwaren

Um dem Gebäck Glanz zu geben, wird es kurz vor dem Backen mit Ei bestrichen. Man schlägt dafür 1 Ei oder 2 Eigelb in eine Tasse, verquirlt es gut und bestreicht dann mit einem kleinen Pinsel die Oberfläche des Backwerkes, wobei man aufpassen muß, daß der Teig nicht gedrückt wird und das Ei nicht auf das Backblech fließt. Das geschlagene Ei kann auch mit etwas Wasser oder Milch verquirlt werden. Dann haben die Backwaren jedoch weniger Glanz.

Nach dem Bestreichen mit Ei bestreut man die Teigstücke nach Belieben mit gehackten Mandeln, Nüssen, Zucker oder Streuseln. Backwaren, die man nach dem Backen mit Fondant glasieren oder mit Puderzucker besieben will, kann man auch vor dem Backen nur mit Wasser bestreichen.

Das Backen und Garnieren von Backwaren

Die Backzeit hängt von der Größe und Form eines Gebäcks ab. Dabei spielt auch die Teigzusammensetzung eine Rolle (ob der Teig schwerer oder leichter ist). Kleinere, niedrigere Backwaren mit weniger gehaltvollem, also leichterem Teig, backen schneller durch als große, hohe mit reichhaltigen Zutaten. Kleineres Gebäck von 50 bis 100 Gramm bäckt bei einer Temperatur von 240 °C bis 260 °C etwa 8 bis 15 Minuten. Backwaren von 500 bis 1000 Gramm brauchen 20 bis 50 Minuten bei einer Temperatur von 200 °C bis 240 °C. Ob ein Gebäck fertig gebacken ist, stellt man einmal an der Farbe der Kruste und außerdem mit Hilfe eines

Abb. 26. Verschieden geformte Teigstücke aus Hefeteig

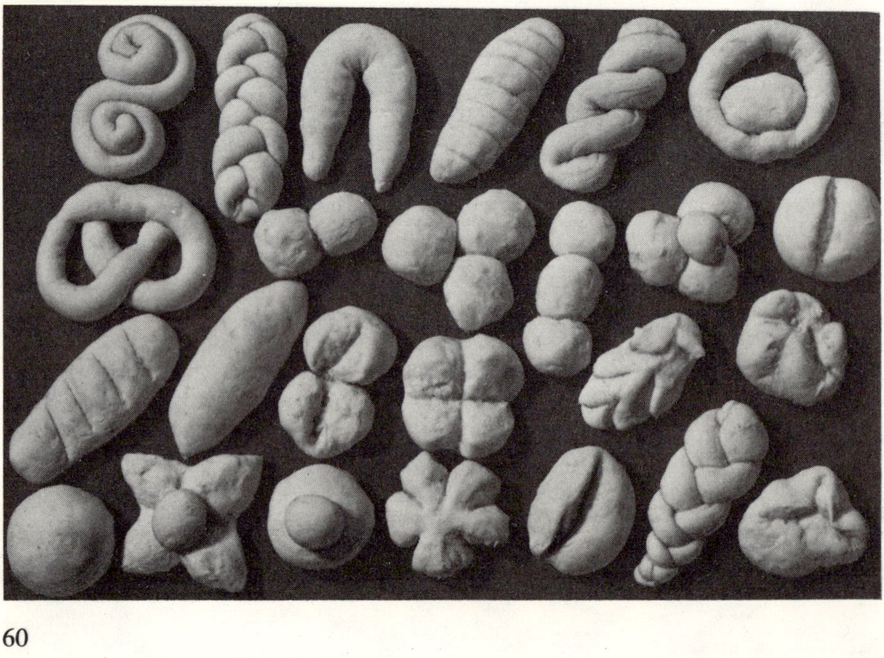

Holzstäbchens fest. Wenn ein in das Gebäck gestochenes Stäbchen, das sofort wieder herausgezogen wird, trokken bleibt, und kein Teig daran klebt, ist das Gebäck durchgebacken.
Manche Backwaren werden nach dem Backen mit Puderzucker bestreut. Dazu nimmt man ein möglichst feines Sieb. Soll mit Fondant glasiert werden, muß das Gebäck noch warm sein. Zuvor wird es jedoch mit heißer gelber Marmelade bestrichen, damit die Feuchtigkeit des Fondants erhalten bleibt. Danach bestreut man die Oberflächen mit gehackten Nüssen oder Mandeln. Glasieren kann man auch mit gekochtem Zuckersirup. Einem Teig, der aus 2 Bechern Mehl zubereitet wurde, kann man die abgeriebene Schale von 1 Apfelsine oder 1/2 Zitrone, etwas geriebenen Muskat, gestoßenen Kardamom oder 1 bis 2 Gramm Vanillinzucker — nach Belieben auch mehr — zufügen. Gewürze gibt man zu Beginn der Teigbereitung zu.

Brötchen mit Kochkrem

Für 10 Brötchen:
Hefeteig I aus 2 Bechern Mehl;
1 Ei, «Kochkrem» aus
1/2 Becher Milch.

Aus dem Teig 10 Kugeln formen und auf ein gefettetes Backblech legen. Nach kurzem Gehen die Teigkugeln mit der Handfläche etwas andrücken, mit verschlagenem Ei bestreichen und mit Hilfe eines Spritztütchens aus Kochkrem Muster in Form von Spiralen, Netzen usw. auf die Oberfläche auftragen. Nach vollständigem Gehen (20 bis 30 Minuten) bei 220 °C die Brötchen 12 bis 15 Minuten backen.

Brötchen mit Zimt

Für 10 Brötchen:
Hefeteig I aus 2 Bechern Mehl;
1 Becher Zucker,
1 Teel. gemahlener Zimt,
1/2 Becher Warenje,
Jam oder Powidel.

Aus dem Teig 10 Kugeln formen. Zukker und Zimt mischen und auf einen Teller oder ein Backbrett streuen. Die Teigkugeln mit der glatten Oberfläche nach unten in das Zucker-Zimt-Gemisch legen und leicht andrücken, wobei sie eine flache Form erhalten. Dann auf ein gefettetes Backblech legen, so daß die mit Zucker und Zimt bestreute Fläche nach oben kommt. In die Mitte der Brötchen drückt man mit 3 Fingern Vertiefungen und füllt diese mit Warenje, Jam oder Powidel. Nach dem Gehenlassen 15 Minuten bei 220 °C backen.

Brötchen mit Butter- oder Sahnekrem

Für 10 Brötchen:
Hefeteig I aus 2 Bechern Mehl;
1 Ei, «Butterkrem» aus 100 g Butter
oder «Krem aus süßer Sahne»
aus 1 Becher süßer Sahne,
1 Eßl. Puderzucker.

Aus dem Teig 10 Kugeln formen und auf ein gefettetes Backblech legen. Nach dem Gehenlassen die Oberfläche der Brötchen mit verschlagenem Ei bestreichen. 15 bis 20 Minuten bei 220 °C backen. Sobald die Brötchen abgekühlt sind, seitlich mit dem Messer 2 bis 3 cm tief einschneiden und mit Hilfe eines Spritztütchens den entstehenden Raum mit Krem füllen. Man kann die Brötchen auch halbieren, die Krem auf die untere Hälfte streichen und die obere darauflegen. Die Brötchen werden mit Puderzucker besiebt. Vor dem Backen kann man die mit Ei bestrichenen Brötchen nach Belieben auch mit gehackten Nüssen bestreuen.

Brötchen mit Fruchtfülle

Für 10 Brötchen:
Hefeteig I aus 2 Bechern Mehl;
«Fülle aus Kuraga» oder
«Fülle aus Äpfeln» oder
1 Becher Jam oder Powidel, 1 Ei.

Den Teig zu einer langen, schmalen Rolle formen. Daraus 10 gleichgroße Stückchen schneiden und zu Kugeln rollen. Auf ein gefettetes Backblech legen, und zwar in solchen Abständen, daß sie beim Gehenlassen und Backen nicht ineinanderlaufen können. Nach kurzem Gehenlassen mit dem Boden eines Bechers eine Vertiefung in jedes Brötchen drücken, die Teigränder mit verquirltem Ei bestreichen. In die Vertiefung Fruchtfülle geben. Dann noch 20 bis 30 Minuten gehenlassen. 15 bis 20 Minuten bei 220°C bis 230°C backen.

Brötchen mit Knoblauch

Für 10 Brötchen:
Hefeteig I aus 2 Bechern Mehl;
1/2 Knoblauchzehe, 2 Eßl. Öl,
1/4 Teel. Salz, 1/3 Becher Wasser.

Aus dem Teig 10 Kugeln formen, auf ein gefettetes Backblech legen und nach dem Gehenlassen 15 bis 20 Minuten bei 220°C backen. Die Brötchen nach dem Abkühlen von oben mit einer Gabel durchstechen und mit einer Knoblauchlösung durchtränken, die man aus einem Gemisch von zerriebenem Knoblauch, Öl, Salz und Wasser bereitet.

Kleine Brote

Für 5 bis 6 kleine Brotlaibe
von insgesamt 1000 bis 1200 g:
Hefeteig I aus 4 Bechern Mehl;
1 Ei, 1/2 Becher Nüsse oder Mandeln.

Den Teig in 5 bis 6 Stücke zerschneiden. Die Ränder jedes Stückes nach oben schlagen und den Teig zur Kugel formen. 3 bis 5 Minuten gehen lassen. Dann jedes Stück zu einem länglichen Brotlaib ausrollen und auf ein gefettetes Backblech legen. Danach mit einem scharfen Messer in die Oberfläche jedes Brotlaibes schräge oder gerade Linien einritzen. Man kann auch mit der Schere Schuppen (wie bei Tannenzapfen) einschneiden oder den Brotlaib ganz glatt lassen. Nun müssen die Bro-

Abb. 27. Kleine Brote vor dem Backen

te 40 bis 50 Minuten gehen. Danach werden sie mit verschlagenem Ei bestrichen, mit gehackten Nüssen oder Mandeln oder auch mit Streuseln bestreut und 15 bis 18 Minuten bei 230°C bis 250°C gebacken.
(Siehe Abb. 27)

Kleine Brote mit Fruchtfülle

Für kleine Brote von insgesamt etwa 900 g:
Hefeteig I aus 2 Bechern Mehl;
«Fülle aus Kuraga» oder
«Fülle aus Äpfeln» oder
1 Becher Powidel oder Jam, 1 Ei,
«Streusel» oder «Fondant»
aus 4 Eßl. Zucker.

Den Teig 1 cm dick und etwa so lang, wie das Backblech ist, ausrollen. Das Teigstück in 10 cm breite Streifen schneiden. Auf jeden Streifen in die Mitte längs Fruchtfülle geben. Die Teigränder jeweils mit Ei bestreichen und fest über die Fülle schlagen. Die langen schmalen Brotlaibe mit der «Naht» nach unten auf ein gefettetes Backblech legen und leicht andrücken, damit sie flacher werden. 30 Minuten gehenlassen. Dann mit verschlagenem Ei bestreichen und mit Streuseln bestreuen. Bei 200°C bis 220°C in etwa 20 Minuten backen. Die fertigen Brote quer in schräge Stücke schneiden. Statt die Brote mit Streuseln zu bestreuen, kann man sie auch mit Fondant aus einem Spritztütchen garnieren.

Watruschki

Für 10 Watruschki von je 70 bis 80 g:
Hefeteig I aus 2 Bechern Mehl;
1 Ei, «Fülle aus Quark».

Den Teig zu einer Rolle formen, quer in 10 gleichgroße Stücke schneiden. Daraus Kugeln formen und so auf ein gefettetes Backblech verteilen, daß sie jeweils 5 cm voneinander entfernt liegen. Nach kurzem Gehenlassen mit dem Boden eines Bechers oder Trinkglases Vertiefungen in die Teigbällchen drücken. Die Teigränder mit verschlagenem Ei bestreichen, in die Vertiefungen Quarkfülle geben. 20 bis 25 Minuten gehen lassen. Dann die Watruschki 15 bis 20 Minuten bei 220°C bis 240°C backen.
(Siehe Abb. 28)

Tatarische Watruschki

Für 10 Watruschki von je 80 g:
Hefeteig I aus 2 Bechern Mehl;
300 g Kartoffeln, 20 g Butter,
1 Zwiebel, 1 Ei, Salz; 1 Ei.

Aus dem Teig 10 Plätzchen — wie im vorhergehenden Rezept beschrieben — formen und ebenso auf das gefettete Backblech legen. Nach entsprechendem Gehen 10 bis 15 Minuten bei 200°C bis 220°C anbacken. Zwischendurch die Kartoffeln schälen, kochen und zu Püree stampfen. In Butter gebratene Zwiebelwürfel, 1 Ei und Salz

Abb. 28. So entstehen Watruschki

nach Geschmack dazugeben. Damit die halbgebackenen Watruschki füllen, mit verschlagenem Ei bestreichen und fertigbacken. Durch das vorherige Anbacken bäckt der Teig auch unter der Fülle gut durch.

Adsharische Watruschki mit Käse-Eier-Fülle

Für Watruschki von insgesamt 700 g:
Hefeteig I aus 2 Bechern Mehl; 1 Ei,
150 g Schafskäse,
3 hartgekochte Eier.

Den größten Teil des Teiges 1 bis 1 1/2 cm dick ausrollen und auf ein gefettetes Backblech legen. Die Ränder des Teigstückes mit verquirltem Ei bestreichen und hierauf noch einen 1 cm breiten kleinen Teigrand legen, der ebenfalls mit Ei bestrichen wird. Den Schafskäse fein reiben und mit 3 hartgekochten, gehackten Eiern vermischen. Dieses Käse-Eier-Gemisch gleichmäßig auf dem Teigstück verteilen. 20 bis 30 Minuten gehen lassen und danach 10 bis 15 Minuten bei 200°C bis 220°C halbgar backen. Dann die Oberfläche mit 3 gut verquirlten Eiern übergießen und noch so lange backen, bis die Eimasse fest ist.

Sajki

Für 10 Sajki:
Hefeteig I aus 2 Bechern Mehl;
50 g Butter.

Den Teig zu einer langen Rolle formen und diese in 10 kleinere Stücke zerschneiden. Jedes Stück erst zu einer Kugel, dann länglich, fingerförmig, etwa 10 bis 12 cm lang mit weich zugespitzten Enden formen. Diese «Fingerspitzen» aus Teig in zerlassene Butter tauchen und dann dicht aneinander auf ein gefettetes Backblech legen. Noch 60 Minuten gehen lassen. Dann die Sajki 20 Minuten bei 220°C bis 230°C backen. Sajki kann man auch auf andere Weise zubereiten: Den Teig wie für ein Brot ausrollen, auf ein gefettetes Backblech legen und flach andrücken. Nach 10 bis 15 Minuten ein stumpfes Messer in Butter tauchen und das Brot in Sajki zerschneiden. Danach weiter gehen lassen und dann erst backen.

Pontschiki mit süßer Fülle

Für 10 Pontschiki von je 40 bis 45 g:
Hefeteig I aus 1 Becher Mehl;
1/2 Menge «Fülle aus Kuraga»
oder «Fülle aus Äpfeln» oder
1/2 Becher Powidel oder Jam oder
«Kochkrem» aus 1/2 Becher Milch,
Ausbackfett.

Den Teig zubereiten. Damit er etwas weicher ist, muß man etwas mehr Wasser oder Milch zufügen. Den fertigen Teig zu einer Rolle formen und in 10 gleichgroße Stücke schneiden. Daraus Kugeln rollen und mit der glatten Oberfläche nach oben auf ein mehlbestäubtes Backbrett legen. Nach 5 Minuten die Kugeln mit dem Nudelholz zu runden Plätzchen ausrollen, in die Mitte jedes Plätzchens 1 Teelöffel Fruchtfülle, Powidel, Jam oder Kochkrem geben. Die Ränder von allen Seiten anheben und sorgfältig über der Fülle verschließen, damit diese beim Ausbacken nicht in das siedende Fett austritt. Dann die Pontschiki 20 bis 30 Minuten auf einem mit Fett bestrichenen Backblech gehen lassen. Inzwischen das

Fett in der Fritüre erhitzen, und nach dem Gehenlassen die Pontschiki darin ausbacken.

Pontschiki

Für 10 Pontschiki von je 50 bis 60 g:
Hefeteig I aus 2 Bechern Mehl;
Ausbackfett, 1 Eßl. Puderzucker,
1 Päckchen Vanillinzucker.

Bei der Teigzubereitung ein wenig mehr Wasser oder Milch zufügen, damit er weicher wird. Aus dem fertigen Teig eine lange Rolle formen und in 10 gleichgroße Stücke schneiden. Daraus Kugeln formen und mit der glatten Oberfläche nach oben auf ein reichlich eingefettetes Backblech legen. 25 bis 30 Minuten gehen lassen. Dann die Pontschiki in heißem Fett schwimmend ausbacken, dabei mehrfach wenden. Die fertigen Pontschiki nimmt man mit dem Schaumlöffel heraus und läßt das überflüssige Fett in einem Sieb abtropfen. Dann werden sie mit Puderzucker besiebt, der mit Vanillinzucker vermischt wurde. Man kann Pontschiki glasieren oder mit einem Zimt-Zucker-Gemisch bestreuen.

Gebackene Piroshki mit herzhafter Fülle

Für 10 Piroshki von je 70 bis 80 g
oder 20 Piroshki von je 35 bis 40 g:
Hefeteig I aus 2 Bechern Mehl;
beliebige herzhafte Fülle, 1 Ei.

Bei der Zubereitung des Teiges nur die Hälfte des Zuckers und etwas mehr Wasser oder Milch zufügen, als im Rezept vorgesehen. Den fertigen Teig zu einer Rolle formen und in 10 gleichgroße Stückchen schneiden. Jedes Stückchen zur Kugel formen, nach 5 Minuten mit einem Nudelholz ausrollen, so daß jeweils ein rundes Plätzchen entsteht. In die Mitte jedes Plätzchens die Fülle geben und die einander gegenüberliegenden Seiten des Plätzchens zusammendrücken. Die Piroshki erhalten auf diese Weise die Form von Schiffchen. Sie werden mit der glatten Seite nach unten auf das gefettete Backblech gelegt und müssen 20 bis 25 Minuten gehen. Dann werden sie mit verschlagenem Ei bestrichen und 10 bis 15 Minuten bei 230 °C bis 240 °C gebacken.
(Siehe Abb. 29)

Gebackene Piroshki mit Fruchtfülle

Für 10 Piroshki von je 70 bis 80 g:
Hefeteig I aus 2 Bechern Mehl;
«Fülle aus Kuraga» oder
«Fülle aus Äpfeln» oder
1 Becher Powidel oder Jam, 1 Ei.

Den Teig zur Rolle formen, in 10 gleichgroße Stücke schneiden. Aus jedem eine Kugel formen und nach 5 Minuten mit dem Nudelholz zu runden Plätzchen ausrollen. In die Mitte jeweils mit dem Löffel eine dicke süße Fülle geben

Abb. 29. Bereitung von Piroshki in Schiffchenform

und dann die Piroshki beliebig formen (siehe Rezept zuvor und Abbildungen). Die Piroshki auf ein gefettetes Backblech legen und 20 bis 25 Minuten gehen lassen. Dann mit verschlagenem Ei bestreichen und 10 bis 15 Minuten bei 230°C bis 240°C backen.
(Siehe Abb. 30 und Abb. 31)

Piroshki mit herzhafter Fülle in Fett gebacken

Für 10 Piroshki von je 70 bis 80 g oder 20 Piroshki von je 35 bis 40 g: Hefeteig I aus 2 Bechern Mehl; beliebige herzhafte Fülle, Ausbackfett.

Bei der Teigbereitung nur die Hälfte der angegebenen Zuckermenge und etwas mehr Wasser oder Milch, als im Rezept angegeben, verwenden, damit der Teig weicher wird. Den fertigen Teig zur Rolle formen, in 10 oder 20 Stücke schneiden, diese zu Kugeln rollen und auf ein mehlbestäubtes Backbrett legen. Nach 5 Minuten mit einem Nudelholz die Kugeln zu runden Plätzchen ausrollen. Die Fülle jeweils auf eine Hälfte der Plätzchen geben, die andere Hälfte so darüber decken, daß Piroshki in Form von Halbmonden entstehen. Dann die Ränder fest aufeinanderdrücken. Die Oberfläche von anhaftendem Mehl befreien und die Piroshki auf ein gefettetes Backblech legen. 20 bis 30 Minuten gehen lassen und dann schwimmend im Fettbad ausbacken. Falls die ungebackenen Piroshki während des Gehenlassens am Backblech festgeklebt sind, muß man es vor dem Abnehmen des Backwerks leicht von unten her anwärmen, sonst löst es sich nicht.

Beljaschi

Für 10 Beljaschi von je 70 bis 80 g: Hefeteig I aus 2 Bechern Mehl; 300 g schieres Rindfleisch, 3 Zwiebeln, 1/2 Teel. Salz, Pfeffer, 1/4 Becher Wasser; 200 g Bratfett.

Das Fleisch in kleine Stückchen schneiden, zusammen mit den geschälten Zwiebeln durch den Wolf drehen.

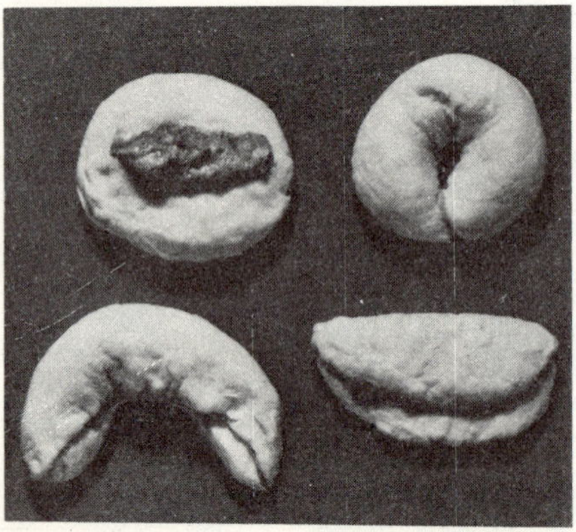

Abb. 30. Piroshki in Halbmondform

Abb. 31. Zu Rollen geformte Piroshki

Dann Salz, Pfeffer und Wasser dazugeben, alles gut mischen und roh als Fülle verwenden. Den Teig ohne Zucker, sonst jedoch von normaler oder etwas festerer Beschaffenheit zubereiten. Aus diesem Teig 10 runde Plätzchen ausrollen. Jedes mit der vorbereiteten Fülle belegen und die Ränder der Plätzchen jeweils so darüberlegen und festdrücken, daß in der Mitte ein Teil der Fülle in einem kreisförmigen Ausschnitt zu sehen ist. Nachdem die Beljaschi 20 bis 30 Minuten gegangen sind, brät man sie in einer Pfanne in reichlich Fett, zuerst auf der belegten Seite, dann erst auf der geschlossenen. (Siehe Abb. 32)

Usbekische Kräuter-Piroshki

Für 10 Piroshki von je 70 bis 80 g:
Hefeteig I aus 2 Bechern Mehl;
100 g Schnittlauch,
100 g Sauerampfer,
5 g Pfefferminzblätter,
5 g frische Korianderblätter,
1 Zwiebel, 1 Teel. gemahlener roter Paprika, Salz, 2 Eßl. Öl;
1/2 Becher dicke saure Milch.

Aus dem Teig 10 runde Kugeln formen, diese zu Plätzchen ausrollen. Auf jedes eine Portion Fülle geben und die Ränder von drei Seiten über der Fülle so verschließen, daß eine dreieckige Pastete mit einer kleinen Öffnung in der Mitte entsteht. Für die Fülle Kräuter und Zwiebel fein hacken und mit den übrigen Zutaten — außer der sauren Milch — vermischen. Diese Kräuter-Piroshki nach kurzem Gehen mit dicker saurer Sahne bestreichen und 10 bis 15 Minuten bei 200 °C bis 220 °C backen. In der Usbekischen SSR gibt es dafür besondere Öfen, genannt «Tyntyr». Darin werden die Piroshki an die Ofenwände geklebt.

Tatarische Piroshki mit Fleisch und Buchweizengrütze

Für 10 Piroshki von je 100 g:
Hefeteig I aus 3 Bechern Mehl;
1 Becher Buchweizengrütze,
1/2 Becher Milch, 1 Zwiebel,
1/4 Teel. Pfeffer,
200 g fettes Hammelfleisch, Salz;
2 Eßl. Butter, 1/2 Becher Bouillon.

Für die Fülle in einer Pfanne die Buchweizengrütze anrösten und dann mit der Milch 5 bis 8 Minuten kochen. Pfeffer, geröstete Zwiebelwürfel und das rohe, in kleine Stückchen geschnittene Hammelfleisch dazugeben, nach Geschmack salzen. Aus dem Teig runde Plätzchen formen, jedes in der Mitte mit Fülle belegen. Die Teigränder über der Fülle in Fältchen legen und zusammendrücken. Aus dem Rest des Teiges 10 walnußgroße Kugeln formen, in flüssige Butter tauchen und nach dem Gehenlassen bei 200 °C bis 220 °C 30 bis 40 Minuten gesondert backen. Um die Falten der Piroshki wird nach dem Backen Bouillon gegossen. Die kleinen

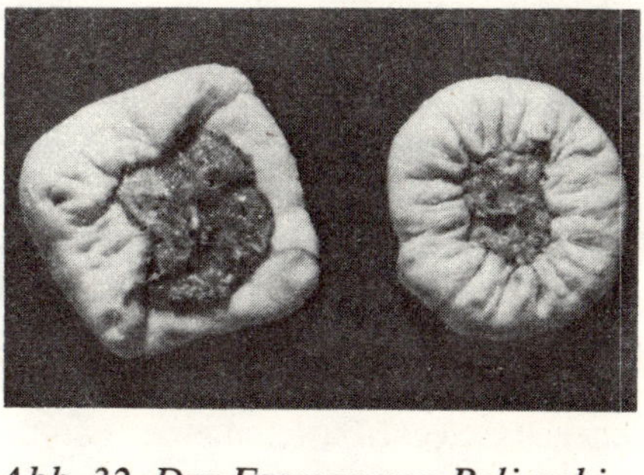

Abb. 32. Das Formen von Beljaschi

Teigkugeln legt man auf die Öffnungen.

Gedeckter Fruchtkuchen

Für einen Kuchen von etwa 900 g:
Hefeteig I aus 2 Bechern Mehl;
1 Becher «Fülle aus Kuraga» oder
«Fülle aus Äpfeln»
oder Powidel oder Jam,
«Streusel» aus 2 Eßl. Mehl.

2/3 des Teiges 1 cm dick ausrollen und auf ein gefettetes Backblech legen. Darauf eine gleichmäßig dicke Schicht der auf 35 °C erwärmten Fruchtfülle verteilen. Dann den Rest des Teiges ausrollen und damit den Kuchen bedecken. Die Ränder der oberen und unteren Teigschicht zusammendrücken und obenauf Streusel geben. 30 bis 40 Minuten gehen lassen. Dann den Kuchen 30 bis 40 Minuten bei 210 °C bis 220 °C backen.

Rasstegai-Pasteten

Für 10 Rasstegai-Pasteten
von je 70 bis 80 g:
Hefeteig I aus 2 Bechern Mehl;
beliebige herzhafte Fülle.

Dem Teig nur die Hälfte des Zuckers zufügen, der im Rezept vorgesehen ist, und ein wenig mehr Wasser oder Milch nehmen. Den fertigen Teig zu einer Rolle formen. Diese in 10 Stücke schneiden. Jedes zu einer Kugel formen, mit Mehl bestreuen und nach 5 Minuten zu Plätzchen ausrollen. In die Mitte jeweils eine Fleisch- oder Fischfülle geben und die Ränder der Plätzchen von 2 Seiten her so aneinander drücken, daß in der Mitte der länglichen Rasstegai-Pasteten eine Öffnung bleibt, in der die Fülle zu sehen ist. Vor dem Verschließen der Pasteten kann man jeweils auf die Fülle auch noch Fisch- oder Fleischstückchen oder Eischeiben legen. Zu beiden Seiten der Öffnung sollte man die Teigränder etwas hochgestellt andrücken, damit sich der Teigverschluß beim Backen nicht löst. Man legt die Pasteten auf ein gefettetes Backblech, läßt sie noch 20 bis 30 Minuten gehen und bäckt sie dann 10 bis 15 Minuten bei 230 °C bis 240 °C.
(Siehe Abb. 33)

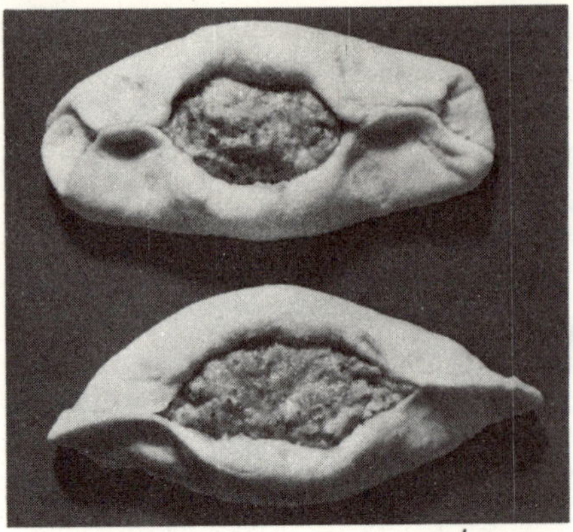

Abb. 33. Verschieden geformte Rasstegai-Pasteten

Kuchen mit Honig-Nuß-Belag

Für einen Kuchen von etwa 900 g:
Hefeteig I aus 2 Bechern Mehl;
1/2 Becher Honig, 100 g Butter,
1/2 Becher Nüsse, 2 Eier.

Den fertigen Teig zu einer runden oder rechteckigen Platte ausrollen, in eine gefettete Kuchenform oder auf ein Backblech legen. Die Ränder der Teigplatte mit Ei bestreichen und aus dem Teig noch einen schmalen Rand aufdrücken, der verhindern soll, daß der

Honig auf das Backblech läuft. Honig und Butter bis zum Flüssigwerden erwärmen. Dann auf 25 °C bis 30 °C abkühlen, die gehackten Nüsse und das Ei zufügen und alles gut vermengen. Diese Fülle gleichmäßig auf der Teigplatte verteilen. Den Kuchen noch 20 bis 30 Minuten gehen lassen und dann 25 bis 35 Minuten bei 210 °C bis 220 °C backen.

Pflaumenkuchen mit Fruchtfülle

Für einen Kuchen von etwa 1200 g:
Hefeteig I aus 3 Bechern Mehl;
«Fülle aus Kuraga» oder
«Fülle aus Äpfeln» oder
1/2 Becher Powidel,
Warenje oder Jam,
300 g Pflaumen, 1 Becher Zucker.

Den Teig 1 bis 1 1/2 cm dick ausrollen und auf ein gefettetes Backblech legen. Aus dem Rest des Teiges eine reichlich bleistiftdicke Rolle formen und als Rand auf das große Teigstück legen. Dann eine gleichmäßig dicke Schicht der Fruchtfülle, Warenje, Jam oder Powidel aufstreichen. Darauf kommt eine Schicht halbierte Pflaumen. Nach dem Gehenlassen die Pflaumen mit Zucker bestreuen und den Kuchen 30 Minuten bei einer Temperatur von 210 °C bis 220 °C backen.

Zimtkuchen

Für einen Kuchen von etwa 1100 g:
Hefeteig I aus 3 Bechern Mehl;
1 Ei, 1/2 Becher Zucker,
1/2 Teel. gemahlener Zimt,
5 Eßl. zerlassene Butter.

Den Teig 1 bis 1 1/2 cm dick ausrollen, in eine gefettete flache Form oder auf ein Backblech legen. Die Oberfläche mit verschlagenem Ei bestreichen und gleichmäßig mit einem Gemisch aus Zucker und Zimt bestreuen. Dann auf der ganzen Teigoberfläche mit dem Finger Vertiefungen eindrücken und da hinein zerlassene, aber nicht heiße Butter träufeln. 20 bis 30 Minuten gehen lassen. Dann den Kuchen 25 bis 30 Minuten bei 200 °C bis 210 °C backen. Die Unterhitze sollte stärker sein als die Oberhitze, da sich der Zucker bei zu hoher Temperatur dunkelbraun verfärben würde.

Kuchen mit Fruchtfülle

Für einen Kuchen von etwa 800 g:
Hefeteig I aus 2 Bechern Mehl;
«Fülle aus Kuraga» oder
«Fülle aus Äpfeln» oder
1 Becher Powidel oder Jam, 1 Ei.

3/4 der gesamten Teigmenge 1 bis 1 1/2 cm dick ausrollen und auf ein gefettetes Backblech legen. Auf die Teigränder eine reichlich bleistiftdicke Teigrolle drücken. Dann gleichmäßig Fruchtfülle auf dem Teig verteilen. Aus dem übrigen Teig dünne Streifen schneiden und wie ein Gitter auf den Kuchen legen, wobei die Enden am Rand festgedrückt werden. Die Oberfläche des Gitters und den Rand mit verschlagenem Ei bestreichen. 30 bis 40 Minuten gehen lassen. Dann den Kuchen 25 Minuten bei 210 °C bis 220 °C backen.

Kuchen mit Äpfeln und Preiselbeeren

Für einen Kuchen von etwa 1000 g:
Hefeteig I aus 2 Bechern Mehl;
300 g Äpfel, 1 Becher Preiselbeeren,

1 Becher Zucker,
1/4 Teel. gemahlener Zimt,
1/8 Teel. gemahlene Nelken.

3/4 des Teiges 1 cm dick ausrollen und auf ein gefettetes Backblech legen. Die Äpfel schälen, vom Kernhaus befreien, in dünne Scheibchen schneiden. Alle übrigen Zutaten dazugeben und unter Umrühren kochen. Sobald die Apfelscheiben anfangen zu zerkochen, die Masse vom Feuer nehmen und auf 35 °C abkühlen. Danach gleichmäßig auf dem Teig verteilen. Aus dem übrigen Teig eine zweite Platte ausrollen, damit die Fülle bedecken und an den Rändern festdrücken. Nach dem Gehenlassen 20 bis 25 Minuten bei 200 °C bis 220 °C backen.

Kuchen mit Kochkrem

Für einen Kuchen von etwa 1000 bis 1200 g:
Hefeteig I aus 3 Bechern Mehl;
1 Ei, «Kochkrem» aus 1 Becher Milch.

Eine runde oder viereckige Platte von 1 cm Dicke ausrollen und auf ein gefettetes Backblech legen. Nach kurzem Gehenlassen mit verschlagenem Ei bestreichen und aus einem Spritztütchen verschiedene Muster aus Kochkrem aufspritzen. 20 bis 30 Minuten gehen lassen. Dann 20 bis 30 Minuten bei 220 °C bis 230 °C backen.

Kuchen mit Kochkrem und Warenje

Für einen Kuchen von etwa 900 g:
Hefeteig I aus 2 Bechern Mehl;
1 Ei, 3/4 Becher Warenje,
Jam oder Powidel,
«Kochkrem» aus 1/2 Becher Milch.

Abb. 34. Garnieren eines Kuchens vor dem Backen mit Kochkrem und Warenje

Den Teig zu einer runden Platte von 1 cm Dicke ausrollen und auf ein gefettetes Backblech legen. Die Teigränder nach oben biegen oder aus Teig eine lange 2 bis 3 cm dicke Rolle formen, auf die mit verschlagenem Ei bestrichenen Teigränder legen und ebenfalls mit Ei bestreichen. Dann auf den Kuchen spiralförmig das Warenje und darüber ebenso die Kochkrem aufspritzen. Den Kuchen noch 20 bis 30 Minuten gehen lassen und 20 bis 30 Minuten bei 200 °C bis 220 °C backen.
(Siehe Abb. 34)

Kuchen mit Mandelfülle

Für einen Kuchen von etwa 900 g:
Hefeteig I aus 3 Bechern Mehl;
«Fülle aus Mandeln», 1 Ei,
1/2 Becher Mandeln.

Den Teig in 2 gleichgroße Stücke teilen und jede der beiden Hälften 1/2 cm dick ausrollen. Das erste Teigstück in eine gefettete flache Form oder auf ein Backblech legen, eine Schicht Mandelfülle daraufgeben und das zweite ausgerollte Teigstück darüberlegen. Die beiden Teigschichten am Rand festdrücken. Mit der Messerspitze 6 bis 7 Einstiche in den Kuchen machen, verschlagenes Ei obenauf streichen und mit abgezogenen gehackten Mandeln bestreuen. 20 bis 30 Minuten gehen lassen. Dann den Kuchen 30 bis 40 Minuten bei 200 °C bis 220 °C backen.

Nußkuchen

Für einen Kuchen von 600 bis 700 g:
Hefeteig I aus 2 Bechern Mehl;
3/4 Becher Nüsse, 1 Ei,
1 Eßl. Puderzucker.

Beim Bereiten des Teiges zuletzt zusammen mit der Butter 1/2 Becher fein gehackte und geröstete Nüsse zufügen. Den fertigen Teig 1 bis 1 1/2 cm dick ausrollen, in eine gefettete flache Form oder auf ein Backblech legen. Die Teigoberfläche mit verschlagenem Ei bestreichen und mit Nußhälften hübsch garnieren. Den Kuchen 20 bis 30 Minuten gehen lassen. Dann 20 bis 30 Minuten bei 200 °C bis 220 °C backen. Die Oberfläche des Kuchens mit Puderzucker bestreuen.

Kuchen mit herzhafter Fülle

Für einen Kuchen von etwa 700 g:
Hefeteig I aus 2 Bechern Mehl;
beliebige herzhafte Fülle, 1 Ei.

Den Teig ohne Zucker zubereiten. 2/3 des Teiges 5 bis 7 mm dick ausrollen, auf ein gefettetes Backblech oder in eine flache Form legen. Die Fülle gleichmäßig darauf verteilen und mit einer dünnen Platte aus dem restlichen Teig bedecken. Die Ränder der beiden Teigschichten werden fest zusammengedrückt. Dann bestreicht man die Oberfläche des Kuchens mit verquirltem Ei. Man kann auch Verzierungen aus Teig anbringen. 20 bis 30 Minuten gehen lassen, dann noch einmal mit Ei bestreichen und 30 bis 40 Minuten bei 200 °C bis 220 °C backen.

Heidelbeerkuchen

Für einen Kuchen von etwa 800 g:
Hefeteig I aus 2 Bechern Mehl;
1 Ei, 2 Becher Heidelbeeren,
3/4 Becher Zucker, 1 Eßl. Stärkemehl.

3/4 des Teiges 1 1/2 cm dick ausrollen, auf ein gefettetes Backblech legen, dabei einen hohen Rand andrücken und alles mit verschlagenem Ei bestreichen. Den Teig 10 bis 15 Minuten bei 200 °C bis 220 °C halbgar backen. Dann über die gesamte Kuchenoberfläche die verlesenen und gewaschenen Heidelbeeren, mit Zucker und Stärkemehl vermischt, verteilen. Aus dem restlichen Teig eine ganz dünne Platte ausrollen. Damit den Kuchen bedecken, die Oberfläche mit verquirltem Ei bestreichen und den Kuchen fertig backen.

Butter-Zucker-Kuchen

Für einen Kuchen von etwa 1000 g:
Hefeteig I aus 3 Bechern Mehl;
1 Ei, 3/4 Becher Zucker,
50 g Butter.

Den Teig 1 bis 1 1/2 cm dick ausrollen und auf ein gefettetes Backblech legen. Dann mit verquirltem Eigelb bestreichen, gleichmäßig mit Zucker bestreuen, mit dem Finger Vertiefungen in die Teigoberfläche drücken und in jede ein kleines Stück Butter geben. Den Kuchen 20 bis 30 Minuten gehen lassen und danach 30 bis 40 Minuten bei 200 °C bis 220 °C backen.

Rhabarberkuchen

Für einen Kuchen von etwa 1000 g
oder 2 Kuchen von 500 g:
Hefeteig I aus 3 Bechern Mehl;
1 Ei, 500 g Rhabarber,
1/2 Teel. gemahlener Zimt,
1/2 Becher Zucker.

Den Teig 1 bis 1 1/2 cm dick ausrollen, auf ein gefettetes Backblech legen und mit verquirltem Ei bestreichen. Den vorbereiteten, in Stückchen geschnittenen Rhabarber auf dem Teigboden verteilen. Den Kuchen 20 bis 30 Minuten gehen lassen. Dann den Rhabarber mit Zimt-Zucker bestreuen und den Kuchen 20 bis 25 Minuten bei 210 °C bis 220 °C backen.

Apfel-Streusel-Kuchen

Für einen Kuchen von etwa 1000 g:
Hefeteig I aus 2 Bechern Mehl;
1 Ei, 500 g Äpfel,
«Streusel» aus 6 Eßl. Mehl.

Den Teig 1 1/2 cm dick ausrollen und auf ein gefettetes Backblech legen. Den Rand mit verquirltem Ei bestreichen, eine Teigrolle ringsum fest andrücken. Die geschälten, vom Kernhaus befreiten und in Ringe oder Achtel geschnittenen Äpfel gleichmäßig über die Kuchenfläche verteilen. 20 bis 30 Minuten gehen lassen. Dann mit Streuseln bestreuen. 20 bis 30 Minuten bei 210 °C bis 220 °C backen.

Kuchen mit Streuseln

Für einen Kuchen von etwa 1000 g:
Hefeteig I aus 2 Bechern Mehl;
1 Ei, «Streusel» aus 8 Eßl. Mehl.

Den Teig 1 cm dick ausrollen, auf ein gefettetes Backblech legen und mit verquirltem Ei bestreichen. Die Streusel gleichmäßig auf dem Teigboden verteilen. 20 bis 30 Minuten gehen lassen und danach 25 bis 30 Minuten bei 230 °C bis 240 °C backen. Vor dem Bestreuen mit Streuseln kann man auf den Teig unterschiedlich geschnittene Schablonen aus Karton legen, so daß sich nach dem Abnehmen Figurenflächen ergeben.

Sauerampferkuchen

Für einen Kuchen von etwa 900 g:
Hefeteig I aus 2 Bechern Mehl;
300 g Sauerampfer,
1 Teel. Stärkemehl, 1/2 Becher Zucker,
1/4 Teel. Zimt, 1 Ei.

3/4 des Teiges 1 bis 1 1/2 cm dick ausrollen und auf ein gefettetes Backblech legen. Den Sauerampfer verlesen, waschen, fein hacken, mit Stärkemehl, Zucker sowie Zimt vermischen und gleichmäßig auf dem Teig verteilen. Aus dem Rest des Teiges eine große Platte ausrollen, damit die Fülle bedecken und die seitlichen Teigränder zusammendrücken. Alles mit verquirltem Ei bestreichen und den Kuchen 30 bis 45 Minuten bei 180 °C bis 200 °C backen.

Figurenkuchen mit Warenje

Für einen Kuchen von etwa 1000 g:
Hefeteig I aus 2 Bechern Mehl; 1 Ei,
«Fondant» aus 4 Eßl. Zucker,

1/2 Becher Apfel-Warenje,
1/2 Becher Erdbeer-Warenje.

Einen Teil des Teiges 5 mm dick ausrollen. Daraus mit Ausstechförmchen einen Stern, Ringe mit gezahnten Rändern und Kreise ausstechen. Mit dem Teigrädchen Streifen für die Ränder des Kuchens ausrädeln. Dann aus der Hauptmenge des Teiges einen dicken rechteckigen Kuchenboden ausrollen, in eine gefettete flache Pfanne legen, mit verschlagenem Ei bestreichen und die ausgestochenen Figuren auflegen, ebenfalls mit Ei bestreichen. Dann 20 bis 30 Minuten gehen lassen und 25 bis 30 Minuten bei 200 °C bis 220 °C backen. Wenn der Kuchen abgekühlt ist, die Oberflächen der Figuren mit Fondant glasieren und die Räume dazwischen mit den beiden Warenje-Sorten ausfüllen.

Pachlawa

Für eine Pachlawa von etwa 1000 g:
Teig aus 10 g Hefe,
1/4 Becher Milch oder Wasser,
2 Bechern Mehl, 1 Ei,
4 Eßl. zerlassener Butter
oder Butterschmalz;
1 Becher Nüsse, 1 Becher Zucker,
3 Messerspritzen Kardamom;
1 Eigelb, 3 Eßl. Butter, 3 Eßl. Honig.

Die Hefe in warmer Milch oder Wasser auflösen, 1 Becher Mehl zufügen und einen Vorteig anrühren, der 2 Stunden warmgestellt gehen muß. Dann das übrige Mehl, 1 Ei und zerlassene Butter dazugeben und einen festen Teig bereiten. Wieder 1 Stunde zum Gehen warm stellen. Dann den Teig in 3 gleiche Portionen teilen und jede ausrollen, so daß alle 3 Teigstücke gleiche Größe haben. Die Nüsse über einer Gasflamme im Metallsieb schütteln, so daß sich die Häutchen lösen. Dann die Nüsse sehr fein hacken oder durch den Wolf drehen, Zucker und Kardamom dazugeben und alles gut vermischen. Auf das gefettete Backblech das erste ausgerollte Teigstück legen, so daß die Ränder am Backblech hochstehen. Darauf die Hälfte der vorbereiteten Nußfülle geben und mit dem Messer glattstreichen. Dann das nächste Teigstück auflegen und mit der zweiten Hälfte der Fülle bestreichen. Zuletzt das dritte Teigstück auflegen und die Ränder der Pachlawa zusammendrücken. Nach 30 Minuten alles mit Eigelb bestreichen und die Pastete, ohne sie vom Backblech zu nehmen, rhombenförmig aufschneiden. 10 bis 15 Minuten bei 180 °C bis 200 °C backen. An den Einschnittstellen mit einem Löffel etwas zerlassene Butter eingießen, dann noch weitere 25 bis 30 Minuten backen. Die fertige Pachlawa an den Einschnittstellen mit erwärmtem Honig begießen.

Rybniki auf karelische Art
(Fischpasteten)

Für 10 Rybniki von je 65 g:
Hefeteig I aus 2 Bechern Mehl;
1 Ei, 200 g frisches Fischfilet
ohne Haut und Gräten
(von Dorsch, Forelle,
grünem Hering o. ä.), 1 Zwiebel,
Salz, 1/4 Teel. gemahlener Pfeffer,
2 Eßl. Öl.

Aus dem ohne Zucker bereiteten Teig 20 Kugeln formen. Diese zu flachen runden Plätzchen ausrollen. Die Ränder der Plätzchen mit Ei bestreichen, in die Mitte von je 10 Plätzchen das in dünne Scheiben geschnittene Fischfilet legen, darüber feingeschnittene Zwiebel, Salz und Pfeffer streuen und mit etwas Öl beträufeln. Das zweite Plätzchen jeweils darüberdecken und andrücken. Etwa 20 bis 30 Minuten gehen lassen. Danach 30 bis 40 Minuten bei 170 °C bis 190 °C backen.

Kulebjaka (große Pastete)

Für eine Kulebjaka von etwa 1100 g: Hefeteig I aus 2 Bechern Mehl; doppelte Menge beliebiger Fülle, 1 Ei.

Für die Teigzubereitung nehme man nur die Hälfte des Zuckers und etwas mehr Wasser, als im Rezept vorgesehen. Den Teig 6 bis 8 mm dick ausrollen, in einen 13 bis 14 cm breiten Streifen von der Länge des Backbleches schneiden. In die Mitte dieser Teigplatte die Fülle geben. Dann die beiden Teigränder über die Fülle schlagen und zusammendrücken. Die Kulebjaka mit der «Nahtseite» nach unten auf das gefettete Backblech legen. Obenauf mit verschlagenem Ei bestreichen und nach Belieben kleine Teigverzierungen auflegen. Man kann auch eine rechteckige Kulebjaka aus 2 Teigplatten herstellen. Die Pastete 20 bis 30 Minuten gehen lassen, noch einmal mit Ei bestreichen und mit der Gabel an einigen Stellen einstechen. Dann 30 bis 40 Minuten bei 190 °C bis 200 °C backen. (Siehe Abb. 35)

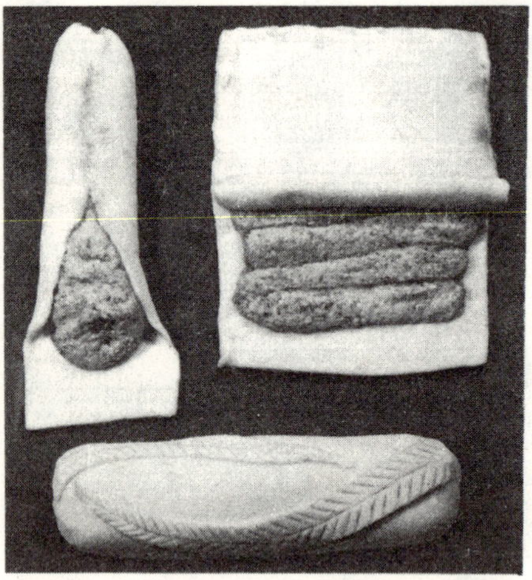

Abb. 35. Kulebjaka läßt sich länglich formen oder auch mit einer zweiten Teigplatte bedecken

Litauischer Gersten-Ragoulis

Für einen Ragoulis von etwa 700 g:
1 Becher Milch, 15 g Hefe,
1 Eßl. Zucker, 1/4 Teel. Salz,
3 Becher Gerstenmehl, 10 g Speck.

In der auf 35 °C erwärmten Milch die Hefe auflösen, Zucker, Salz und Mehl dazugeben und alles gut verarbeiten. Nach 2 Stunden den Teig durchkneten und in eine gefettete Kastenform oder auf ein Backblech legen (man kann den Teig auch zu einem Brotlaib formen), 15 bis 20 Minuten gehen lassen und dann 40 bis 50 Minuten bei 200 °C bis 220 °C backen. Nach dem Backen reibt man den Ragoulis mit einem Stück Speck ein. Er wird heiß serviert.

Gebäck aus gutem Hefeteig mit Vorteig

Aus diesem Teig, der mit einem Vorteig zubereitet wird, stellt man Backwaren mit vielerlei Zutaten her wie Pljuschki, verschiedene Rouladen, Brezeln, Babas, Kulitsch (Osterkuchen), Zwiebäcke usw. Zur Geschmacks- und Aromaverbesserung des süßen Hefeteiges kann man auch noch verschiedene Geschmacksstoffe zufügen, z. B. abgeriebene Zitronen- oder Apfelsinenschale, Vanillinzucker, Kardamom u. ä.

Guter Hefeteig mit Vorteig (Hefeteig II)

ZUTATEN	MENGEN			
Mehl, Becher	1	2	3	4
Zucker, Eßlöffel	1—2	2—4	3—6	4—8
Butter oder Margarine, Eßlöffel	1—2	2—4	3—6	4—8
Eier, Stück	1/2—2	1—4	1—6	2—8
Hefe, Gramm	5	10	15	20
Salz, Teelöffel	1/8	1/4	1/3	1/2
Milch oder Wasser, Becher	1/8	1/4	1/3	1/2
Backwarenmenge etwa, Gramm	300	600	900	1200

Zunächst bereitet man einen Vorteig. Dafür verwendet man die ganze Menge warmer Flüssigkeit, die Hefe sowie die Hälfte der im Rezept angegebenen Mehlmenge. Der Vorteig soll bei einer Temperatur von 28 °C bis 30 °C etwa 3 bis 3 1/2 Stunden gehen, bis er genügend hochgetrieben ist. Während des Gehens erscheinen auf der Oberfläche des Vorteiges platzende Bläschen. Sobald der Vorteig sich etwas zu setzen beginnt, kann man den Teig bereiten. Man fügt nun nach und nach alle übrigen vorgewärmten Zutaten zu (Eier, Salz, Zucker, Geschmacksstoffe). Allmählich rührt man auch das restliche Mehl ein, und nach 5 bis 8 Minuten ist eine glatte Masse entstanden. Gegen

Ende der Teigbereitung gibt man auch die erwärmte Butter oder Margarine zu. Dann deckt man die Schüssel mit einem Tuch zu und stellt sie warm, damit der Teig weiter gehen kann. Nach etwa 1 Stunde wird er zusammengestoßen und auf ein mehlbestreutes Backbrett gelegt. Die Dauer des Gehens kann man beim Vorteig sowie auch beim fertigen Teig regulieren, indem man die Temperaturverhältnisse verändert, d. h. beides entweder wärmer oder kühler stellt. Die bei «Hefeteig I» angegebenen allgemeinen Hinweise sollten auch für diesen Teig mit in Betracht gezogen werden.

Pljuschki

Für 10 Pljuschki
von insgesamt 600 bis 700 g:
Hefeteig II aus 2 Bechern Mehl;
3 Eßl. zerlassene Butter,
1 Eßl. Zucker, 1 Ei,
feingehackte Nüsse oder «Streusel».

Den Teig 1/2 cm dick und 20 cm breit ausrollen. Die Oberfläche des Teigstückes mit flüssiger Butter bestreichen und mit Zucker bestreuen. Den Teig zusammenrollen und in 10 gleichgroße Stücke schneiden. Jedes Stück mit einer der Schnittflächen auf ein gefettetes Backblech legen, andrücken, mit dem Messer einschneiden und dann jedem Stück eine andere Form geben. 40 bis 50 Minuten gehen lassen. Danach die Pljuschki mit verschlagenem Ei bestreichen, mit gehackten Nüssen oder Streuseln bestreuen und 10 bis 12 Minuten bei 240 °C bis 250 °C backen.

(Siehe Abb. 36)

Pljuschki mit Mohn

Für 10 Pljuschki
von insgesamt etwa 800 g:
Hefeteig II aus 2 Bechern Mehl;
«Fülle aus Mohn» oder
«Fülle aus Mohn mit Honig»,
1 Teel. Puderzucker.

Abb. 36. So sehen die Pljuschki vor dem Backen aus

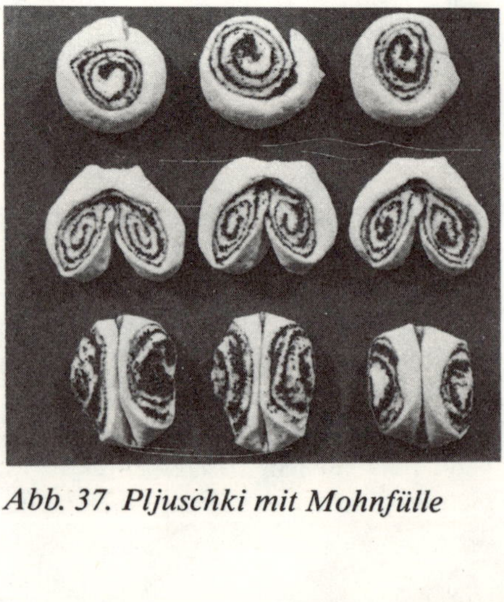

Abb. 37. Pljuschki mit Mohnfülle

Den Teig etwa 1/2 cm dick und 25 bis 30 cm breit ausrollen. Die Mohnfülle gleichmäßig darauf verteilen. Dann die Teigplatte aufrollen und quer in 10 gleichgroße Stücke schneiden. Jede Pljuschka mit einem Stäbchen eindrücken, damit zu beiden Seiten die Teigschicht mit dem Mohn etwas nach oben gedrückt wird. Nun die Pljuschki auf ein gefettetes Backblech legen, 40 bis 50 Minuten gehen lassen und dann 15 bis 20 Minuten bei 220 °C bis 230 °C backen. Danach werden die Pljuschki mit Puderzucker besiebt.
(Siehe Abb. 37)

Pljuschka-Kranz

Für einen Pljuschka-Kranz
von 800 bis 900 g:
Hefeteig II aus 2 Bechern Mehl;
4 Eßl. Butter,
3 Eßl. Zucker,
«Fondant» aus 4 Eßl. Zucker
oder Marmelade.

Bei der Teigzubereitung 1 Löffel Mehl mehr zufügen, damit er etwas fester wird. Den fertigen Teig 2 bis 3 mm dick, 30 bis 40 cm breit und 45 bis 50 cm lang ausrollen. Die Oberfläche der Teigplatte mit zerlassener Butter bestreichen, mit Zucker bestreuen und dann fest ausrollen. Mit einem langen, scharfen Messer halbieren und die beiden Hälften so miteinander umwickeln, daß die Schnittseite jeweils nach oben kommt, damit die Butter beim Backen nicht herausläuft. Den «Zopf» auf ein gefettetes Blech zu einem Kranz legen, 30 Minuten gehen lassen. Dann 30 bis 35 Minuten bei 220 °C backen. Die Oberfläche des Pljuschka-Kranzes mit Fondant oder erwärmter Marmelade bestreichen.

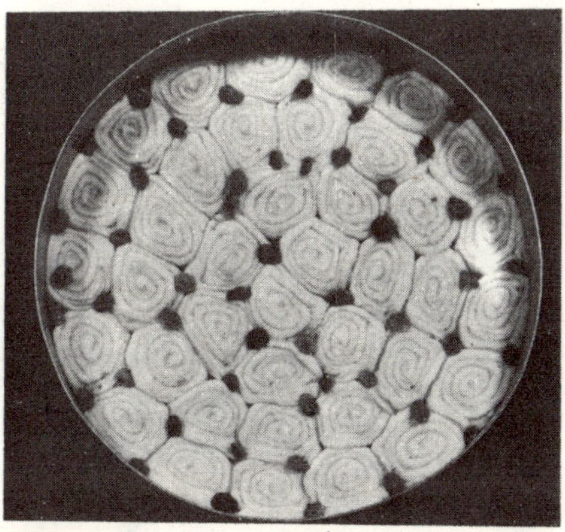

Abb. 38. Rosinenspiralen in einer Backform vorbereitet

Glasierte Rosinenspiralen

Für 10 kleine Rosinenspiralen
von insgesamt 1000 g:
Hefeteig II aus 2 Bechern Mehl;
1 Becher Rosinen,
1/4 Becher Zucker,
«Fondant» aus 4 Eßl. Zucker.

Den Teig, wie im Rezept «Pljuschka-Kranz» beschrieben, zu einer Platte ausrollen. Die Rosinen darauf verteilen und mit Zucker bestreuen. Dann den Teig fest aufrollen und in 2 bis 3 cm dicke Scheiben schneiden. Diese Spiralen auf ein gefettetes Backblech legen. Damit sie beim Gehen und Backen nicht die Form verlieren, muß man das Ende jeder Spirale jeweils auf dem Backblech unter das Gebäckstück schieben. 30 bis 40 Minuten gehen lassen. Dann 15 bis 20 Minuten bei 210 °C bis 230 °C backen, abkühlen lassen und mit Fondant glasieren. Rosinenspiralen kann man auch in einer fla-

chen Backform dicht nebeneinander backen.
(Siehe Abb. 38)

Rosinenroulade

Für eine Rosinenroulade
von etwa 1100 g:
Hefeteig II aus 2 Bechern Mehl;
1 Ei, 2 Becher Rosinen,
1/2 Becher Zucker, 100 g Butter,
1 Eßl. Puderzucker.

Den Teig 4 bis 5 mm dick und 40 cm breit ausrollen. Dann mit Ei bestreichen, darauf gleichmäßig die Rosinen verteilen und mit Zucker bestreuen. Das Teigstück aufrollen, mit der «Naht» nach unten auf ein gefettetes Backblech legen und ein wenig andrücken. 30 bis 40 Minuten gehen lassen. Dann die Oberfläche der Rosinenroulade mit zerlassener Butter bestreichen, mit einem Holzstäbchen an etlichen Stellen Einstiche anbringen und 25 bis 30 Minuten bei 200 °C bis 220 °C backen. Danach nochmals mit ein wenig Butter betupfen und mit Puderzucker besieben. — Nach Belieben können außer den Rosinen noch gehackte Nüsse oder Zukatenwürfel in die Roulade gefüllt werden.
(Siehe Abb. 39)

Zimtroulade

Für eine Zimtroulade von etwa 900 g:
Hefeteig II aus 2 Bechern Mehl;
3 Eßl. zerlassene Butter,
1/2 Becher Zucker,
1/2 Teel. gemahlener Zimt, 1 Ei,
1/2 Becher feingehackte Mandeln.

Den Teig 1/2 cm dick und 40 cm breit ausrollen. Mit zerlassener, aber nicht

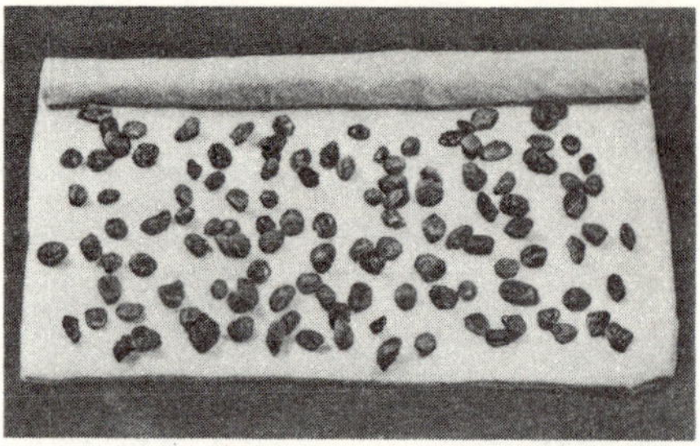

Abb. 39. Das Aufrollen einer Rosinenroulade

heißer Butter bestreichen, mit Zimt vermischten Zucker darüberstreuen. Das Teigstück aufrollen und mit der «Naht» nach unten auf ein gefettetes Backblech legen. 30 bis 40 Minuten gehen lassen. Dann die Oberfläche der Roulade mit verschlagenem Ei bestreichen, an mehreren Stellen mit einem Holzstäbchen Einstiche machen und dann mit den gehackten Mandeln bestreuen. 25 bis 30 Minuten bei 200 °C bis 220 °C backen.

Mohnroulade

Für eine Mohnroulade von etwa 900 g:
Hefeteig II aus 2 Bechern Mehl;
3 Eßl. zerlassene Butter,
«Fülle aus Mohn» oder
«Fülle aus Mohn mit Honig», 1 Ei.

Den Teig 40 cm breit und 1/2 cm dick ausrollen. Mit der zerlassenen, aber nicht heißen Butter bestreichen und darauf die Mohnfülle gleichmäßig verteilen. Das Teigstück mit der «Naht» nach unten auf ein gefettetes Backblech legen. 30 bis 40 Minuten gehen lassen. Dann die Oberfläche mit verquirltem Ei bestreichen und an vielen Stellen mit einem in Ei getauchten

Holzstäbchen Löcher in die Roulade stechen. Dann 25 bis 30 Minuten bei 200 °C bis 220 °C backen.

Mandelroulade

Für eine Mandelroulade
von etwa 900 g:
Hefeteig II aus 2 Bechern Mehl;
2 Eßl. Butter, «Fülle aus Mandeln»,
1 Ei, 1/4 Becher Mandeln oder Nüsse.

Den Teig 1/2 cm dick und 30 cm breit ausrollen und mit weicher Butter bestreichen. Die Mandelfülle gleichmäßig darauf verteilen. Dann die Teigplatte aufrollen und mit der «Naht» nach unten auf ein gefettetes Backblech legen. 30 bis 40 Minuten gehen lassen. Die Oberfläche mit verschlagenem Ei bestreichen und gehackte Mandeln oder Nüsse darüberstreuen. 25 bis 30 Minuten bei 200 °C bis 220 °C backen.

Gebäck «Krambolj»

Für Gebäck von etwa 500 g:
2 Becher Mehl, 15 g Hefe,
1/2 Becher Wasser, 1/2 Becher Zucker,
1 Päckchen Vanillinzucker,
1/4 Teel. Salz; 1 Ei.

Aus der halben Mehlmenge, der Hefe und 1/2 Becher Wasser von 35 °C einen Vorteig bereiten. Nach 2 Stunden alle übrigen Zutaten dazugeben und einen festen Teig kneten. Nach 1 Stunde daraus verschiedene kleine Figuren formen, die man auf ein gefettetes Backblech legt. Nach nochmaligem Gehenlassen mit verschlagenem Ei bestreichen und nach Belieben groben Zucker, Mandeln oder gehackte Nüsse darüberstreuen. 8 bis 10 Minuten bei 230 °C bis 250 °C backen.
(Siehe Abb. 40)

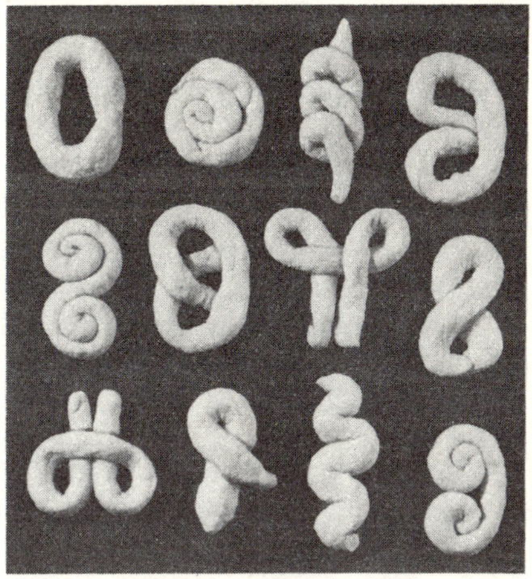

Abb. 40. Gebäck «Krambolj» in unterschiedlichen Formen vorbereitet

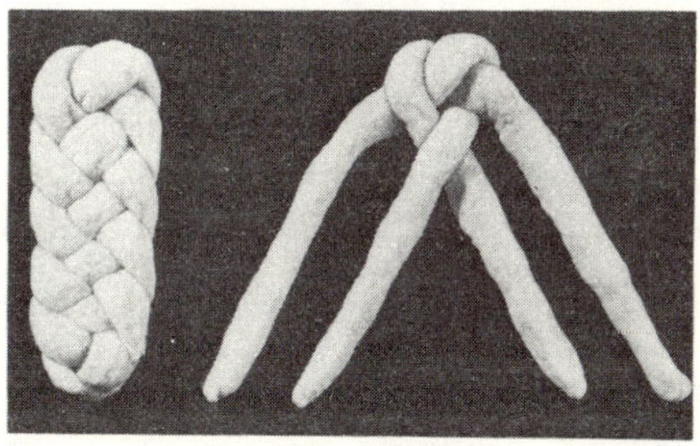

Abb. 41. So wird tadshikische Pilita geflochten

Tadshikische Pilita

Für 10 Pilita von je 50 g:
Hefeteig II aus 2 Bechern Mehl;
Ausbackfett, 1 Eßl. Puderzucker.

Den Teig in 20 gleichgroße Stückchen teilen. Jedes Stückchen zu einer 60 bis 70 cm langen Rolle formen. Dann immer 2 Teigrollen zusammennehmen und miteinander verflechten. Die Gebäckstücke nach dem Gehen in reichlich Fett schwimmend ausbacken.

Dann abkühlen lassen und mit Puderzucker besieben.
(Siehe Abb. 41)

Kleine Zwiebäcke

Hefeteig II; 1 Ei

Den Teig wie einen Brotlaib formen und in Scheiben teilen. Aus jeder Scheibe ein Stäbchen von 6 bis 8 cm Länge drehen. Diese Teigstäbchen in Reihen auf ein gefettetes Backblech legen, dabei mit beiden Händen die Ränder ein wenig andrücken. Nach entsprechender Gehzeit mit verschlagenem Ei bestreichen und 15 bis 20 Minuten bei 230 °C bis 250 °C backen. Dann mindestens 24 Stunden bei Zimmertemperatur stehen lassen, damit sie beim Schneiden nicht zerkrümeln. Nun die Zwiebackstäbchen in schräge Scheiben schneiden, auf ein trockenes Backblech legen und 15 bis 30 Minuten bei 180 °C bis 200 °C trocknen. Diese Scheiben können noch gesüßt werden. Dafür jedes Scheibchen auf der einen Seite in ein Milch-Ei-Gemisch (je Ei 1/2 Becher Milch) tauchen und nach 2 bis 3 Minuten in Zucker legen. Dann mit der bezuckerten Seite nach oben auf einem Backblech trocknen (etwa 30 bis 35 Minuten bei 150 °C bis 180 °C).

Große Brezel

Für eine Brezel von etwa 1200 g: Hefeteig II aus 2 Bechern Mehl, 3 g gemahlener Kardamom; 1 Ei, 1/2 Becher Nüsse, 1 Eßl. Puderzucker.

Den mit Kardamom gewürzten Teig auf ein mit Mehl bestäubtes Backbrett legen und zu einer Kugel kneten. Nun eine Art «Wurst» mit dickem Mittelteil

Abb. 42. Große Brezel aus Hefeteig

Abb. 43. Hefeteigbrezel anders geformt

und spitz zulaufenden Enden formen, die je nach beabsichtigter Länge der Brezel 70 bis 100 cm lang sein kann. Ein Teil des Teiges kann zuvor für die Verzierung der Brezel mit einem Teigblatt, das einem Tannenzweig ähnlich geschnitten wird, weggenommen werden. Die vorbereitete lange Teigrolle auf ein gefettetes Backblech legen und zur Brezel formen. Eine dekorative Brezel kann jedoch auch aus 3 Teigsträngen geflochten werden. Nach Belieben läßt sich der Teig noch mit 1 Gramm Safran, 1 Becher Rosinen und 1 Becher Zukaten (Zitronat, Orangeat

o. ä.) verfeinern. Die fertige Brezel muß noch 30 bis 40 Minuten gehen. Dann wird sie mit Ei bestrichen, mit gehackten Nüssen oder mit Streuseln bestreut und 25 bis 30 Minuten bei 210 °C bis 220 °C gebacken. Danach besiebt man sie mit Puderzucker.
(Siehe Abb. 42 und Abb. 43)

Kulitsch (Osterkuchen)

Für einen hohen Osterkuchen von etwa 1500 g oder zwei hohe Osterkuchen von je 750 g:
Hefeteig II aus 3 Bechern Mehl,
1 bis 2 Bechern Rosinen oder Zitronat;
«Fondant» aus 4 Eßl. Puderzucker,
1/2 Becher Aprikosenmarmelade,
1 Becher gehackte, geröstete Mandeln,
«Butterkrem» aus 50 g Butter
oder «Eiweißspritzglasur».

Bei der Teigbereitung zuletzt die gewaschenen Rosinen oder das kleingeschnittene Zitronat zufügen. Die Backform innen fetten, mit Mehl, Semmelbröseln oder feingehackten Nüssen ausstreuen. Der Teig darf nicht sehr fest sein und die Form nicht mehr als bis zur Hälfte gefüllt werden. Den Kuchen so lange gehen lassen, bis die Backform etwa 3/4 hoch gefüllt ist. Die Form darf am Ende der Gehzeit oder beim Hineinschieben in die Backröhre nicht geschüttelt werden, damit der Teig nicht wieder zusammenfällt. Etwa 40 Minuten bei 200 °C bis 210 °C backen. Ob der Osterkuchen durchgebacken ist, prüft man mit einem Holzstäbchen. Nach dem Abkühlen wird die Oberfläche des Kuchens mit aromatisiertem Fondant glasiert. Die Seiten bestreicht man mit heißer Aprikosenmarmelade und bestreut sie mit gerösteten Mandeln. Auf den Fondant mit Hilfe eines Spritztütchens Muster mit Butterkrem oder Eiweißspritzglasur auftragen. — Steht keine Spezialform für Kulitsch zur Verfügung, kann man auch ein Kasserol nehmen. Damit der Osterkuchen entsprechend hoch wird, sollte man auf das Kasserol einen Ring aus einem breiten Streifen Butterbrotpapier setzen.

Kolobok mit Pilzfülle

Für einen Kolobok von etwa 700 g:
Hefeteig II aus 2 Bechern Mehl;
«Fülle aus Pilzen» oder
«Fülle aus Pilzen mit saurer Sahne»,
3 hartgekochte Eier, 1 Ei,
1/2 Becher Bouillon.

Einen kleinen Teil des Teiges zurücklassen. Die große Teigmenge 5 bis 6 cm dick rund ausrollen. In die Mitte in mehreren Schichten Pilzfülle und zerkleinerte hartgekochte Eier geben, so daß ein runder Berg entsteht. Die Teigränder über der Fülle zusammenfalten und diese Falten zusammendrücken. In der Mitte muß eine Öffnung bleiben, so daß die Fülle zu sehen ist. Den Kuchen nach dem Gehenlassen mit

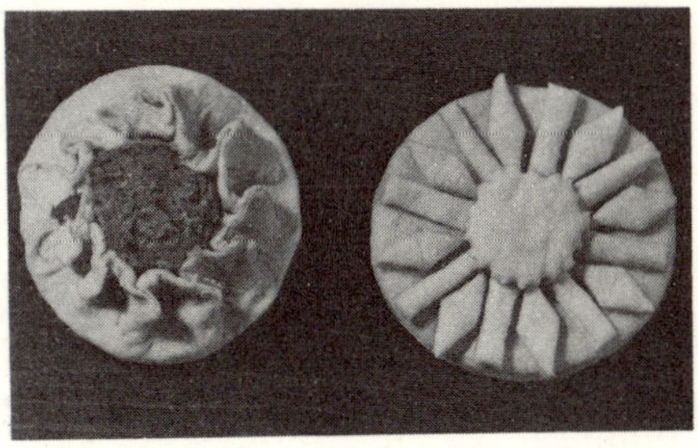

Abb. 44. Für Kolobok wird ein «Dekkel» gesondert mit gebacken

7–160

verschlagenem Ei bestreichen und 40 bis 50 Minuten bei 180 °C bis 200 °C backen. Dann in die Öffnung etwas Bouillon gießen und den Kolobok mit einem «Deckel» aus Teig verschließen, der aus der kleinen Teigmenge gleich mitgebacken wurde.
(Siehe Abb. 44)

Hefeteig-Fladen

Für Fladen mit einer Gesamtmenge von 1200 g:
Hefeteig II aus 4 Bechern Mehl; 1 Ei.

Den Teig zu runden, vier- oder rechteckigen, herzförmigen oder ovalen Fladen formen. Damit ihre Oberfläche schön glatt wird, muß man den Teig gut durchkneten und zunächst zu Kugeln formen. Diese werden dann mit dem Nudelholz 1 bis 1 1/2 cm dick ausgerollt und auf ein gefettetes Backblech gelegt. Die Oberfläche bestreicht man mit verschlagenem Ei und verziert sie mit verschiedenen Ornamenten (kleinen Sternen, Blättern, o. ä.) aus Teig. Für diese Verzierungen nimmt man von demselben Teig, dem man lediglich etwas mehr Mehl zufügt. Das erleichtert die Herstellung noch schönerer Figuren. Außerdem heben sich die Verzierungen nach dem Backen farblich besser von den Fladen ab. Um kleine Blätter herzustellen, muß man den Teig 3 bis 5 mm dick ausrollen und langgestreckte, keilförmige Teigstücke ausschneiden. Diese werden an den Rändern wie Tannenzweige eingeschnitten. Dann zieht man den Teig ein wenig in die Länge. So entsteht dann die Form eines Blattes. Nach dem Verzieren läßt man die Fladen 30 bis 40 Minuten gehen, bestreicht die Oberfläche nochmals mit verschlagenem Ei und bäckt 25 bis 30 Minuten bei 210 °C bis 230 °C. Solche Fladen können auch mit Nüssen oder Streuseln bestreut oder mit Puderzucker besiebt werden.
(Siehe Abb. 45)

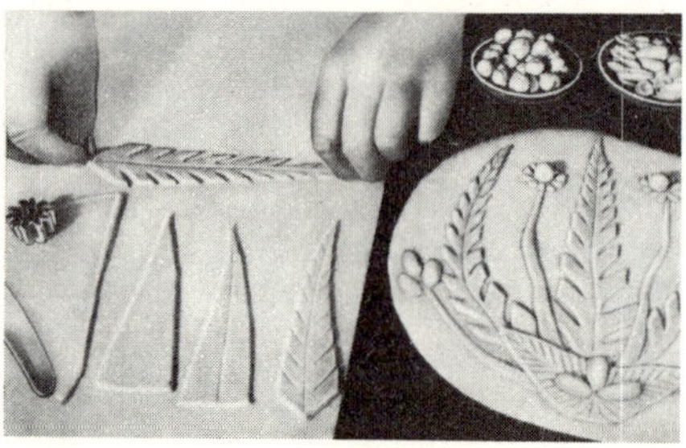

Abb. 45. Hefeteigfladen erhält vor dem Backen allerlei Verzierungen

Babas mit Rum

Für 10 Babas von insgesamt etwa 1000 g:
Hefeteig II aus 2 Bechern Mehl,
1 Becher Rosinen, Zukaten (Zitronat, Orangeat o. ä.) oder Mandeln;
Rum- oder Weinbrandsirup aus 2 Eßl. Zucker,
«Fondant» aus 8 Eßl. Zucker.

Einen nicht zu festen Teig zubereiten. Die gewaschenen Rosinen, die in kleine Würfel geschnittenen Zukaten oder die gehackten und gerösteten Mandeln zuletzt unter den Teig kneten. Dann den Teig zu einer langen Rolle formen, in 10 Stücke schneiden. Aus jedem Stück eine Kugel formen, in gefettete Portionsförmchen drücken und nach 30- bis 40minütigem Gehen 10 bis 15 Minuten bei 220 °C bis 230 °C backen. Damit das weiche Innere der Babas vom aromatisierten Sirup nicht aufweicht, muß man die aus den Formen gestürzten Gebäckstücke 6 Stunden stehen lassen. Danach werden sie mit dem Sirup durchtränkt, indem man sie mit der Unterseite in kalten Rum- oder Weinbrandsirup taucht. Sobald man die Babas herausnimmt, legt man sie mit der Unterseite nach oben auf ein Brett und glasiert sie mit Fondant, der auf etwa 30 °C erwärmt wurde. Man taucht sie 3- bis 4mal mit rascher drehender Handbewegung wieder ein, um zu verhindern, daß der Fondant nach dem Glasieren wieder herunterläuft. Dann legt man sie mit der Unterseite nach oben auf einen Teller. Sie können noch mit frischen oder konservierten Früchten oder mit Warenje garniert werden.

Baba mit Früchten

Für eine Baba von etwa 1000 g:
Hefeteig II aus 2 Bechern Mehl;
aromatisierter Zuckersirup
aus 2 Eßl. Zucker,
2/3 Becher Aprikosenmarmelade,
300 g frisches oder
konserviertes Obst.

Für eine Baba mit Früchten braucht man eine nicht sehr hohe Ringform. Den Teig in die gefettete Form geben und 20 bis 30 Minuten gehen lassen. Dann 30 bis 40 Minuten bei 200 °C bis 220 °C backen. Danach 6 Stunden stehen lassen. Mit einem Pinsel die Baba mit aromatisiertem Zuckersirup durchtränken und danach mit erhitzter Aprikosenmarmelade glasieren. In die Mitte des Ringes frische oder konservierte Früchte legen.

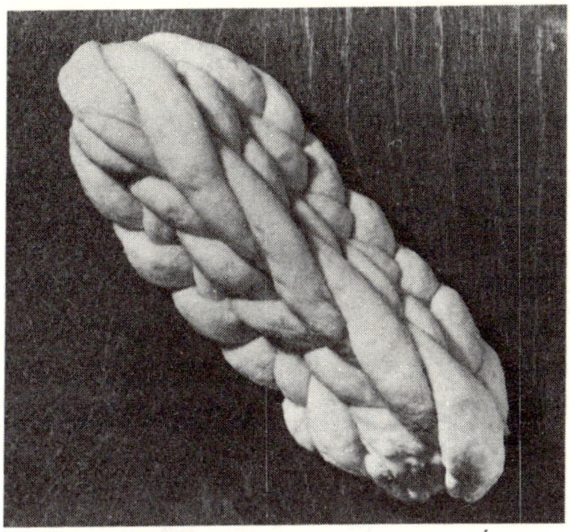

Abb. 46. Für eine Chala sind etliche Teigröllchen umeinanderzuschlingen und dann übereinanderzulegen

Chala (russischer Striezel)

Für eine Chala von etwa 600 g:
Hefeteig II aus 2 Bechern Mehl;
1 Ei.

Aus dem Teig 11 Rollen von 23 bis 25 cm Länge formen, die in der Mitte jeweils etwas dicker sind. Immer 3 Rollen zusammenflechten, 2 Zöpfe nebeneinander auf ein gefettetes Backblech legen. Den dritten Zopf auf die beiden unteren legen. Die restlichen beiden Rollen umeinander drehen und auf die 3 Zöpfe legen. Nach kurzem Gehen die Chala mit geschlagenem Ei bestreichen und nach Belieben mit Mohn oder gehackten Nüssen bestreuen. 20 bis 30 Minuten bei 180 °C bis 200 °C backen. (Siehe Abb. 46)

Gedrehte Mohnrolle

Für eine Mohnrolle von etwa 1000 g:
Hefeteig II aus 2 Bechern Mehl;
«Mohnfülle»,
«Sirup» aus 2 Eßl. Zucker,

«Schokoladen-Fondant» aus 4 Eßl. Zucker.

Den Hefeteig 1/2 cm dick und 12 bis 15 cm breit ausrollen. Darauf die Mohnfülle gleichmäßig verteilen und das Teigstück von der breiten Seite her zusammenrollen. Diese Rolle noch spiralförmig drehen, auf ein gefettetes Backblech legen und 30 bis 40 Minuten gehen lassen. Dann die Mohnrolle an mehreren Stellen einstechen und 30 bis 40 Minuten bei 200 °C bis 220 °C backen. Nach dem Abkühlen obenauf mit aromatisiertem Zuckersirup bestreichen und mit warmem Schokoladen-Fondant überziehen.

Gebäck aus Plunderteig

Aus Plunderteig kann man Gebäck in den unterschiedlichsten Formen bereiten.
(Siehe Abb. 47)

Plunderteig

ZUTATEN	MENGEN			
Mehl, Becher	1	2	3	4
Zucker, Teelöffel	2	4	6	8
Eier, Stück	1/2—1	1—2	1 1/2—3	2—4
Hefe, Gramm	5	10	15	20
Vanillinzucker, Gramm	1/2	1	1 1/2	2
Salz, Teelöffel	1/8	1/4	1/3	1/2
Milch oder Wasser, Becher	1/4	1/2	3/4	1
Butter oder Margarine, Gramm	20—100	40—200	60—300	80—400
Backwarenmenge etwa, Gramm	300	600	900	1200

Plunderteig kann mit und ohne Vorteig zubereitet werden, wie in den Rezepten «Hefeteig I und II» beschrieben, doch ohne Butter. Mit der Butter wird der Teig lediglich geschichtet, damit ein blättriges Gebäck entsteht. Der fertige, gegangene Teig wird auf 10 °C bis 20 °C abgekühlt. Dann rollt man eine 5 bis 8 mm dicke rechteckige Platte aus. Man teilt sie in 3 gleiche Teile, zerschneidet sie jedoch nicht, sondern markiert nur mit dem Messerrücken Linien. Nun wird auf den mittleren Teil die ausgerollte Butter aufgetragen. Mit dem linken Teil wird der mit Butter bestrichene mittlere Teil abgedeckt. Dann bestreicht man die Rückseite dieser zweiten Schicht mit Butter und klappt dann das freigebliebene rechte Drittel des Teiges darüber. Somit erge-

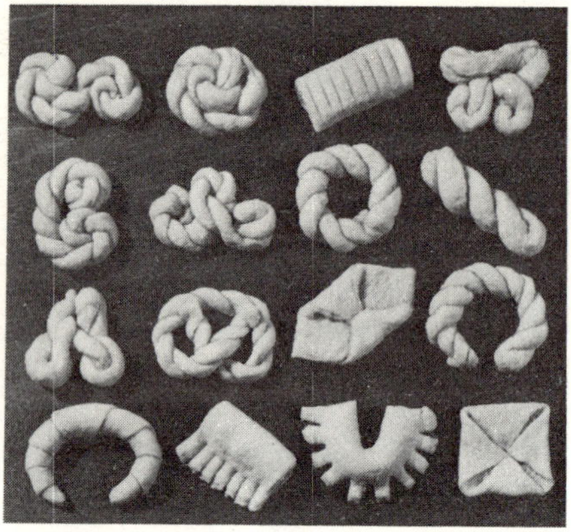

Abb. 47. Verschieden geformte Gebäckstücke aus Plunderteig

ben sich 3 Teigschichten, zwischen denen 2 Butterschichten liegen.
Dieses Teigstück bestreut man mit Mehl und rollt es 1 bis 1 1/2 cm dick aus. Danach befreit man es vom Mehl und faltet es vierfach. So entsteht ein Teigstück mit 8 Butterschichten. Wieder wird ausgerollt, dann zweifach zusammengelegt, ausgerollt, dann dreifach oder vierfach zusammengelegt und jedesmal ausgerollt. So entsteht schließlich ein Teigstück mit 16, 24 oder 32 Butterschichten.
Wenn man für einen Teig aus 1 Becher Mehl 80 bis 100 Gramm Butter nimmt, dürfen sich nicht weniger als 24 bis 32 Butterschichten ergeben, sonst tritt beim Backen die Butter aus. Verwendet man nur 20 bis 80 Gramm Butter, so sollten es nur 8 bis 16 Schichten sein, weil sonst die Blättrigkeit nach dem Backen nicht zu bemerken ist. Die Teigschichtung sollte bei einer Temperatur von nicht mehr als 18 °C erfolgen. Danach wird der Teig kühl gestellt. Dann erst kann man ihn weiter verwenden. Das vorbereitete Gebäck muß bei 25 °C bis 28 °C zunächst noch gehen. Um die Blättrigkeit des Gebäcks noch etwas zu verbessern, kann man die zur Schichtung verwendete Butter mit Zucker bestreuen. Man nimmt dafür die Hälfte der in den Rezepten angegebenen Zuckermenge.

Plunderspiralen

Für 10 Spiralen von je 60 bis 70 g:
Plunderteig aus 2 Bechern Mehl;
1/4 Becher Zucker oder
feingehackte Mandeln, 1 Ei.

Den Teig 10 mm dick ausrollen, in dünne Streifen schneiden und miteinander verflechten bzw. miteinander zusammenrollen. Das Geflochtene oder Gerollte auf einem gefetteten Backblech zu Spiralen legen. 40 bis 50 Minuten gehen lassen, die Oberfläche mit verquirltem Ei bestreichen, mit Zucker oder gehackten Mandeln bestreuen. 10 bis 15 Minuten bei 240 °C bis 260 °C backen.

Plunderhörnchen

Für 10 Hörnchen von je 80 bis 90 g:
Plunderteig aus 2 Bechern Mehl;
1/2 Menge «Fülle aus Kuraga»
oder «Fülle aus Äpfeln»
oder 1/2 Becher Powidel
oder Jam, 1 Ei,
«Streusel» aus 1/2 Eßl. Mehl.

Den Teig 1/2 cm dick ausrollen und längliche Dreiecke schneiden. Auf jedes Teigstück 1 Teelöffel Fülle geben

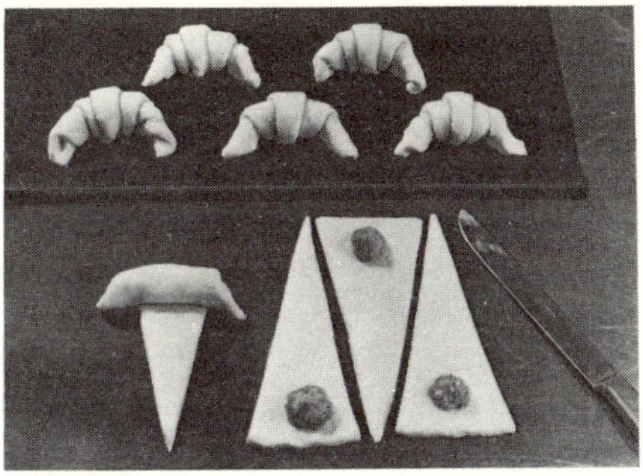

Abb. 48. Für Plunderteighörnchen werden Dreiecke aufgerollt

Abb. 49. Aus jeweils drei Teilen geflochtener Plunderkranz und -zopf

und aufrollen. In Form von Hörnchen auf ein gefettetes Backblech legen und 50 bis 60 Minuten gehen lassen. Dann die Oberfläche der Hörnchen mit verschlagenem Ei bestreichen und mit Streuseln bestreuen. 15 bis 20 Minuten bei 240 °C bis 260 °C backen.
(Siehe Abb. 48)

Plunder-Piroshki

Für 10 Piroshki von 80 bis 90 g:
Plunderteig aus 2 Bechern Mehl;
beliebige herzhafte Fülle,
1 Ei.

Bei der Teigbereitung für diese Piroshki den Zucker weglassen. Den fertigen Teig 1/2 cm dick ausrollen und zu einem langen Streifen von 10 cm Breite schneiden. In die Mitte des Streifens Fülle legen, die beiden Teigstreifen von rechts und links über diese Fülle schlagen und fest andrücken. Dann den Streifen herumdrehen, nochmals leicht andrücken, damit er flach wird, und in 10 Portionsstücke schneiden. Die Piroshki auf ein gefettetes Backblech legen und 40 bis 50 Minuten gehen lassen. Dann mit verschlagenem Ei bestreichen und 15 bis 18 Minuten bei 240 °C bis 250 °C backen. Man kann den Streifen mit der Fülle auch in ganzer Länge auf das Backblech legen, ohne ihn in Stücke zu schneiden. In diesem Fall muß man jedoch mit einem Stäbchen einige Einstiche machen, damit der Dampf beim Backen entweichen kann.

Plunderzopf oder -kranz

Für einen Zopf oder Kranz
von etwa 800 g:
Plunderteig aus 2 Bechern Mehl;
1 Ei, 1/2 Becher Nüsse oder «Streusel»
aus 2 Eßl. Mehl.

Den Teig so ausrollen, daß ein schmaler Streifen von etwa 1 m Länge entsteht. Diesen Streifen in 3 Teile schneiden, jeden zu einer Rolle formen, daraus einen Zopf oder Kranz flechten und auf ein gefettetes Backblech legen. 30 bis 40 Minuten gehen lassen. Dann mit verschlagenem Ei bestreichen, mit gehackten Nüssen oder mit Streuseln bestreuen, 20 bis 25 Minuten bei 230 °C bis 250 °C backen.
(Siehe Abb. 49)

Plunderteigkämmchen

Für 10 Plunderteigkämmchen von je 80 bis 90 g:
Plunderteig aus 2 Bechern Mehl;
«Fruchtfülle» oder 1 Becher Powidel oder Jam, 1 Ei.

Den Teig 1/2 cm dick ausrollen und zu einem langen, 8 cm breiten Streifen schneiden. In die Mitte des Teiges mit dem Spritzbeutel oder mit einem Löffel Fruchtfülle, Powidel oder Jam auftragen. Dann längs eine Teighälfte über die andere schlagen und die Ränder festdrücken. In Abständen von 1/2 cm Einschnitte machen, den Teig in 10 Portionen (Kämmchen) teilen und auf ein gefettetes Backblech legen. 30 bis 40 Minuten gehen lassen. Danach mit verquirltem Ei bestreichen und 15 bis 20 Minuten bei 230 °C bis 250 °C backen.

Gebäck aus Blätterteig

Aus Blätterteig lassen sich Backwaren mit süßen oder herzhaften Füllen bereiten. Allerdings ist die Herstellung etwas zeitaufwendig.

Blätterteig I

ZUTATEN	MENGEN			
Mehl, Becher	1	2	3	4
Wasser, gekanteter Becher	1/2	1	1 1/2	2
Salz, Teelöffel	1/8	1/4	1/3	1/2
Zitronensaft, Tropfen	4	8	12	16
Butter oder Margarine, Gramm	100—150	200—300	350—450	400—600
Mehl für Butter, Teelöffel	1	2	3	4
Backwarenmenge etwa, Gramm	300	600	900	1200

Der Zitronensaft kann auch durch Essig ersetzt werden, und zwar rechnet man auf 2 Becher Mehl 1 Teelöffel 30%igen Essig. Wenn man dem Teig noch Eier oder Eigelb zufügt, verbessert sich die Qualität der Backerzeugnisse. Man schüttet Eier oder Eigelb in einen Becher und gießt so viel Wasser zu, bis die im Rezept erforderliche Wassermenge erreicht ist. So ersetzt also das Ei einen Teil des Wassers. Salz und Säure verbessern nicht nur den Geschmack des Teiges, sondern auch seine Elastizität, d. h., er dehnt sich beim Ausrollen besser in dünne Schichten. Zu viel Salz und Säure im Teig sind jedoch zu vermeiden, weil sich dies auf den Geschmack des fertigen Gebäcks ungünstig auswirken würde. Blätterteig mit höheren Fettanteilen ist wesentlich zarter und schmeckt besser. Wenn man 1/4 der Wassermenge durch Wodka, Rum oder Weinbrand ersetzt, wird das Gebäck noch lockerer.

In eine Schüssel die im Rezept vorgesehene Wassermenge gießen oder Wasser

zusammen mit Ei. Dann Säure und Salz zugeben und, sobald das Salz aufgelöst ist, auch das durchgesiebte Mehl. Mit einem Rührlöffel oder mit der Hand einen Teig bereiten, bis er eine glatte, dichte Beschaffenheit hat. Falls das Mehl viel Wasser bindet, muß man noch ein wenig Wasser zufügen, wird der Teig aber zu weich, muß noch etwas Mehl untergerührt werden. Nun 5 bis 8 Minuten kneten, bis sich der Teig gut von den Händen und vom Schüsselrand löst. Dann rollt man ihn zu einer Kugel, legt sie auf ein bemehltes Backbrett, bedeckt sie mit einem Tuch oder mit Folie und läßt den Teig 20 bis 30 Minuten ruhen, damit er noch elastischer wird und sich beim Ausrollen noch besser die Schichten bilden. In einer kleinen Schüssel Butter oder Margarine und die im Rezept dafür vorgesehene Mehlmenge gut vermischen. Dieses Butter-Mehl-Gemisch soll die Schichtenbildung des Teiges herbeiführen. Man formt daraus zunächst ein rechteckiges Teigstück. Nun wird der Teig kreuzförmig angeschnitten, mit Mehl bestreut und mit dem Nudelholz so ausgerollt, daß die Mitte des Teigstückes dicker ist als die Ränder. In die Mitte legt man das Butterstück, bedeckt es mit den langen Enden des Teigstückes und verbindet seine Ränder miteinander.
(Siehe Abb. 50 bis Abb. 52)

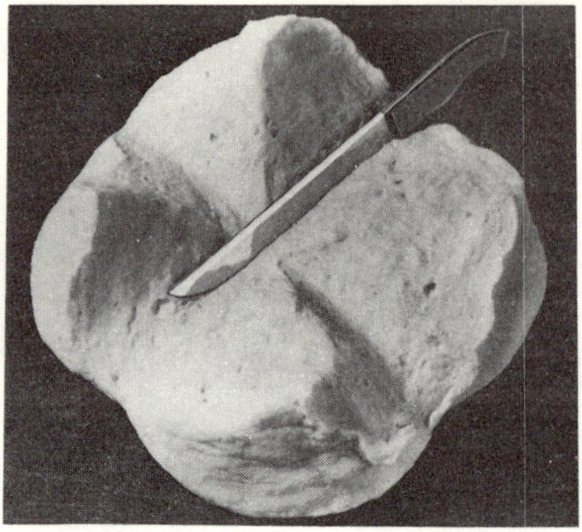

Abb. 50. Der Teig wird vor dem Ausrollen kreuzförmig eingeschnitten

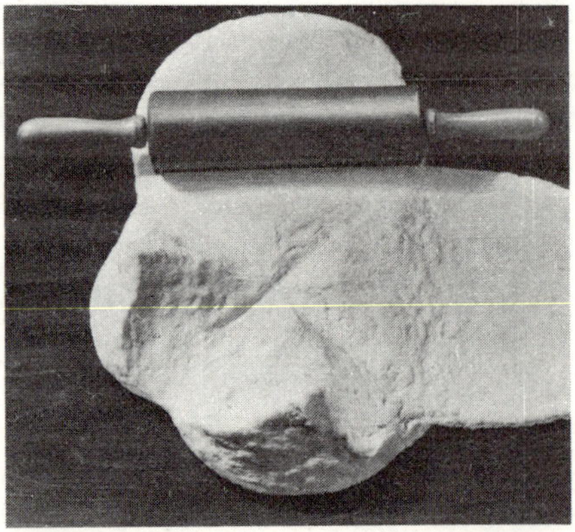

Abb. 51. Ausrollen des Teiges nach vier Seiten

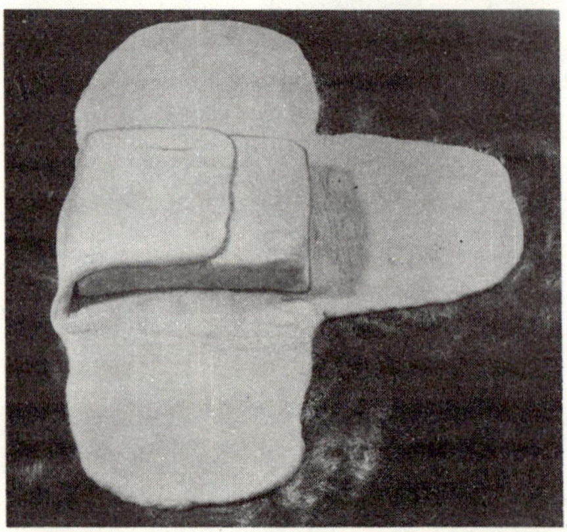

Abb. 52. Einlegen der Butter-Mehl-Schicht

Abb. 53. Der vierfach zusammengelegte Teig

Nachdem Backbrett und Teigoberfläche wieder leicht mit Mehl bestreut wurden, rollt man daraus mit einem Nudelholz — von der Mitte beginnend — ein rechteckiges Teigstück von 1 cm Dicke. Dann entfernt man mit einer weichen Bürste das überflüssige Mehl und legt den Teig vierfach zusammen, so daß 4 Schichten übereinander zu liegen kommen. Nun deckt man den Teig mit einem Tuch zu und läßt ihn 10 Minuten ruhen. Dann dreht man das Teigstück herum, bestreut es von oben und unten mit Mehl und rollt es erneut zu 1 cm Dicke aus. Das Mehl wieder abbürsten, noch einmal den Teig vierfach legen, so daß jetzt 16 Mehl-Butter-Schichten übereinanderliegen. Den Teig wieder kühlen, 20 Minuten ruhen lassen, noch einmal ausrollen und vierfach falten, so daß 64 Butterschichten übereinander sind. Es ist nicht empfehlenswert, den Teig nun noch weiter auszurollen und zusammenzulegen, da seine feinen Schichten sonst reißen könnten, wobei sich Butter und Teig vermischen und das Backwerk nicht blättrig wird.
(Siehe Abb. 53)

Die beste Temperatur für die Bereitung des Teiges liegt bei 15 °C bis 17 °C. Dabei hat die Butter die richtige Beschaffenheit. Zwischen den einzelnen Ausrollvorgängen muß man den Teig jeweils eine gewisse Zeit ruhen lassen, damit die Schichten beim nachfolgenden Ausrollen nicht reißen. Bei zu niedriger Temperatur verliert die Butter jedoch ihre günstige Beschaffenheit, sie krümelt, wird brüchig, sprengt die feinen Teigschichten und fließt dann beim Backen aus dem Teig heraus. Bei höherer Temperatur wird die Butter salbenähnlich, saugt sich in die Schichten, so daß das Gebäck nicht blättert. Messer und Ausstechformen sollen scharf sein, weil sonst die Teigränder zerdrückt werden, was sich ebenfalls ungünstig auf die Blättrigkeit auswirkt. Die Backbleche bestreicht man vor dem Auflegen des Blätterteiges mit Wasser. Damit sich große Teigstücke beim Backen nicht stellenweise aufblähen, muß man vor dem Backen einige Messerstiche in seine Oberfläche machen. Mit Ei darf jeweils nur die Oberfläche des Blätterteiges bestrichen werden. An den Seitenflächen heruntergelaufenes Eigelb beeinträchtigt ebenfalls die Blätterung. Blätterteig bäckt man 25 bis 30 Minuten bei 210 °C bis 230 °C. Ob er fertig gebacken ist, stellt man an Elastizität und Farbe fest. Handelt es sich um ein größeres Blätterteigstück, hebt man eine Ecke davon mit dem Messer an. Verbiegt sie sich leicht, ist das Stück noch nicht ganz ausgebacken. Die nachfolgenden Rezepte lassen sich auch mit käuflichem gefrorenem Blätterteig bereiten.

Abb. 54. So stellt man dreieckige Blätterteig-Piroshki her (oben)

Abb. 55. Bereiten von rechteckigen Blätterteig-Piroshki (unten)

Blätterteiggebäck

Für etwa 700 g Gebäck:
Blätterteig I aus 2 Bechern Mehl;
1 Ei, 1 Becher Zucker.

Den fertigen Blätterteig dünn ausrollen, mit Ei bestreichen und mit Zucker bestreuen. Alle möglichen Figuren ausstechen oder mit dem Messer ausschneiden. Dann auf ein mit Wasser bespritztes Backblech legen und 15 bis 20 Minuten bei 230 °C bis 240 °C backen. Man kann dieses Gebäck auch nur in kleine Streifen, Quadrate, Rechtecke o. ä. schneiden.

Blätterteigschnüre

Für etwa 700 g Gebäck:
Blätterteig I aus 2 Bechern Mehl;
1 Becher Zucker.

Das Backbrett mit Zucker bestreuen. Den Teig darauf 5 bis 8 mm dick ausrollen, dabei auch obenauf noch mit Zukker bestreuen. Das Teigstück in 15 bis 20 cm lange Streifen schneiden. Jeden Streifen wie eine Schnur drehen, auf ein mit Wasser bestrichenes Backblech legen und 10 bis 15 Minuten bei 220 °C bis 240 °C backen.

Blätterteig-Piroshki

Für 10 Piroshki von je 70 bis 85 g:
Blätterteig I aus 2 Bechern Mehl;
beliebige Fülle, 1 Ei.

Den Blätterteig 5 mm dick ausrollen und in Quadrate schneiden. In die Mitte jeweils Fülle geben und die Quadrate zu Dreiecken oder Rechtecken zusammenlegen. Mit einem Messerrücken den Teig in einigem Abstand von den Rändern fest aufeinanderdrücken.
(Siehe Abb. 54 und Abb. 55)
Für Piroshki in Halbmondform sticht man mit einem Becher runde Plätzchen aus, belegt jeweils die Mitte mit Fülle und klappt die eine Hälfte des Teiges auf die andere. Dann wird der Teig an den Rändern angedrückt.
(Siehe Abb. 56)
Für runde Piroshki deutet man auf der Hälfte des ausgerollten Teiges mit einem runden gezackten Ausstecher Kreise an. Diese Flächen werden mit Ei bestrichen und in der Mitte mit Fülle belegt. Darüber klappt man nun die zweite Hälfte des ausgerollten Teigstückes, drückt um die Fülle herum den oberen Teil an den unteren und sticht die runden Piroshki mit dem Ausstecher aus.
(Siehe Abb. 57)
Alle zum Backen vorbereiteten Piroshki legt man auf ein mit Wasser bestrichenes Blech, bestreicht sie obenauf mit Ei und bäckt sie 25 bis 30 Minuten bei 220 °C bis 230 °C.

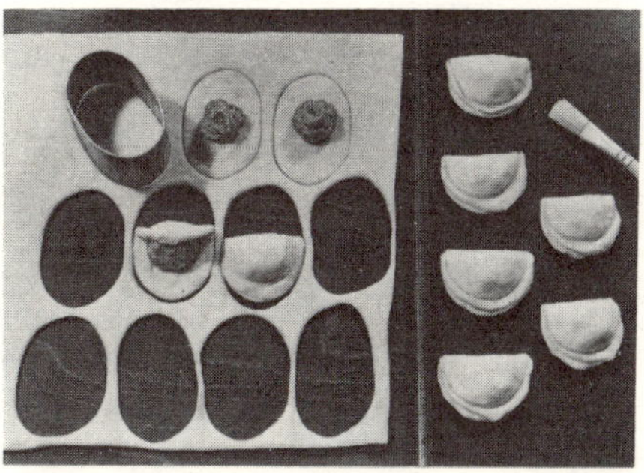

Abb. 56. Blätterteig-Piroshki in Halbmondform

Abb. 57. Für runde Blätterteig-Piroshki eine zweite Teigplatte auflegen

Blätterteigstücke mit Äpfeln

Für 10 Gebäckstücke von je 90 g:
Blätterteig I aus 2 Bechern Mehl;
300 g säuerliche Äpfel,
1/4 Teel. gemahlener Zimt,
1/2 Becher Zucker.

Den Blätterteig 1 cm dick ausrollen, in rechteckige Stücke von 6 mal 10 cm schneiden. Diese in 5 bis 6 cm Abstand auf einem mit Wasser bestrichenen Backblech verteilen. Auf jedes Teigstück 4 vom Kerngehäuse befreite Apfelachtel legen, mit Zimt-Zucker bestreuen und 20 bis 30 Minuten bei 210 °C bis 220 °C backen.

Blätterteigquadrate mit Quark

Für 10 Gebäckstücke
von je 80 bis 90 g:
Blätterteig I aus 2 Bechern Mehl;
«Fülle aus Quark», Zitronensaft,
abgeriebene Zitronenschale.

Den Teig etwa 1 cm dick ausrollen und mit dem Teigrädchen in 10 Quadrate teilen. Diese auf ein mit Wasser benetztes Backblech legen. Auf jedes Quadrat Quarkfülle, die noch mit Zitronensaft und -schale abgeschmeckt wurde, spritzen. 20 bis 30 Minuten bei 210 °C bis 220 °C backen. Man kann auch die Teigränder vor dem Backen über die Quarkmasse schlagen und leicht andrücken.

Kochwurst in Blätterteig

Für 10 Gebäckstücke:
Blätterteig I aus 2 Bechern Mehl;
300 g Kochwurst (oder Jagdwurst),
1 Eigelb.

Den Teig 5 mm dick ausrollen, in 8 mal 12 cm große Rechtecke teilen. Die Wurst von der Schale befreien und in rechteckige Stücke von 8 cm Länge schneiden. Auf jedes Teigstück ein Wurststück legen, den Teig darüberschlagen, oben und unten zusammendrücken. Die gefüllten Gebäckstücke auf ein mit Wasser bespritztes Backblech legen, mit Eigelb bestreichen und 25 bis 30 Minuten bei 230 °C bis 240 °C backen. Die Wurst kann auch zuvor mit Senf, Ketchup o. ä. gewürzt werden.

Schinken in Blätterteig

Für 10 Gebäckstücke:
Blätterteig I aus 2 Bechern Mehl;
300 g gekochter Schinken, 1 Eigelb.

Den Blätterteig 4 bis 5 mm dick ausrollen, in Rechtecke von 8 mal 12 cm schneiden. Darauf jeweils eine dünne Scheibe gekochten Schinken legen, beides zusammenrollen. Dann auf ein mit Wasser bespritztes Blech legen, so daß die glatten Flächen nach oben zu liegen kommen. Mit Eigelb bestreichen und 25 bis 30 Minuten bei 200 °C bis 240 °C backen.
(Siehe Abb. 59)

Bitotschki in Blätterteig

Für 10 Gebäckstücke:
Blätterteig I aus 2 Bechern Mehl;
1 Eigelb, 10 gebratene Bitotschki
(Fleischklößchen).

Den Blätterteig 4 bis 5 mm dick ausrollen und in 9 cm große Quadrate schneiden. Diese mit Eigelb bestreichen. Die Bitotschki auflegen, die Teigecken darüberschlagen und andrücken. Die Gebäckstücke obenauf ebenfalls mit Eigelb bestreichen und dann mit einem kleinen ausgestochenen Kreis oder ei-

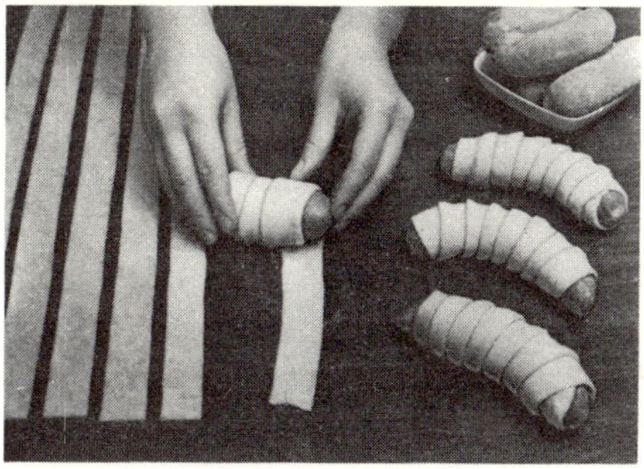

Abb. 58. Würstchen lassen sich auch mit Streifen von Blätterteig umwickeln

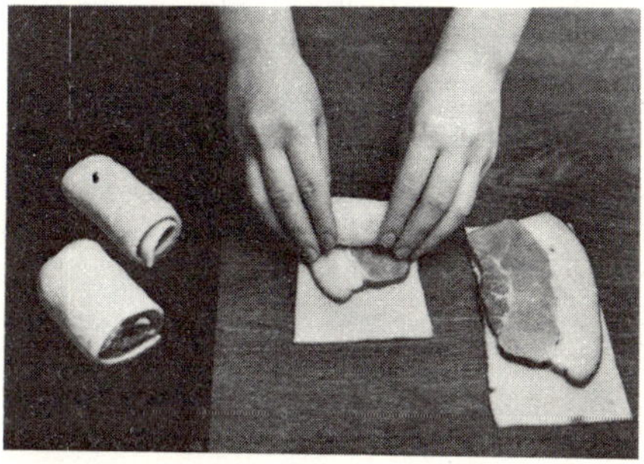

Abb. 59. So bereitet man Schinken in Blätterteig zum Backen vor

Abb. 60. Auch Bitotschki können in Blätterteig gebacken werden

nem anderen Teigornament verzieren. Ein Backblech mit Wasser bestreichen, das Gebäck darauf legen und 25 bis 30 Minuten bei 230 °C bis 240 °C backen. (Siehe Abb. 60)

Fischfilet in Blätterteig

Für 10 Gebäckstücke:
Blätterteig I aus 2 Bechern Mehl;
300 bis 400 g Fischfilet,
Salz, Pfeffer, 1 bis 2 Eßl. Mehl,
Öl, 1 Eigelb.

Den Blätterteig 3 bis 4 mm dick ausrollen. Das vorbereitete Fischfilet in etwa 1 cm dicke Scheiben schneiden, salzen, mit Pfeffer bestreuen, in Mehl wenden und von beiden Seiten in einer Pfanne in heißem Öl braten. Nach Belieben kann das Fischfilet noch mit gebratener Zwiebel belegt werden. Je nach Form der Fischstücke den Teig in Dreiecke, Rechtecke oder Quadrate schneiden. Das gebratene Fischfilet damit umhüllen. Alles auf ein mit Wasser bestrichenes Backblech legen. Mit dem Messer in jedes Stück 2 bis 3 Einstiche machen und die Oberflächen mit Eigelb bestreichen. 25 bis 30 Minuten bei 210 °C bis 220 °C backen.

Palmyra-Küchlein

Für etwa 10 Küchlein von je 80 g:
Blätterteig I aus 2 Bechern Mehl;
1 Becher Zucker.

Den Blätterteig 2 mm dick und 25 cm breit ausrollen. Die Oberfläche gleichmäßig mit Zucker bestreuen. Das Teigstück von einer Seite bis zur Mitte aufrollen. Dann die andere Seite ebenfalls zur Mitte hin aufrollen. Beide Rollen aufeinanderklappen. Andrücken, so daß die Doppelroulade etwas abflacht.

1 Stunde in den Kühlschrank legen. Danach quer in Stücke schneiden und in größeren Abständen auf ein mit Wasser bestrichenes Backblech legen. Die offenen Teigenden ein wenig auseinanderdrücken. 15 bis 20 Minuten bei 220 °C bis 230 °C backen. — Man kann Palmyra-Küchlein auch noch flacher machen. Dann müssen die abgeschnittenen Teigstücke in der Zuckerschicht auf dem Tisch mit dem Nudelholz flachgerollt werden.
(Siehe Abb. 61)

Tannenbäumchen aus Blätterteig

Für 10 Tannenbäumchen von je 50 bis 60 g:
Blätterteig I aus 2 Bechern Mehl;
1 Eigelb, 1 Eßl. Zucker.

Den Blätterteig 7 bis 8 mm dick ausrollen, in keilförmige Stücke schneiden. Jedes mit dem Messer in Form hängender Tannenzweige einschneiden und dann ein wenig in die Länge ziehen. Die Tannenbäumchen auf ein mit Wasser bestrichenes Backblech legen, mit dem Messer in der Mitte einen stammähnlichen Einschnitt markieren, diesen mit Eigelb bestreichen und mit Zucker bestreuen. Das Gebäck 20 bis 25 Minuten bei 220 °C bis 240 °C backen.
(Siehe Abb. 62)

Rogaliki aus Blätterteig

Für 10 Rogaliki von je 70 bis 80 g:
Blätterteig I aus 2 Bechern Mehl;
«Butterkrem» aus 50 g Butter;
1 Teel. Puderzucker,
1 Becher Beeren.

Den Blätterteig 10 mm dick ausrollen, in unterschiedliche Formen schneiden und teilweise drehen. Die Teigstücke auf ein mit Wasser bestrichenes Blech legen und 20 bis 25 Minuten bei 240 °C bis 250 °C backen. Die abgekühlten Rogaliki mit Butterkrem bespritzen, mit Puderzucker besieben und mit vorbereiteten Beeren garnieren.
(Siehe Abb. 63)

Blätterteigröhrchen mit Krem

Für 10 Röhrchen von je 70 bis 90 g:
Blätterteig I aus 2 Bechern Mehl;

Abb. 61. Für Palmyra-Küchlein wird der Teig von beiden Seiten her eingeschlagen

Abb. 62. Das Zuschneiden von Tannenbäumchen aus Blätterteig

9

2

25

31

1 Ei, nach Belieben «Butterkrem» aus 100 g Butter, «Eiweißkrem» aus 3 Eiweiß, «Kochkrem» aus 1 Becher Milch, «Krem aus süßer Sahne» aus 1/2 Becher süßer Sahne oder «Krem aus saurer Sahne» aus 1/2 Becher saurer Sahne.

Den Blätterteig zu einer rechteckigen Platte von 5 bis 6 mm Dicke ausrollen, in lange 1 1/2 bis 2 cm breite Streifen schneiden und mit Wasser bespritzen. Jeweils ein kegelförmiges, geöltes Blech- oder Papierröhrchen in die rechte Hand nehmen und in die linke Hand das Ende eines Teigstreifens. Diesen am schmalen Ende des Röhrchens festhalten. Dann mit der rechten Hand das Röhrchen langsam drehen und den Teig spiralförmig aufrollen, wobei darauf zu achten ist, daß ein Teigrand auf den anderen zu liegen kommt. Den Teigstreifen stets vom schmalen Ende des Röhrchens zum breiten hin aufrollen, dabei spannt sich der Teigstreifen bis zu einer Dicke von 3 bis 4 mm. Insgesamt ergeben sich 5 bis 6 Windungen. Die Röhrchen mit den aufgerollten Teigstreifen auf ein mit kaltem Wasser bestrichenes Backblech legen, mit Ei bestreichen und 20 bis 25 Minuten bei 200 °C bis 230 °C backen. Das Gebäck soll locker, leicht und rötlich angebräunt sein. Wenn es aus der Backröhre kommt, sind die Blech- oder Papierröhrchen herauszuziehen. Sobald das Gebäck abgekühlt ist, wird es mit Hilfe eines Spritztütchens mit einer der genannten Krems gefüllt. Das breite gefüllte Ende kann nach Belieben noch mit Streuseln bestreut werden.
(Siehe Abb. 64)

Apfel-Watruschki aus Blätterteig

Für 10 Watruschki von je 60 bis 80 g: Blätterteig I aus 2 Bechern Mehl; 1 Ei, 4 bis 5 Äpfel, Weinbeeren oder andere große Beeren.

Den Blätterteig 10 mm dick ausrollen, Kreise von 8 bis 9 cm Durchmesser ausstechen, so daß 10 runde Plätzchen entstehen. Diese auf ein mit Wasser bestrichenes Backblech legen und mit Ei be-

Abb. 63. Rogaliki aus Blätterteig lassen sich verschieden formen

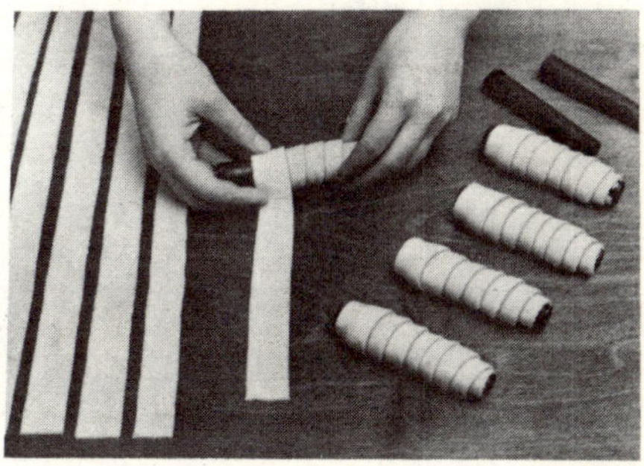

Abb. 64. Blätterteigröhrchen werden vor dem Backen über einen länglichen Kegel aus Blech oder Papier gewickelt

streichen. Nachdem aus den Äpfeln das Kerngehäuse ausgestochen wurde, werden sie in dicke Scheiben geschnitten. Jedes Plätzchen mit einer Apfelscheibe belegen. 20 bis 25 Minuten bei 230 °C bis 240 °C backen. Dann in die Mitte jeder Apfelscheibe eine Beere legen. Die Früchte lassen sich auch noch mit Gelee überziehen.

Wolowany (russische Pastetchen)

Für 10 Wolowany von je 70 bis 80 g:
Blätterteig I aus 2 Bechern Mehl;
1 Eigelb, beliebige Fülle.

Den Blätterteig 5 mm dick ausrollen. Mit einem runden glatten oder gezackten Ausstecher oder einem Becher 20 runde Plätzchen ausstechen. Die Hälfte davon auf ein mit Wasser bestrichenes Backblech legen und mit Eigelb bestreichen. Bei den übrigen Plätzchen mit einem kleineren Ausstecher die Mitte herausstechen. Die Teigringe auf die Plätzchen legen, die bereits auf dem Backblech liegen, so daß sie einen Rand erhalten. Die Ringe ebenfalls mit Eigelb bestreichen. 25 bis 30 Minuten bei 230 °C bis 240 °C backen. Solche Wolowany können mit den verschiedensten Füllen versehen werden.
(Siehe Abb. 65)

Abb. 65. Vorbereiten von Wolowany

Kulebjaka aus Blätterteig
(große russische Pastete)

Für eine Kulebjaka von etwa 1100 g:
Blätterteig I aus 2 Bechern Mehl;
doppelte Menge beliebige Fülle, 1 Ei.

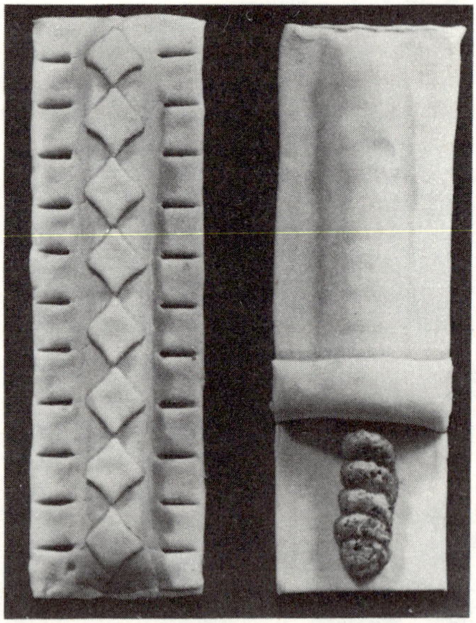

Abb. 66. Kulebjaka aus Blätterteig wird hier mit einer Teigplatte überdeckt

Den Blätterteig 5 bis 7 mm dick ausrollen. Für den Boden der Kulebjaka einen 10 bis 12 cm breiten Teigstreifen abtrennen und auf ein mit Wasser bespritztes Backblech legen. In die Mitte des Teigstreifens die Fülle geben. Die Ränder mit Ei bestreichen. Vom restli-

Abb. 67. Gebackene Kulebjaka mit feiner Fülle

chen Teig einen 15 bis 18 cm breiten Streifen über die Fülle breiten, die Ränder festdrücken und die Oberfläche mit verquirltem Ei bestreichen. Aus den Teigresten können noch verschiedene Figuren ausgestochen oder ausgeschnitten und damit die Oberfläche der Kulebjaka verziert werden. Diese große Pastete 45 bis 50 Minuten bei 220 °C bis 230 °C backen.
(Siehe Abb. 66)

Kulebjaka aus Blätterteig mit saftiger Fülle

Die Zutaten sind die gleichen, wie im vorhergehenden Rezept angegeben. Sehr saftige Füllen behindern jedoch die Auflockerung des Bodens der Kulebjaka. Deshalb ist es günstiger, den Boden ohne Fülle vorzubacken. Zu diesem Zweck wird etwa ein Drittel des Teiges 6 bis 8 mm dick und 10 bis 12 cm breit ausgerollt und halbgar gebacken. Dann nimmt man das Backblech aus dem Herd, verteilt die Fülle in der Mitte des vorgebackenen Bodens und bestreicht die Ränder mit Ei. Aus dem übrigen Teig rollt man eine Platte aus, die doppelt so breit und ein wenig länger als die erste ist, bedeckt damit die Fülle und drückt den Teig gut an den Rändern fest. Obenauf bestreicht man mit Ei und legt nach Belieben Teigverzierungen auf. Diese Kulebjaka noch 30 bis 40 Minuten bei 200 °C bis 210 °C backen.

Kulebjaka mit Schichtfülle

Für eine Kulebjaka
von 1100 bis 1200 g:
Blätterteig I aus 2 Bechern Mehl;
halbe Menge 4 verschiedener Füllen,
Blintschiki (dünne Eierkuchen)
aus 1/2 Becher Milch, 1 Ei,
1/2 Becher Mehl; 1 Ei.

Knapp die Hälfte des Blätterteiges zu einer 4 bis 5 mm dicken, rechteckigen Platte ausrollen und auf ein mit Wasser bestrichenes Blech legen. Darauf Blintschiki verteilen, jedoch so, daß etwa 1 cm des Blätterteiges unbedeckt bleibt. Auf diese erste Blintschiki-Schicht legt man Reisfülle mit gehacktem, hartgekochtem Ei. Dann folgt eine neue Schicht Blintschiki, hierauf Fleischfülle, dann wiederum eine Schicht Blintschiki, darauf Pilzfülle, nochmals Blintschiki und darüber Zwiebelfülle (man kann jedoch auch andere Füllen verwenden). Die Ränder des Blätterteiges mit Ei bestreichen. Über alles deckt man nun die andere ebenfalls ausgerollte Teigplatte, die etwas größer sein muß als die untere. Die Kanten des oberen und des unteren Teigstückes fest zusammendrücken. Die Oberfläche der Kulebjaka mit Ei bestreichen. 50 bis 60 Minuten bei 210 °C bis 230 °C backen.

Pastete aus Blätterteig

Für eine Pastete von etwa 1100 g:

Blätterteig I aus 2 Bechern Mehl;
1 Ei, doppelte Menge beliebiger Fülle.

Den Blätterteig 5 mm dick ausrollen und mit Hilfe von Topfdeckeln oder Tellern 2 gleichgroße Platten daraus schneiden. Das eine Teigstück auf ein mit Wasser bestrichenes Backblech legen und die Ränder mit verschlagenem Ei bestreichen. Vom anderen Teigstück einen Rand abschneiden und auf die erste Teigplatte legen. Diesen ebenfalls mit Ei bestreichen und mit verschiedenen Blätterteigfiguren aus den Teigresten verzieren. Das kreisrunde kleinere

Abb. 68. Eine Blätterteigpastete erhält auf dem Rand und auf dem «Deckel» beliebige Verzierungen

Teigstück ebenfalls auf ein mit Wasser bespritztes Backblech legen, mit Ei bestreichen und mit Teigfigürchen belegen. Beides 30 bis 40 Minuten bei 210 °C bis 220 °C backen. In den Pastetenboden eine beliebige Fülle geben und kurz vor dem Servieren den kleineren «Pastetendeckel» darüberlegen. Gegebenenfalls in der Backröhre nochmals kurz erwärmen.
(Siehe Abb. 68)

Blätterteigstreifen

Für 10 Blätterteigstreifen
von je 60 bis 70 g:
Blätterteig I aus 2 Bechern Mehl;
1 Eigelb, Zucker.

Den fertigen Blätterteig 7 bis 8 mm dick ausrollen. Die Oberfläche mit verquirltem Eigelb bestreichen, mit Zucker bestreuen und etwas liegenlassen, damit der Zucker besser haftet. Dann die Teigplatte in 3 cm breite und 12 cm lange Streifen schneiden, auf ein mit Wasser bestrichenes Backblech legen und 15 bis 20 Minuten bei 200 °C bis 220 °C backen.

Gebäck aus Blitzblätterteig

Für die rasche Bereitung von Blätterteiggebäck, das keine besonders große Triebkraft benötigt, kann man den Teig auch auf einfache Weise herstellen. Man erhält daraus zartes, lockeres und ungesüßtes Backwerk.

Blitzblätterteig (Blätterteig II)

ZUTATEN	MENGEN			
Mehl, Becher	1	2	3	4
Butter oder Margarine, Gramm	100—150	200—300	300—450	400—600
Eier, Stück	1	2	3	4
Salz, Teelöffel	1/8	1/4	1/3	1/2
Wasser oder Milch, Eßlöffel	1	2	3	4
Backwarenmenge etwa, Gramm	300	600	900	1200

Die Butter oder Margarine weich halten, das Salz im Wasser auflösen und alle Zutaten miteinander vermischen. In 3 bis 5 Minuten einen glatten Teig bereiten und ihn zu einem ziegelartigen Stück formen. Dann auf das mehlbestäubte Backbrett legen, mit Mehl bestreuen und mit dem Nudelholz zu einer rechteckigen 1 cm dicken Teigplatte ausrollen. Dann vierfach falten (wie «Blätterteig I»), erneut ausrollen und wieder vierfach zusammenlegen. Dieser Teig ist bereits zur Weiterverarbeitung fertig. Es ist günstig, bei der Bereitung abgekühlte Zutaten zu verwenden. Statt Wasser oder Milch kann man teilweise auch Ei — noch besser nur Eigelb — nehmen. Dann wird der Teig lockerer und zarter.

Kremschnitten

Für 10 Schnitten von je 60 bis 70 g:
Blätterteig II aus 1 Becher Mehl;
1/2 Becher Jam, Powidel
oder Warenje,
«Krem aus süßer oder saurer Sahne»
aus 1/2 Becher süßer
oder saurer Sahne,
1/2 Becher Mandeln oder Pistazien
oder andere gehackte Nüsse.

Den Teig 5 bis 7 mm dick ausrollen und backen. Den abgekühlten Blätterteigboden mit einer Schicht Jam o. ä. bestreichen. Wurde eine Krem mit Gelatine zubereitet, dann auf die Jam-Schicht eine Schicht aus Krem streichen und mit gehackten Mandeln o. ä. bestreichen. Den Kuchen etwa 1 Stunde kühl stellen und danach in rechteckige Schnitten teilen. Wurde Krem ohne Gelatine zubereitet, den mit Jam bedeckten Boden schon zuvor in rechteckige Stücke schneiden und jedes mit Hilfe eines Spritztütchens mit Krem garnieren. Zuletzt die Schnitten mit gehackten Mandeln o. ä. bestreuen.

Eiweißkremschnitten

Für 10 Schnitten von je 50 g:
Blätterteig II aus 1 Becher Mehl;
«Eiweißkrem» nach einem
der Grundrezepte aus 3 Eiweiß;
1 Eßl. Puderzucker.

Den Teig 5 bis 7 mm dick ausrollen und backen. Nach dem Abkühlen den Boden in 10 rechteckige Schnitten teilen. Jede Schnitte mit Krem garnieren, für die ein Spritzbeutel mit gezahnter Tülle verwendet werden sollte. Zuletzt mit Puderzucker besieben und die Schnitten auf einem Backblech nochmal für einige Sekunden in die heiße Röhre stellen. Dadurch erhält die Kremgarnierung eine leichte Bräunung.

Apfelschnitten

Für 10 Schnitten von je 80 bis 90 g:
Blätterteig II aus 2 Bechern Mehl;
«Fülle aus Äpfeln» oder 1 Becher
Jam oder Powidel,
1 Ei oder 1 Eigelb.

Für den Boden der Schnitten aus der Hälfte des Teiges ein rechteckiges Stück von 3 bis 4 mm Dicke in Backblechgröße ausrollen, auf ein an den Rändern mit Wasser bestrichenes Blech legen, an einigen Stellen mit der Messerspitze einstechen und kurz bei 220 °C bis 230 °C backen. Aus der anderen Teighälfte ein ebenso großes und dickes Stück als Deckplatte ausrollen, ebenfalls auf ein an den Rändern mit Wasser bestrichenes Backblech legen, mit verschlagenem Ei oder Eigelb bestreichen. Nun mit dem Messerrücken die Konturen der Kuchenstücke markieren, dann mit der Messerspitze oder einer Gabel jeweils kleine Vertiefungen bzw. unkomplizierte Ornamente anbringen. 25 bis 30 Minuten bei 230 °C bis 240 °C backen. Nach dem Abkühlen den Teigboden mit Apfelfülle bestreichen, die Deckplatte darauflegen, leicht andrücken und entsprechend den Markierungen sorgfältig in Stücke schneiden.
(Siehe Abb. 69)

Rosantschiki
(Blätterteigpastetchen)

Für 10 Rosantschiki von je 40 g:
Blätterteig II aus 1 Becher Mehl;
1 Ei, 1/2 Menge beliebiger Fülle,
1 Eigelb, 1/2 Becher Semmelbrösel,
Ausbackfett.

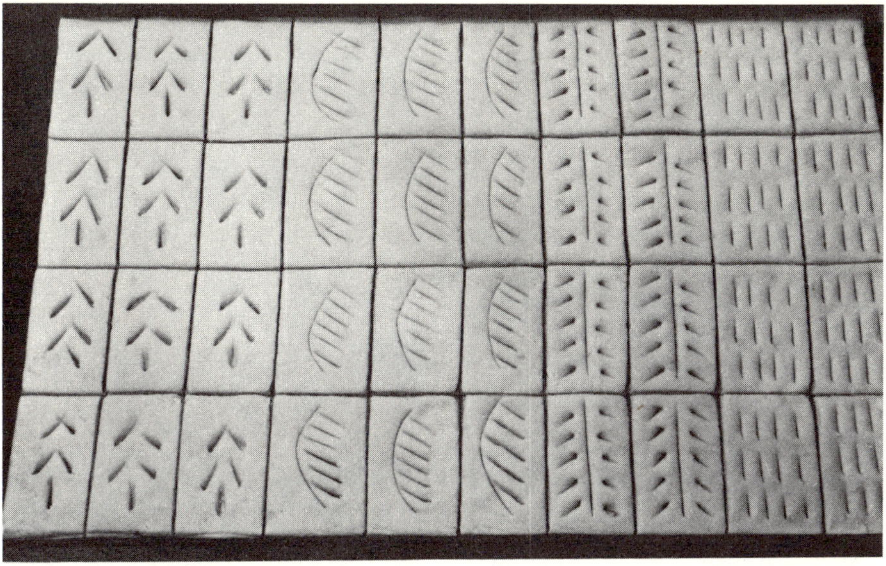

Abb. 69. Apfelschnitten vor dem Backen mit Mustern versehen

Abb. 70. Vorbereiten von Rosantschiki

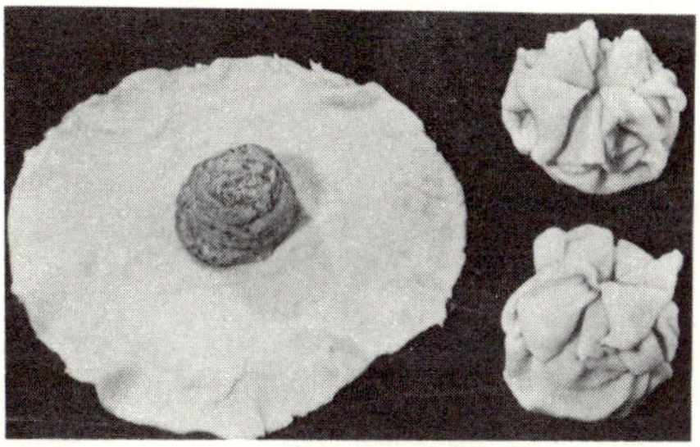

Abb. 71. Apfel-Blätterteig-Kuchen mit Teigstreifen kreuzweise sorgfältig überdecken

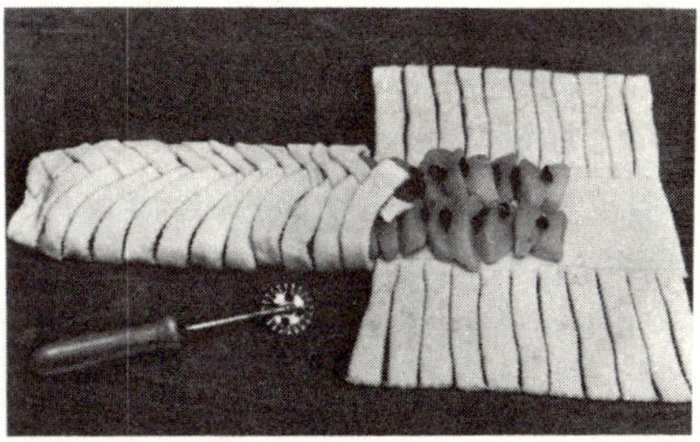

Den Teig 3 mm dick ausrollen. Mit einem runden Ausstecher von 12 bis 15 cm Durchmesser (eventuell Teller) runde Platten ausstechen. Die Mitte jeweils mit Ei bestreichen und darauf eine Kugel der Fülle legen. Nun die Ränder jeder Platte anheben und fest zusammendrücken, so daß sich über den Fingern beider Hände aus dem Teigstück ein Röschen bildet. Das Unterteil der Rosantschiki mit Eigelb bestreichen, mit Semmelbröseln oder gehackten Mandeln bestreuen und das Gebäck dann umgehend in heißem Fett ausbacken.
(Siehe Abb. 70)

Apfel-Blätterteig-Kuchen

Für einen Kuchen von etwa 1300 g: Blätterteig II aus 3 Bechern Mehl; 400 g Äpfel, 1/2 Becher Sultaninen, 1/2 Becher Zucker, 1 Ei.

Den Teig zu einem langen Streifen von 30 cm Breite und 1/2 cm Dicke ausrollen und auf ein mit Wasser bestrichenes Backblech legen. Den Mittelteil längs mit den geschälten, vom Kernhaus befreiten und in Stückchen geschnittenen Äpfeln belegen. Darüber die gewaschenen, gut abgetropften Sultaninen verteilen und mit dem Zucker bestreuen. Mit einem Messer oder besser mit einem Kuchenrädchen die Ränder des Teiges zu «Bändern» schneiden und sie so miteinander verflechten, daß sie die Fülle bedecken. Die Oberfläche mit verquirltem Ei bestreichen und den Apfel-Blätterteig-Kuchen 30 bis 40 Minuten bei 230 °C bis 240 °C backen. (Siehe Abb. 71)

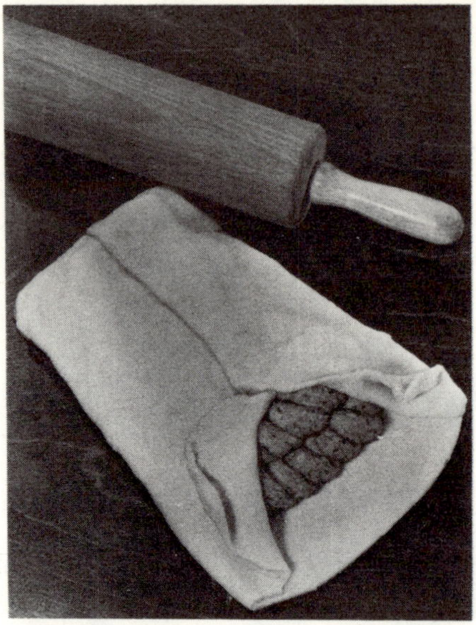

Abb. 72. Blätterteigpastete mit herzhafter Fülle

Blätterteigpastete mit herzhafter Fülle

Für eine Pastete von etwa 1000 g: Blätterteig II aus 2 Bechern Mehl; doppelte Menge beliebiger herzhafter Fülle, 1 Ei.

Den Teig (etwas für die Garnitur zurücklassen) zu einer 25 mal 30 cm großen Platte ausrollen. In der Mitte die Fülle auflegen und die Seiten des Teigstückes über die Fülle schlagen. Dann alle Ränder fest zudrücken. Die Pastete auf ein Backblech stürzen, mit Ei bestreichen und mit Ornamenten aus den Teigresten garnieren. 30 bis 40 Minuten bei 200 °C bis 210 °C backen. (Siehe Abb. 72 und Abb. 73)

Abb. 73. Die Oberseite der Blätterteigpastete wird mit einer Teiggarnitur versehen

Blätterteigtorte mit Kochkrem

Für eine Torte von etwa 1000 g:
Blätterteig II aus 2 Bechern Mehl;
«Kochkrem» nach einem der angegebenen Rezepte aus 1 Becher Milch; 1 Eßl. Puderzucker.

Aus dem Teig 2 runde, 1/2 cm dicke Platten ausrollen. Auf 2 mit Wasser bespritzte Backbleche legen, mit der Messerspitze an einigen Stellen einstechen und 25 bis 30 Minuten bei 210 °C bis 220 °C backen. Nach dem Abkühlen die Teigplatten aufeinanderlegen und mit dem Messer die Ränder ausgleichen. Die sich dabei ergebenden Brösel für die Torte verwenden. Dann die erste Platte mit einer gleichmäßigen Schicht Kochkrem bestreichen und darauf die zweite Platte legen. Die gesamte Torte mit Kochkrem bestreichen. Dann oben und seitlich reichlich mit Blätterteigbröseln bestreuen, die vorher mit dem Messer gleichmäßig zerkleinert wurden. Zuletzt mit Puderzucker besieben.

Etagen-Blätterteigtorte

Für eine Torte von etwa 1300 g:
Blätterteig II aus 2 1/2 Bechern Mehl;
«Butterkrem» aus 200 g Butter,
1 Becher frisches oder konserviertes, gut abgetropftes Obst.

Aus dem Teig 5 runde Platten von 1/2 cm Dicke ausrollen, 3 Stück davon mit 25 cm Durchmesser, 2 Stück mit 15 cm Durchmesser. Die Platten auf mit Wasser bestrichene Backbleche legen, an einigen Stellen mit der Messerspitze oder mit einer Gabel einstechen und 25 bis 30 Minuten bei 230 °C bis 240 °C backen. Nach dem Abkühlen die Ränder der Platten begradigen, indem umgedrehte tiefe Teller auf die großen Platten und ein Abendbrotteller auf die kleineren Platten gelegt werden. Entsprechend den Tellerrändern rundherum verschneiden. Die 3 großen Böden durch zwei Butterkremschichten zusammensetzen. Die Oberfläche und die Seiten ebenfalls mit Butterkrem bestreichen und mit Blätterteigbröseln bestreuen, die aus den abgeschnittenen Resten zerkrümelt wurden. Die beiden kleinen Blätterteigböden ebenfalls mit einer Butterkremschicht zusammensetzen, auf die großen Böden legen. Die Torte mit Butterkrem und Obst garnieren.

Kochkrem-Schnitten auf lettische Art

Für 10 Schnitten von je 95 g:
Blätterteig II aus 2 Bechern Mehl;
«Kochkrem» aus 1 Becher Milch,
«Fondant» aus 4 Eßl. Zucker.

Den fertigen Teig zu 2 gleichgroßen Platten von 3 bis 4 mm Dicke ausrollen, auf ein mit Wasser bestrichenes Backblech legen und 25 bis 30 Minuten bei 200 °C bis 210 °C backen. Noch warm 1 Teigplatte mit aromatisierter Kochkrem bestreichen, die andere darauflegen und festdrücken. Obenauf mit beliebig aromatisiertem Fondant glasieren. Vorsichtig in längliche Stücke schneiden. Das Backwerk kann auch erst — noch warm — zerschnitten und dann mit Fondant überzogen werden.

Blätterteigtorte mit Eiweißkrem

Für eine Torte von etwa 1000 g:
Blätterteig II aus 2 Bechern Mehl;
1/2 Becher Jam oder Powidel,
«Eiweißkrem» nach einem der

Grundrezepte aus 3 Eiweiß,
1/2 Becher frisches oder
konserviertes Obst,
1 Eßl. Puderzucker.

Aus dem Teig 2 runde, 1/2 cm dicke Platten ausrollen und backen. Nach dem Abkühlen beide Platten mit Jam zusammensetzen. Die Seitenränder und die Oberfläche der Torte mit der Hälfte der Eiweißkrem bestreichen. Die übrige Eiweißkrem in einen Spritzbeutel füllen und die Tortenoberfläche damit garnieren. Dann mit Puderzucker bestreuen und einige Sekunden in die heiße Backröhre stellen, damit sie leicht bräunt. Nach dem Abkühlen wird die Torte noch mit Früchten garniert.

Blätterteigtorte mit Früchten

Für eine Torte von etwa 1300 g:
Blätterteig II aus 2 Bechern Mehl;
1 Becher Warenje, Jam oder Powidel,
«Fondant» aus 6 Eßl. Zucker,
1 Becher frisches oder
konserviertes Obst,
«Gelee» aus 2 Eßl. Zucker.

Aus dem Teig 3 quadratische Teigstücke von 25 mal 25 cm ausrollen. Auf mit Wasser bestrichene Backbleche legen, mit der Messerspitze an mehreren Stellen einstechen. 25 bis 30 Minuten bei 210 °C bis 220 °C backen. Nach dem Abkühlen alle 3 Teigböden mit dickem Warenje, Jam oder Powidel zusammensetzen. Die Oberfläche der Torte mit Fondant glasieren. Die Seitenflächen mit dickem Warenje bestreichen und mit Blätterteigbröseln aus den gebackenen Teigresten bestreuen. Die Oberfläche der Torte mit Früchten, Warenje und Gelee garnieren.

Apfelküchlein in Blätterteig

Für 10 Apfelküchlein von
je 100 bis 120 g:
Blätterteig II aus 2 Bechern Mehl;
10 gleichgroße Äpfelchen,
1/4 Teel. Zimt und 2 Eßl. Zucker oder
1/4 Becher Rosinen, 1 Ei.

Den Teig 1/2 cm dick ausrollen und in Quadrate von 12 cm × 12 cm schneiden. In die Mitte jedes Teigstückes 1 geschälten oder auch ungeschälten Apfel legen, dem zuvor das Kerngehäuse ausgestochen wurde. Alle Äpfel innen mit Zimt-Zucker ausstreuen oder vorbereitete Rosinen hineinfüllen. Man kann dafür auch Jam, Powidel oder Warenje nehmen. Dann die Äpfel fest mit dem Blätterteig umhüllen und mit verquirltem Ei bestreichen. Auf einem mit Wasser bestrichenen Backblech 30 bis 40 Minuten bei 210 °C bis 220 °C backen. Nach Belieben noch warm mit Puderzucker besieben oder mit einer Glasur bestreichen.

Gebäck aus Mürbeteig

Backwerk aus Mürbeteig ist wegen seiner mürben Beschaffenheit sehr beliebt. Bei genauer Beachtung des Rezeptes läßt sich ein solcher Teig sehr rasch zubereiten.

Mürbeteig I

ZUTATEN	MENGEN				
Mehl, Becher	1	1 1/2	2	2 1/2	3
Zucker, Becher	1/4	1/3	1/2	2/3	1
Butter oder Margarine, Gramm	100	150	200	250	300
Eier, Stück	1/2	1	1 1/2	2	2
Backwarenmenge etwa, Gramm	300	450	600	750	900

Butter, Zucker und Eier in einer Schüssel zunächst zu einer glatten Masse verrühren. Dann das Mehl zugeben und den Teig mit der Hand kneten. Nach 1 bis 2 Minuten kann mit der Weiterverarbeitung des Teiges begonnen werden. Sollte er durch die Hände erwärmt worden sein, muß man ihn bis zur Verarbeitung erst noch etwas kühl stellen. Die verhältnismäßig große Fettmenge im Teig gewährleistet seine Geschmeidigkeit und außerdem das Mürbesein des Backwerkes. Wird die Butter- oder Margarinemenge herabgesetzt, werden die Backwaren fester und härter. Der teilweise Ersatz ganzer Eier durch Eigelb vergrößert die Krümeligkeit und Zartheit. Man kann die Eier teilweise auch durch Wasser ersetzen, dies begünstigt zwar die Geschmeidigkeit des Teiges, jedoch verschlechtert sich der Geschmack des Gebäcks. Die beste Temperatur für die Bereitung und Verarbeitung des Teiges liegt bei 15 °C bis 20 °C. Bei niedrigerer Temperatur wird der Teig hart, und man kann ihn nur schwer ausrollen. Liegt die Temperatur über 20 °C, wird die Butter im Teig weich, zerläuft und kann sich von den übrigen Zutaten trennen. Ein solcher

Teig zerkrümelt beim Ausrollen, und die aus ihm hergestellten Backwaren werden zu hart. Um einen solchen Teig geschmeidig zu bekommen, muß man ihn ordentlich durchkühlen, die Hände in kaltes Wasser halten und ihn schnell — innerhalb von 2 Minuten — durchkneten. Gegebenenfalls ist noch 1 Eigelb zuzufügen. Dicke Stücke aus Mürbeteig backen schlecht durch, deshalb muß das Gebäck aus dünn ausgerollten Teigstücken — zwischen 4 und 8 mm — zubereitet werden. Vor dem Ausrollen wird der Teig noch ein wenig mit kalten Händen ohne Mehlzusatz durchgeknetet. Dann formt man ein ziegelähnliches Teigstück, legt es auf ein bemehltes Backbrett, bestreut es dünn mit Mehl und rollt es aus. Dann werden mit dem Messer oder mit Ausstechern verschiedene Figuren ausgeschnitten bzw. ausgestochen, oder man legt das ganze ausgerollte Teigstück mit Hilfe des Nudelholzes auf ein Backblech. Überflüssigen Teig an den Rändern des Backbleches schneidet man mit dem Messer ab. Die Backbleche sollen trocken und ungefettet sein, weil Backwerk aus Mürbeteig nicht daran haften bleibt. Man bäckt bei Temperaturen zwischen 230 °C und 250 °C goldgelb. Gebackene Mürbeteigböden sind sehr zart und zerbrechlich. Große Teigböden, die anschließend mit Krems oder Fruchtfüllen zusammengesetzt werden, sollte man auch nicht auf Backblechen, sondern in Tortenformen backen, von denen man die Böden später besser abnehmen kann.

Mit Fruchtfüllen oder Kochkrems kann man die noch warmen Böden zusammensetzen. Verwendet man Butterkrems, müssen die Böden bereits abgekühlt sein.

Brösel, die beim Verschneiden gebackener Mürbeteigböden anfallen, verwendet man zum Bestreuen der Seiten von Torten und mitunter auch von Kuchen.

Mürbeteigschnitten mit Butterkrem

Für 10 Schnitten von je 65 g:
Mürbeteig I aus 1 1/2 Bechern Mehl;
«Butterkrem» aus 100 g Butter.

Den fertigen Teig 4 bis 5 mm dick zu 2 rechteckigen Stücken gleicher Größe ausrollen. Mit Hilfe eines Nudelholzes auf ein Backblech legen und etwa 10 Minuten bei 230 °C bis 250 °C backen. Sobald die Böden abgekühlt sind, auf die Oberfläche des einen Bodens die Hälfte der zubereiteten Butterkrem aufstreichen. Dann den zweiten Boden vorsichtig daraufdecken und mit einer dünnen Butterkremschicht überziehen. Mit dem «Konditorkamm» zieht man auf der Oberfläche gerade oder wellige Linien. Danach zerschneidet man das so vorbereitete Backwerk in 10 gleichmäßige Schnitten und garniert sie noch einzeln mit Hilfe eines Spritztütchens mit Butterkrem.

Mürbeteigschnitten mit Fondant

Für 10 Schnitten von je 75 bis 80 g:
Mürbeteig I aus 1 1/2 Bechern Mehl;
1/2 Becher dickes Warenje
oder Powidel oder Jam,
«Fondant» aus 4 Eßl. Zucker.

Den Teig in 2 quadratische 4 bis 5 mm dicke Stücke ausrollen und backen. Die Böden mit dickem Warenje, Powidel oder Jam zusammensetzen. Die Oberfläche des oberen Bodens mit einer sehr dünnen Schicht Warenje bestreichen und mit auf 35 °C erwärmtem aromatisiertem Fondant glasieren. Nach dem Erstarren des Fondants — nach 20 bis 30 Minuten — ein Messer in heißes Wasser tauchen, kurz abschütteln und das Gebäck in 10 gleichgroße Schnitten teilen.

Mürbeteigschnitten mit Eiweißkrem

Für 10 Schnitten von je 85 g: Mürbeteig I aus 1 1/2 Bechern Mehl; «Eiweißkrem» aus 3 Eiweiß, 1/2 Becher Jam, Powidel oder Warenje, 1 Eßl. Puderzucker.

Aus dem Teig 2 rechteckige 4 bis 5 mm dicke Böden ausrollen und noch warm mit Jam übereinandersetzen. Die Oberfläche mit einer dünnen Eiweißkremschicht bedecken. Das so vorbereitete Backwerk in rechteckige oder quadratische Schnitten schneiden und so auf dem Backblech verteilen, daß sie einander nicht berühren können. Jede Schnitte mit Hilfe eines Spritztütchens noch mit Eiweißkrem garnieren und mit Puderzucker besieben. Das Backblech mit den Schnitten ein paar Sekunden in die heiße Backröhre stellen, bis die Eiweißkrem leicht überbräunt ist.

Flechtkuchen mit Fruchtfülle

Für 10 kleine Kuchen von je 90 bis 100 g oder 20 kleine Kuchen von je 50 g: Mürbeteig I aus 2 Bechern Mehl; 1 Eigelb, 1 Becher dickes Warenje, Jam oder Powidel.

Den fertigen Teig 5 bis 6 mm dick ausrollen. 2/3 des Teigstückes in 10 cm breite Streifen schneiden, auf ein trockenes Backblech legen und Warenje, Jam oder Powidel daraufgeben. Die Teigränder mit Eigelb bestreichen. Den übrigen Teig 3 bis 4 mm dick ausrollen, in schmale Streifen schneiden und daraus über die Fruchtfülle ein Gitter le-

Abb. 74. Flechtkuchen aus Mürbeteig kann verschieden zurechtgemacht werden

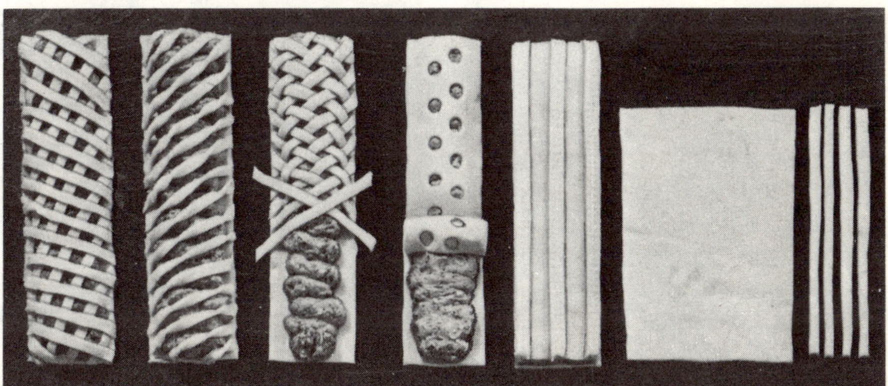

gen. Die Enden der Streifen fest an den Teigboden drücken. Die Oberfläche des Flechtwerkes mit Eigelb bestreichen und die Kuchen 20 bis 30 Minuten bei 220 °C bis 230 °C backen. Dann in rechteckige Stücke schneiden. Nach Belieben kann der Kuchen auch noch mit Puderzucker besiebt werden. Die unteren Teigstreifen können auch vor dem Backen mit Teigbordüren versehen werden, zwischen die erst nach dem Backen Warenje o. ä. gefüllt und mit Gelee übergossen wird.
(Siehe Abb. 74)

Mandelringe aus Mürbeteig

Für 10 Ringe von je 70 g:
Mürbeteig I aus 2 Bechern Mehl;
1 Eigelb,
1/2 Becher feingehackte Mandeln oder Nüsse, 2 Eßl. Zucker.

Den fertigen Teig 7 bis 8 mm dick ausrollen. Mit einem runden Ausstecher oder einem Glas Plätzchen ausstechen und daraus mit einem kleineren runden Ausstecher noch einen Kreis ausstechen. Die Oberfläche der Ringe mit Eigelb bestreichen und mit gehackten Mandeln oder Nüssen — vermischt mit Zucker — bestreuen. Die Ringe 15 bis 20 Minuten bei 240 °C bis 250 °C backen.
(Siehe Abb. 75)

Halbmonde mit Butterkrem

Für 10 Halbmonde von je 50 bis 55 g:
Mürbeteig I aus 1 Becher Mehl;
«Butterkrem» aus 100 g Butter,
1 Eßl. Puderzucker.

Den fertigen Teig 6 bis 7 mm dick ausrollen und mit einem Ausstecher Plätzchen in Form von Halbmonden ausstechen, auf ein Backblech legen und 12 bis 15 Minuten bei 230 °C bis 250 °C backen. Jeweils 2 abgekühlte Plätzchen mit Butterkrem zusammensetzen. Obenauf mit Puderzucker besieben.

Mürbeteigkuchen mit Brotkrümeln

Für 10 Kuchen von je 70 g:
Mürbeteig I aus 1 Becher Mehl;
5 Eiweiß, 1 Becher Zucker,
1 Becher Brotkrümel,
gemahlener Zimt.

Den Teig 5 bis 6 mm dick ausrollen und auf trockenem Backblech nur anbacken. Die Eiweiß 2 bis 3 Minuten schlagen (nicht länger), unter Umrühren den Zucker dazugeben und dabei im Wasserbad fast bis zum Sieden erwärmen. Die zuvor hellgelb gerösteten Brotkrümel dazugeben und mit Zimt abschmecken. Die Masse auf den vor-

Abb. 75. Mandelgebäck wird so vorbereitet

gebackenen Mürbeteigboden streichen und mit dem Messer glätten. Nach etwa 1 Stunde das halbgare Teigstück mit der Fülle in 10 Rechtecke schneiden, in Abständen von 3 bis 4 cm über das Backblech verteilen und 15 bis 20 Minuten bei 180 °C bis 200 °C backen.

Gefüllte Mürbeteigkörbchen

Für 10 Körbchen von je 65 g:
Mürbeteig I aus 1 Becher Mehl;
«Butterkrem» aus 100 g Butter,
1 Becher frische oder
konservierte Früchte.

Den Teig 7 mm dick ausrollen, in 10 Quadrate schneiden, jedes in ein geöltes Tortelettförmchen (mit möglichst hohem Rand) legen. Den Teig fest an die Wand des Förmchens drücken, den überflüssigen Teig entfernen, so daß jeweils ein Körbchen entsteht. 12 bis 15 Minuten bei 240 °C bis 250 °C backen. Dann vorsichtig aus den Formen stürzen. Falls keine entsprechenden Formen vorhanden sind, kann man auch mit einem runden Ausstecher oder einem Glas runde Plätzchen ausstechen, deren Ränder mit Ei bestreichen, mit einem Rand aus Teig belegen und backen. Die abgekühlten Körbchen mit Butterkrem füllen und mit Früchten garnieren. Die Körbchen können auch noch bogenförmige Henkel aus Mürbeteig oder Brandmasse bekommen.

Mürbeteigkörbchen mit Eiweißkrem

Für 10 Körbchen von je 65 g:
Mürbeteig I aus 1 Becher Mehl;
1 Becher Jam, Powidel oder Warenje,
«Eiweißkrem» aus 3 Eiweiß,
1 Eßl. Puderzucker oder «Fondant»
aus 2 Eßl. Zucker.

Die Körbchen wie im Rezept «Gefüllte Mürbeteigkörbchen» backen. Abgekühlt mit Jam füllen. Darauf mit einem Spritztütchen Eiweißkrem spritzen und mit Puderzucker besieben. Man kann die Körbchen nun noch einige Sekunden in die heiße Backröhre stellen, damit sie Farbe bekommen, oder man kann die Eiweißkrem glasieren, indem man sie in flüssigen farbigen Fondant taucht.

Mürbeteigplätzchen mit Mandeln

Für 10 Plätzchen von je 80 g:
Mürbeteig I aus 1 1/2 Bechern Mehl;
1 Eigelb, 1/2 Becher dickes Powidel,
1/2 Becher feingehackte Mandeln
oder Nüsse,
«Butterkrem» aus 50 g Butter.

Den fertigen Teig 4 bis 5 mm dick ausrollen und runde Plätzchen ausstechen. Die Hälfte davon mit Eigelb bestreichen und mit leicht gerösteten, gehackten Mandeln bestreuen. Auf einem trockenen Backblech 15 bis 20 Minuten bei 240 °C bis 250 °C backen. Jeweils 2 Plätzchen mit Powidel zusammensetzen, so daß das mit Mandeln bestreute obenauf liegt. Die Mitte der Plätzchen mit Butterkrem garnieren.

Mazurki aus Mürbeteig

Für Mazurki von insgesamt 900 g:
Mürbeteig I aus 2 Bechern Mehl;
1 Eigelb,
«Fondant» aus 6 Eßl. Zucker,
«Butterkrem» aus 50 g Butter
oder 1/2 Becher Früchte.

Abb. 76. Mazurki vor dem Backen mit Teigstreifen garnieren

Als Mazurki bezeichnet man ein polnisches süßes Gebäck in der Art der russischen offenen Piroshki oder Watruschki in unterschiedlichen Größen und Formen, mit Früchten, Fondant, Krem, Nüssen oder Streuseln garniert. Den fertigen Teig 1/2 cm dick ausrollen und Mazurki unterschiedlicher Form ausschneiden. Aus den Resten ein 6 mm dickes Teigstück ausrollen und bei diesem mit dem Messer eine geriffelte Oberfläche herstellen. Das geriffelte Teigstück in 1 cm breite Streifen schneiden und damit die Ränder und die Mitten der Mazurki garnieren und mit Eigelb bestreichen. 15 bis 20 Minuten bei 230 °C bis 250 °C backen. Dann in die Vertiefungen der Mazurki aromatisierten Fondant in verschiedenen Farben gießen. Sobald der Fondant erstarrt ist, die Mazurki mit Butterkrem oder Früchten garnieren.
(Siehe Abb. 76)

Saisontörtchen aus Mürbeteig

Für Törtchen von insgesamt 1200 g:
Mürbeteig I aus 2 1/2 Bechern Mehl;
1 Eigelb,
1 bis 2 Becher frische Früchte,
«Gelee» aus 3 Eßl. Zucker.

Den fertigen Teig 4 bis 5 mm dick ausrollen, runde Plätzchen gewünschter Größe ausschneiden oder ausstechen, auf ein trockenes Backblech legen, die Ränder der Plätzchen mit Eigelb bestreichen und mit der Messerspitze einige Einstiche jeweils in der Mitte machen. Vom Teigverschnitt ein anderes Teigstück von 1/2 cm Dicke ausrollen. Mit dem Messer Streifen daraus schneiden und damit die Ränder der runden Plätzchen belegen. Mit dem Messer auf den Rändern Muster anbringen und mit Eigelb bestreichen. Die Plätzchen 15 bis 20 Minuten bei 230 °C bis 250 °C backen. Nach dem Abkühlen die Törtchen mit Früchten belegen und diese mit Gelee überziehen.

Mürbeteigtorte mit Butterkrem

Für 1 Torte von etwa 1000 g:
Mürbeteig I aus 2 Bechern Mehl;
«Butterkrem» aus 200 g Butter,
«Streusel für Torten».

Aus dem fertigen Teig 3 quadratische oder runde Teigstücke von 4 bis 5 mm Dicke ausrollen. Mit dem Messer die Teigränder beschneiden oder die Teigstücke abrunden, indem man eine kleine Pfanne daraufdrückt. Jedes Teigstück auf ein Nudelholz rollen und so auf ein trockenes Backblech bringen. 12 bis 15 Minuten bei 230 °C bis 250 °C backen. Alle 3 Tortenböden nach dem Abkühlen mit Butterkrem zusammensetzen. Die Ränder der Torte mit Butterkrem bestreichen und mit Streuseln bestreuen. Aus der übrigen Krem kann man mit Hilfe eines Spritzbeutels verschiedene Garnierungen auf der Tortenoberfläche anbringen. Sehr einfache und schöne Verzierungen lassen sich mit einer gezahnten Tülle spritzen. So eine Torte sollte man portionieren, bevor man sie zu Tisch bringt.

Mürbeteigtorte mit Butterkrem und Früchten

Für 1 Torte von etwa 1200 g:
Mürbeteig I aus 2 Bechern Mehl;
«Butterkrem» aus 200 g Butter,
1 Becher frische oder
konservierte Früchte.

Eine Torte mit Butterkrem zubereiten, wie im vorhergehenden Rezept angegeben, jedoch die Oberfläche mit Butterkrem und Früchten garnieren.

Mürbeteigtorte mit Sahnekrem

Für 1 Torte von etwa 900 g:
Mürbeteig I aus 1 1/2 Bechern Mehl;
1/2 Becher Jam,
Powidel oder dickes Warenje,
«Krem aus süßer oder saurer Sahne»
aus 1 Becher süßer oder
saurer Sahne mit oder ohne Gelatine,
1 Becher frische oder
konservierte Früchte.

Aus dem Teig einen großen runden Tortenboden von 1 cm Dicke ausrollen. Nach dem Backen und Abkühlen mit einer Schicht Jam bestreichen. Dann einen 3 bis 4 cm hohen festen Papierstreifen ringsum legen. Mit einem Löffel eine Kremschicht gleichmäßig auf der Tortenoberfläche verteilen und darauf Früchte legen. Nach 1 Stunde den Papierstreifen wieder abnehmen. Diese Torte ist nur kurze Zeit haltbar!

Mürbeteigtorte mit Fondant

Für 1 Torte von 1200 bis 1300 g:
Mürbeteig I aus 2 Bechern Mehl;
1 Becher dickes Powidel,
«Fondant» aus 6 Eßl. Zucker,
«Butterkrem» aus 50 g Butter,
1/2 Becher frische oder
konservierte Früchte,
1/2 Becher gehackte Nüsse.

Aus dem Teig 3 Teigstücke von 4 bis 5 mm Dicke ausrollen, auf ein trockenes Backblech legen und 10 bis 15 Minuten bei 230 °C bis 250 °C backen. Diese Mürbeteigböden mit Powidel zusammensetzen. Die Oberfläche und den Rand der Torte mit einer dünnen Schicht Powidel bestreichen. Dann obenauf mit erwärmtem Fondant glasieren, mit Butterkrem, Früchten und gehackten Nüssen garnieren. An die Seiten ebenfalls gehackte Nüsse drücken. — Man kann auch eine Neujahrstorte bereiten: Nach dem Glasieren der Tortenoberfläche mit Fondant zeichnet man mit Powidel aus einem Spritztütchen einen Tannenzweig und bestreut diesen mit feingehackten Pistazien. Aus Teigstreifen rollt man ein rechteckiges Teigstück, dem man nach dem Backen die Form eines Kalenders gibt, glasiert es mit erwärmtem weißem Fondant und legt es auf die Torte. Mit Powidel aus dem Spritztütchen führt man dann die Schrift aus (1. Januar). An den Rändern wird die Torte mit Butterkrem und Früchten garniert.

Mürbeteigkuchen mit Streuseln

Für einen Kuchen von etwa 1000 g:
Mürbeteig I aus 2 Bechern Mehl;
1 Becher dickes Warenje,
Jam oder Powidel, 2 Eßl. Puderzucker.

Aus der Hälfte des Teiges eine runde oder viereckige 5 cm dicke Teigplatte ausrollen, auf ein Backblech legen und

10–160

gleichmäßig Warenje darauf verteilen. Den übrigen Teig kurze Zeit in den Kühlschrank legen. Dann mit einer kleinen Menge Mehl bestreuen, zu Streuseln zerkrümeln und über die Fruchtschicht streuen. Den Kuchen 20 bis 30 Minuten bei 220 °C bis 230 °C backen. Abgekühlt mit Puderzucker besieben.

Mürbeteigroulade

Für eine Roulade von etwa 1100 g:
Mürbeteig I aus 2 Bechern Mehl;
1 1/2 Becher Haselnußkerne,
1/2 Becher Zucker, 1/4 Teel. Zimt,
1 Eiweiß; 1 Eigelb, Puderzucker.

Den Teig zu einer rechteckigen Platte von etwa 4 bis 5 mm Dicke ausrollen. Die Haselnüsse durch die Mandelmühle drehen. Dann mit Zucker, Zimt, Eiweiß und so viel Wasser verrühren, daß eine streichfähige Masse entsteht. Diese auf den Teig streichen und alles von der schmalen Seite her aufrollen. Die Öffnungen links und rechts gut zudrücken. Die Roulade auf ein Backblech oder in eine längliche Form legen, mit verquirltem Ei bestreichen und 30 bis 35 Minuten bei 180 °C bis 200 °C backen. Nach dem Herausnehmen sofort mit Puderzucker, der mit Vanillinzucker vermischt sein kann, besieben.

Gebäck aus gewürztem Mürbeteig

Aus diesem Teig kann man alle möglichen Backwaren ohne aromatisierte Füllungen und Glasuren bereiten.

Gewürzter Mürbeteig (Mürbeteig II)

ZUTATEN	MENGEN			
Mehl, Becher	1	2	3	4
Zucker, Becher	1/4	1/2	3/4	1
Butter oder Margarine, Gramm	75	150	225	300
Eier, Stück	1/2	1	1 1/2	2
Salz, Teelöffel	1/8	1/4	1/3	1/2
Natron oder Backpulver, Teelöffel	1/8	1/4	1/3	1/2
Backwarenmenge etwa, Gramm	250	500	750	1000

Den Teig ebenso zubereiten, wie im Rezept «Mürbeteig I» beschrieben, nur während des Anrührens noch verschiedene Geschmacksstoffe zufügen und das Mehl zusammen mit Salz und Natron oder Backpulver sieben. Der Teig erhält so einen anderen Geschmack. Nachfolgend Angaben über verschiedene Geschmacksvarianten.

Mürbeteig II mit Vanille: Dem Teig bei der Bereitung auf 1 Becher Mehl 3 Gramm Vanillinzucker — oder mehr — zufügen.

Mürbeteig II mit Zitrone: Dem Teig bei der Bereitung auf 1 Becher Mehl abgeriebene Zitronenschale oder den Saft 1/4 Zitrone oder 10 bis 15 ml Zitronenlikör zufügen.

Mürbeteig II mit Mandeln: Dem Teig bei der Bereitung auf 1 Becher Mehl 1 bis 2 Eßlöffel Mandeln — fein gerieben und leicht geröstet — zufügen. Es empfiehlt sich, dafür 1 bis 2 Eßlöffel Mehl weniger zu verwenden. Außer den Mandeln kann man auch noch etwas Mandelaroma nehmen.

Mürbeteig II mit Schokolade: Dem Teig bei der Bereitung auf 1 Becher Mehl 1 bis 2 Teelöffel Kakao und 1 bis 2 Teelöffel Puderzucker zufügen. Die Mehlmenge um 1 bis 2 Teelöffel reduzieren, weil sonst der Teig zu trocken wird.

Mürbeteig II mit Zukaten: Dem Teig bei der Bereitung auf 1 Becher Mehl 1 Eßlöffel feingehackte Zukaten (Zitronat, Orangeat) zufügen.

Mürbeteig II mit Gewürzen: Dem Teig bei der Bereitung auf 1 Becher Mehl 1/4 Teelöffel Zimt oder etwas Muskat, Nelken, Kardamom oder Ingwer — alles pulverisiert bzw. fein gerieben — zufügen.

Stiefmütterchen aus Mürbeteig

Für etwa 1000 g Gebäck: Mürbeteig II aus 2 Bechern Mehl;
1/2 Becher Jam oder Powidel,
1 Eßl. Puderzucker,
«Schokoladen-Fondant» aus 4 Eßl. Zucker.

Den Teig 3 bis 4 mm dick ausrollen und mit Ausstechern oder einem Becher rund ausstechen. Bei der Hälfte der Teigstücke noch 2 kleine Löcher ausstechen. Nach dem Backen die Plätzchen paarweise mit Jam zusammensetzen, so daß jeweils oben ein Stück mit Löchern liegt. Die gefüllten Gebäckstücke mit Puderzucker besieben und in die Löcher mit dem Spritzbeutel jeweils 1 Tropfen Schokoladen-Fondant setzen, so daß eine Ähnlichkeit mit Stiefmütterchen entsteht.
(Siehe Abb. 77)

Abb. 78. Für Mürbeteigbrezeln und -schleifen sind zunächst Teigstreifen zu schneiden

Abb. 77. Die Gebäckstücke für Stiefmütterchen werden erst nach dem Backen zusammengesetzt

Blätter aus Mürbeteig

Für etwa 900 g Gebäck: Mürbeteig II aus 3 Bechern Mehl; 1 Ei.

Den fertigen Teig zu einer langen Rolle formen und in gleichgroße Stückchen schneiden. Jedem Teigstückchen die Form einer kleinen langen Möhre geben und breitdrücken. Vom dickeren Ende dieser Teigstückchen beginnend, drückt man mit der Schneide eines Messers jeweils bis zur Mitte schräge Querlinien hinein. So entstehen kleine geäderte Blätter. Man legt sie auf ein trockenes Backblech, bestreicht alle mit verquirltem Ei und bäckt sie 10 bis 15 Minuten bei 240 °C bis 250 °C.

Mürbeteiggebäck «Originalnoje»

Für etwa 550 g Gebäck: Mürbeteig II aus 2 Bechern Mehl;
1 Teel. Kakao.

Bei der Teigzubereitung wird eine Hälfte mit Kakao verknetet. Nach dem Kühlstellen des Teiges formt man weiße und dunkle Röllchen, die umeinander gewickelt werden. Auf trockenem Backblech 8 bis 10 Minuten bei 180 °C bis 200 °C backen.

Brezeln und Schleifen aus Mürbeteig

Für etwa 900 g Gebäck:
Mürbeteig II aus 3 Bechern Mehl;
1 Eigelb.

Den Teig 5 bis 6 mm dick ausrollen und in schmale, bleistiftlange Streifen schneiden. Man formt diese Streifen zu Brezeln, Schleifen u. ä., so daß unterschiedliche Formen entstehen. Auf einem trockenen Backblech mit verquirltem Eigelb bestreichen und 10 bis 15 Minuten bei 230 °C bis 250 °C backen. (Siehe Abb. 78)

Sonnenblumen aus Mürbeteig

Für etwa 1000 g Gebäck: Mürbeteig II aus 2 Bechern Mehl;
1 Eigelb, 1/2 Becher Powidel,
«Schokoladen-Fondant»
aus 8 Eßl. Zucker.

Den fertigen Teig 3 bis 4 mm dick ausrollen, mit einem gezahnten Ausstecher runde Plätzchen ausstechen. Bei der Hälfte in der Mitte noch runde Löcher ausstechen. Die Plätzchen mit den Löchern mit Eigelb bestreichen und dann alles 10 bis 12 Minuten bei 240 °C bis 250 °C backen. Danach paarweise mit Powidel zusammensetzen, so daß immer ein volles Plätzchen und eines mit Loch aufeinanderkommen. Mit einem Spritztütchen in die Löcher Schokoladen-Fondant füllen.

Hörnchen aus Mürbeteig

Für etwa 600 g Gebäck:
Mürbeteig II aus 2 Bechern Mehl,
1 Ei, 1/2 Becher gehackte Nüsse,
1/2 Päckchen Vanillinzucker.

Den Teig zu einer langen Rolle formen und in Stückchen von je 10 Gramm schneiden. Aus jedem Stückchen eine kleine Rolle mit spitz zulaufenden Enden formen, mit Ei bestreichen und in gehackten Nüssen — vermischt mit Vanillinzucker — oder nach Belieben auch in Mohn wälzen. In Form von Hörnchen auf ein leicht gefettetes Backblech legen und 10 bis 15 Minuten bei 200 °C bis 220 °C backen.

Mürbeteiggebäck mit Streuseln

Für etwa 1100 g Gebäck:
Mürbeteig II aus 2 1/2 Bechern Mehl;
1 Eigelb,
«Streusel» aus 4 Eßl. Mehl.

Den Teig 4 bis 5 mm dick ausrollen, mit Eigelb bestreichen und gleichmäßig mit Streuseln bestreuen. Kalt stellen, bis Teig und Streusel fest geworden sind. Mit Ausstechern oder einem Messer verschiedene Figuren ausstechen oder ausschneiden und 10 bis 15 Minuten bei 230 °C bis 250 °C backen.
(Siehe Abb. 79)

Mürbeteiggebäck mit geriffelter Oberfläche

Für etwa 900 g Gebäck:
Mürbeteig II aus 3 Bechern Mehl;
2 Eigelb.

Den Teig 5 bis 6 mm dick ausrollen, dann mit Druck einmal eine geriffelte oder Waffelrolle (Nudelholz mit entsprechender Musterung) darüberrollen. Dann aus dem Teig Figuren ausstechen, mit verquirltem Eigelb bestreichen und 10 bis 15 Minuten bei 230 °C bis 250 °C backen.
(Siehe Abb. 80)

Chlebzy (Brötchen)

Für etwa 900 g Gebäck:
Mürbeteig II aus 3 Bechern Mehl;
2 Eigelb.

Den fertigen Teig zu einer Rolle formen und in Stücke schneiden. Jedes Stück zu einem kleinen länglichen Brötchen formen. Diese auf ein trockenes Backblech legen und mit Eigelb bestreichen. Sobald das Eigelb etwas getrocknet ist,

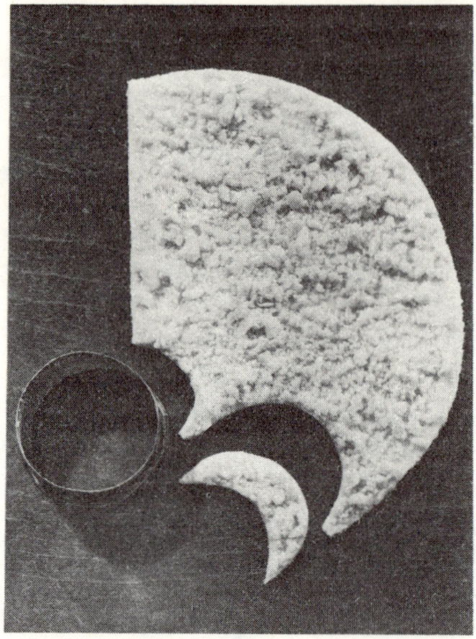

Abb. 79. Ausstechen von Mürbeteiggebäck mit Streuseln

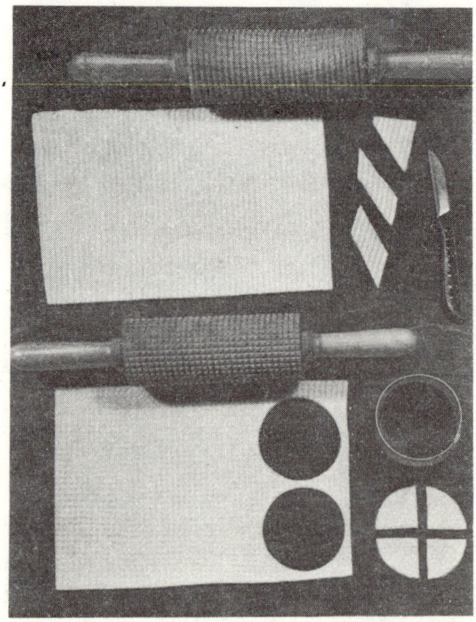

Abb. 80. So erhält man Mürbeteiggebäck mit geriffelter oder waffelähnlicher Oberfläche

jedes Brötchen mit einem scharfen Messer längs einschneiden. 10 bis 15 Minuten bei 240 °C bis 250 °C backen.

Swjosdotschka (Sternchengebäck)

Für etwa 800 g Gebäck:
100 g Butter, 1 Becher Puderzucker,
1 Päckchen Vanillinzucker,
4 Eier, 2 Becher Mehl.

Butter, Puderzucker und Vanillinzucker in einer Schüssel 5 bis 6 Minuten lang schaumig rühren. Unter ständigem Weiterrühren nach und nach die Eier und zuletzt das durchgesiebte Mehl zufügen. Den Teig in einen Spritzbeutel mit Sterntülle füllen und auf ein Blech Sternchen spritzen. In die Mitte kann jeweils eine Sultanine oder ein Stückchen Zitronat gelegt werden. 10 bis 12 Minuten bei 210 °C bis 220 °C hellbraun backen.

Kurabje-Gebäck aus Baku

Für etwa 550 g Gebäck:
200 g Butter, 3 Eßl. Puderzucker,
1 Päckchen Vanillinzucker,
1 Eiweiß, 2 Becher Mehl.

Zur schaumig gerührten Butter alle übrigen Zutaten geben und noch weitere 5 bis 8 Minuten rühren. Den Teig in einen Spritzbeutel mit Sterntülle füllen und verschiedene Formen auf ein Backblech spritzen. 10 bis 15 Minuten bei 200 °C bis 220 °C backen. Das abgekühlte Gebäck kann nach Belieben mit erwärmtem Fondant bespritzt werden oder ein Teil auch mit Schokolade glasiert werden.

Moldawisches Gebäck

Für etwa 1100 g Gebäck:
200 g Butter, 1 Becher Puderzucker,
10 Eigelb, 1 Zitrone,
2 Becher Mehl, 100 g Schokolade.

Die Butter schaumig rühren, nach und nach den Puderzucker, die Eigelb, die abgeriebene Zitronenschale sowie den Zitronensaft zufügen und die Masse 8 bis 10 Minuten mit dem Schneebesen schlagen. Dann das durchgesiebte Mehl darunterkneten. Den kurze Zeit kalt gestellten Teig 4 bis 5 mm dick ausrollen und mit verschiedenen Formen ausstechen. Auf einem trockenen Backblech 10 bis 15 Minuten bei 200 °C bis 220 °C backen. Möglichst noch warm mit flüssiger Schokolade bestreichen.

Suworowsker Gebäck

Für etwa 400 g Gebäck:
100 g Butter, 1/2 Becher Puderzucker,
1 Päckchen Vanillinzucker,
2 Eiweiß, 1 Becher Mehl.

Die Butter zusammen mit dem Puderzucker und dem Vanillinzucker schaumig schlagen. Dann nach und nach die Eiweiß und zuletzt das Mehl zugeben. Den Teig gut rühren, in einen Spritzbeutel mit Sterntülle füllen und verschiedene Formen auf ein Backblech spritzen. 8 bis 10 Minuten bei 200 °C bis 210 °C hellbraun backen. Nach Belieben können jeweils 2 Gebäckstücke mit Powidel zusammengesetzt und die Oberfläche mit flüssiger Schokolade oder Fondant glasiert werden.

Mürbeteiggebäck mit Fondant

Für 1000 bis 1100 g Gebäck:
Mürbeteig II aus 3 Bechern Mehl;
«Fondant» aus 4 Eßl. Zucker.

Den Teig 3 bis 4 mm dick ausrollen, mit einem Messer oder Ausstechformen verschieden geformte Gebäckstücke ausschneiden oder ausstechen. Auf einem Backblech 10 bis 12 Minuten bei 240 °C bis 250 °C backen. Das abgekühlte Gebäck dicht nebeneinander auf ein Backbrett legen und mit warmem, verschiedenfarbigem und aromatisiertem Fondant aus einem Spritztütchen kreuz und quer dünne Linien spritzen. Das geht schnell und sieht hübsch aus. Nach Belieben können die Gebäckstücke jedoch auch völlig mit erwärmtem Fondant überzogen werden.

Mürbeteigkugeln mit Nüssen

Für Mürbeteigkugeln von insgesamt etwa 1000 g:
Mürbeteig II aus 3 Bechern Mehl;
2 Eigelb,
3/4 Becher feingehackte Nüsse.

Aus dem Teig eine Rolle formen. Diese in Stücke schneiden, daraus Kugeln formen und kurze Zeit kalt stellen. In einer Schüssel die Eigelb verrühren. Die Kugeln zuerst in dem verrührten Eigelb und dann in den Nüssen wenden. Auf einem trockenen Backblech 10 bis 15 Minuten bei 230 °C bis 250 °C backen.

Alberta-Gebäck

Für etwa 600 g Gebäck:
1/2 Becher Zucker,
1 Päckchen Vanillinzucker,
1/4 Becher Milch, 5 Eigelb,
100 g Butter, 1/4 Teel. Backpulver,
1 Becher Mehl, 2 Eßl. Kartoffelmehl.

Zucker und Vanillinzucker in der Milch auflösen, die Eigelb dazugeben und dann die weiche Butter. Alles gut vermischen. Zuletzt das mit Backpulver gesiebte Mehl zufügen, innerhalb von 2 bis 3 Minuten einen Teig kneten und kühl stellen. Nach 1/2 Stunde den Teig 3 bis 5 mm dick ausrollen und beliebige Formen ausstechen. Das Gebäck auf ein Backblech legen und mit einer Gabel mehrfach anstechen, damit es beim Backen keine Blasen bekommt. 8 bis 10 Minuten bei 180 °C bis 200 °C backen.

Gebäck aus leichtem Mürbeteig

Aus diesem Teig bereitet man süße Kuchen, Rouladen, Piroggen, im Fettbad Ausgebackenes (Sansa) und anderes Backwerk mit süßen Füllen oder auch ohne Füllen.

Leichter Mürbeteig (Mürbeteig III)

ZUTATEN	MENGEN			
Mehl, Becher	1	2	3	4
Zucker, Becher	1/4	1/2	3/4	1
Butter oder Margarine, Gramm	25—50	50—100	75—150	100—200
Eier, Stück	0—1/2	0—1	1 1/2	0—2
dicke saure Sahne, Eßlöffel	2	4	6	8
Salz, Teelöffel	1/8	1/4	1/3	1/2
Natron oder Backpulver, Teelöffel	1/8	1/4	1/3	1/2
Backwarenmenge etwa, Gramm	250	500	750	1000

Das Mehl zusammen mit Natron oder Backpulver sieben. Saure Sahne, Eier, Zucker und Salz verrühren, bis sich der Zucker aufgelöst hat. Die schon zuvor weichgehaltene Butter oder Margarine in einer Schüssel 5 bis 8 Minuten schlagen, dabei nach und nach das Gemisch aus saurer Sahne, Eiern usw., später auch das Mehl zugeben. Den Teig sehr schnell kneten und weiter verarbeiten, sonst wird das Backwerk flach und schlecht aufgelockert, weil durch die Verbindung von saurer Sahne und Triebmittel die Triebkraft schnell unwirksam wird. Statt saurer Sahne läßt sich auch dicke saure Milch, Kefir oder ein anderes Sauermilchprodukt verwenden.

Nan aus Buchara (Brötchen)

Für etwa 750 g Gebäck:
75 g Butter, 1 Becher Puderzucker,
1/3 Becher saure Sahne, 2 Eier,
2 Eßl. gehackte, geröstete Nüsse,
3/4 Becher Rosinen und Zukaten
(Zitronat, Orangeat o. ä.),
1/4 Teel. Natron, 2 Becher Mehl.

Butter und Puderzucker 2 bis 3 Minuten miteinander verrühren, saure Sahne, Eier, Nüsse, die gewaschenen Rosinen und die in Würfel geschnittenen Zukaten zufügen. Alles gut vermischen, das mit Natron gesiebte Mehl einstreuen und innerhalb von 1 bis 2 Minuten zu einem Teig verarbeiten. Daraus etwa 10 Gramm schwere kleine Brötchen formen und auf einem mit Papier belegten Backblech 15 bis 20 Minuten bei 180 °C bis 200 °C backen.

Brezeln auf hebräische Art

Für 550 g Brezeln:
Mürbeteig III aus 2 Bechern Mehl,
1 Teel. Honig; 1/4 Teel. Zimt,
1/2 Becher Zucker.

Beim Anrühren des Teiges den Honig mit verarbeiten. Aus dem fertigen Teig kleine, etwa 20 Gramm schwere Brezeln formen. Man bestreut sie mit Zimt-Zucker und bäckt sie 12 bis 15 Minuten bei 220 °C bis 240 °C.

Kossitschki (Zöpfchen)

Für etwa 900 g Gebäck:
Mürbeteig III aus 2 Bechern Mehl;
1 Ei, 1 Eßl. Mohn.

Den Teig 5 bis 6 mm dick ausrollen und in 14 bis 15 cm breite Streifen schneiden. Jeden dieser Streifen nochmals in schmale Querstreifen von 5 bis 6 mm Breite schneiden. Aus 3 schmalen Querstreifen jeweils 1 Zöpfchen flechten. Das Gebäck auf ein gefettetes Backblech legen, mit Ei bestreichen, mit Mohn bestreuen und 10 bis 15 Minuten bei 220 °C bis 240 °C backen. (Siehe Abb. 81)

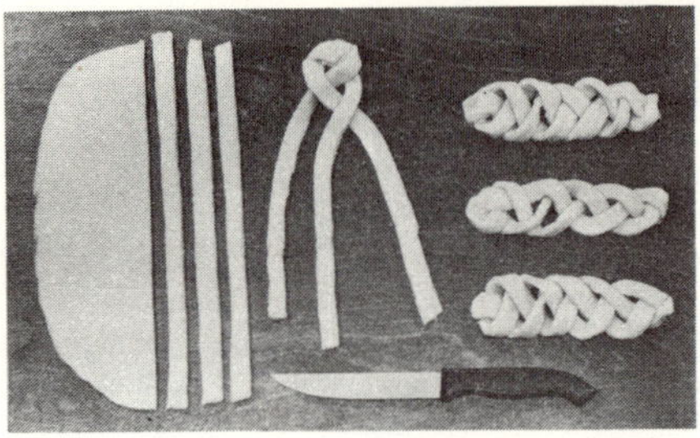

Abb. 81. Das Flechten von Kossitschki

Abb. 82. Sansa auf kirgisische Art entstehen aus verschiedenen Kringeln

Sansa auf kirgisische Art

Für 450 g Gebäck:
Mürbeteig III aus 2 Bechern Mehl;
Ausbackfett, Puderzucker.

Den Teig in walnußgroße Stückchen teilen. Diese mit einem Finger andrücken, dann am Finger und schließlich auf der Handfläche so auseinanderziehen, daß jeweils ein langer Kringel entsteht. In siedendem Fett ausbacken. Mit Puderzucker besieben. (Siehe Abb. 82)

Gebäck mit saurer Sahne

Für 750 bis 800 g Gebäck:
1/2 Muskatnuß, 2 Kardamomfrüchte,
1 Becher Mehl, 1/2 Teel. Natron,
1 Becher Kartoffelmehl,
100 g Butter oder Margarine,
1/2 Becher Zucker,
1 Becher saure Sahne, 1 Ei, Zitronat.

Muskatnuß und Kardamom fein mahlen. Mehl, Natron und Kartoffelmehl zusammen mit den Gewürzen durchsieben. Butter und Zucker schaumig rühren, zuletzt die saure Sahne zufügen. Dann alle Zutaten zu einem Teig verarbeiten und 3 bis 5 mm dick ausrollen. Die Oberfläche des Teigstückes mit Ei bestreichen und mit dem «Konditorkamm» wellige Linien darauf ziehen. Danach verschiedene Figuren ausstechen und auf ein trockenes Backblech legen. Auf jedes Gebäckstück ein Stückchen Zitronat legen. 15 bis 20 Minuten bei 220 °C bis 230 °C backen. (Siehe Abb. 83)

Hebräische Bejmel chale
(Rosinenroulade)

Für eine Roulade von etwa 700 g:
Mürbeteig III aus 2 Bechern Mehl;
50 g Butter, 1 Becher Rosinen,
1/2 Becher Zucker,
1/4 Teel. gemahlener Zimt, 1 Ei.

Abb. 83. Kleines Gebäck, das mit saurer Sahne bereitet wurde

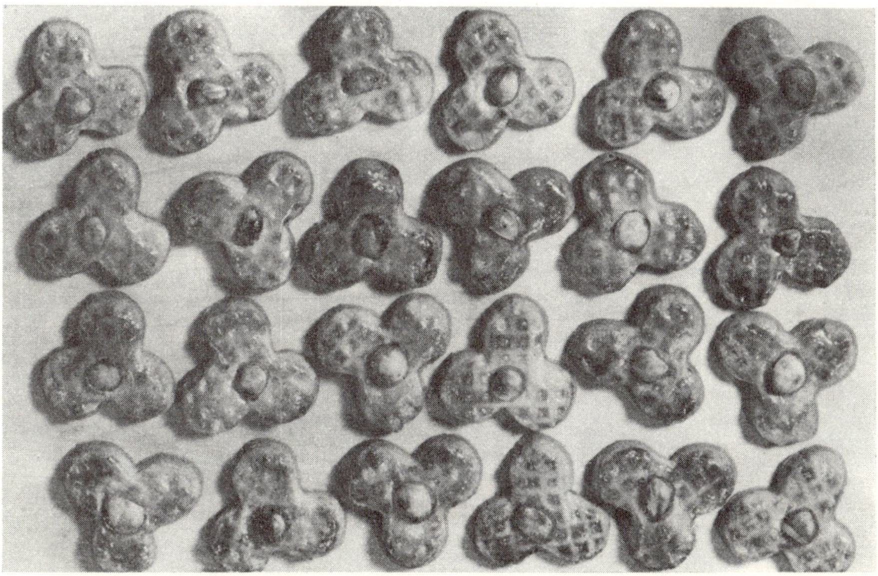

Ein Teigstück von 20 mal 30 cm Größe ausrollen und mit Butter bestreichen. Die gewaschenen, gut abgetropften Rosinen, vermischt mit Zucker und Zimt, daraufschütten. Dann den Teig zu einer Roulade aufrollen, mit verquirltem Ei bestreichen und 20 bis 30 Minuten bei 200 °C bis 210 °C backen.

Zitronenkuchen

Für 1 Kuchen von etwa 500 g:
1 Becher Mehl, 1/4 Teel. Natron oder Backpulver,
100 g Butter, 1/2 Becher Zucker,
4 Eier, 1 Zitrone.

Das Mehl zusammen mit Natron oder Backpulver sieben. Butter und Zucker sehr schaumig rühren. Unter weiterem Rühren ein Ei nach dem anderen und dann Zitronensaft und abgeriebene -schale zufügen. Zuletzt das mit dem Triebmittel vermischte Mehl einstreuen und alles zu einem Teig verrühren. In eine gefettete, mit Mehl ausgestreute Backform füllen und den Kuchen 30 bis 40 Minuten bei 180 °C bis 200 °C backen.

Roulade mit Walnüssen und Honig

Für 1 Roulade von etwa 700 g:
Mürbeteig III aus 2 Bechern Mehl;
1 Ei, 2 Eßl. Honig,
1 Becher Walnußkerne,
1/2 Becher Zucker,
1/8 Teel. gemahlener Zimt.

Den fertigen Teig zu einem Stück von 20 mal 25 cm Größe ausrollen. Ein Rand des Teigstückes soll etwas dünner sein als der andere. Der dicke Rand wird mit verquirltem Ei bestrichen, der dünne mit Honig. Dann wird das Teigstück mit geriebenen Nüssen, Zucker und Zimt bestreut. Am dünnen Rand beginnt man das Teigstück zu einer Roulade aufzurollen. Dann legt man sie auf ein gefettetes Backblech, bestreicht die Oberfläche mit verquirltem Ei und macht mit einem Stäbchen noch 5 bis 6 Einstiche, damit der Dampf entweichen kann. 30 bis 40 Minuten bei 180 °C bis 200 °C backen.

Sotschni (offene Piroggen)

Für 10 Sotschni von je 60 g:
Mürbeteig III aus 1 1/2 Bechern Mehl;
150 g Quark, 1 Eßl. Zucker,
1 Eßl. Mehl, 1 Eßl. saure Sahne,
1 Ei.

Den Teig 7 bis 8 mm dick ausrollen. Mit einem runden Ausstecher von etwa 8 cm Durchmesser Plätzchen ausstechen. Aus Quark, Zucker, Mehl, saurer Sahne und dem Eiweiß eine Fülle bereiten. Jeweils auf eine Hälfte des Plätzchens Quarkfülle geben und die andere Hälfte so darüberklappen, daß noch etwas von der Fülle sichtbar ist. Obenauf mit Eigelb bestreichen und 10 bis 15 Minuten bei 220 °C bis 230 °C backen. Man kann die Sotschni auch in Dreiecksform herstellen.

Zukatniki (Zukatengebäck)

Für Zukatniki von insgesamt etwa 650 g:
Mürbeteig III aus 2 Bechern Mehl,
1/2 Becher Zukaten (Zitronat, Orangeat o. ä.);
1 Eßl. Puderzucker.

Bei der Teigzubereitung die feingehackten Zukaten zufügen. Den fertigen Teig zu einem runden Stück von

1 cm Dicke ausrollen und dieses auf ein Backblech legen, mit dem Messer kreuz und quer zerschneiden, so daß 8 oder mehr Zukatniki entstehen. 15 bis 20 Minuten bei 220 °C bis 230 °C backen. Dann mit Puderzucker besieben.

Schokoladen-Glagoliki
(Buchstabengebäck)

Für etwa 900 bis 1000 g Gebäck:
50 g Butter, 1 Becher Zucker,
1/2 Becher saure Sahne, 6 Eier,
1/4 Teel. Zimt, 1 Eßl. Kakao,
1/2 Teel. Backpulver oder Natron,
2 Becher Mehl, 1 Eßl. Puderzucker.

In einer Schüssel zunächst Butter und Zucker verrühren, saure Sahne, Eier, Zimt sowie 1/2 Eßlöffel Kakao dazugeben und weiterrühren. Zuletzt das mit Backpulver vermischte, gesiebte Mehl zufügen und alles zu einem glatten Teig verrühren. Diesen in einen Spritzbeutel mit Sterntülle füllen und damit auf ein mit Butter bestrichenes Backblech Figuren in L-Form spritzen. 8 bis 10 Minuten bei 220 °C bis 230 °C backen. Die abgekühlten Glagoliki in einer Reihe auf ein Brett legen und mit Puderzucker besieben. Dann einen Papierstreifen so auflegen, daß er die Mitte der Gebäckstücke verdeckt und Kakao darübersieben. Nach dem Abnehmen des Streifens wird jeder Glagolik in der Mitte weiß und an den Enden dunkel sein.

Gebäck aus herzhaftem Piroshki-Teig

Dieser Teig eignet sich für verschiedene Kuchen, Piroshki (Piroggen) und anderes Gebäck mit herzhaften Füllen.

Piroshki-Teig

ZUTATEN	MENGEN			
Mehl, Becher	1	2	3	4
Zucker, Teelöffel	1	2	3	4
Butter oder Margarine, Gramm	25—50	50—100	75—150	100—200
dicke saure Sahne, Eßlöffel	3	6	9	12
Natron oder Backpulver, Teelöffel	1/8	1/4	1/3	1/2
Salz, Teelöffel	1/8	1/4	1/3	1/2
Backwarenmenge etwa, Gramm	250	500	750	1000

Der Teig wird ebenso zubereitet wie «Mürbeteig III».

Wosmjorki

Für etwa 550 g Gebäck:
Piroshki-Teig aus 2 Bechern Mehl, 1 Ei, 100 g Reibekäse.

Den Teig 8 bis 10 mm dick und 13 bis 15 cm breit ausrollen. Das Teigstück in kleine Streifen schneiden. Jeden Streifen noch so ausrollen, daß er spitze Enden bekommt. Die Teigstücke mit Ei bestreichen und in geriebenem Käse wälzen. Dann jedes in Form einer Acht auf ein gefettetes Backblech legen. 10 bis 15 Minuten bei 220 °C bis 230 °C backen.

Salzstäbchen zum Bier

Für etwa 500 g Gebäck:
Piroshki-Teig aus 2 Bechern Mehl; 1 Eßl. Salz, 1/2 Eßl. Kümmel.

Den Teig 1/2 cm dick ausrollen. Dann in 10 cm breite Streifen schneiden, jeden noch einmal quer in 1 cm breite Streifen schneiden. Salz und Kümmel auf einen Teller schütten, darin jedes

Stäbchen wälzen, auf ein gefettetes Backblech legen und 10 bis 15 Minuten bei 220 °C bis 240 °C backen.

Piroshki oder Pirogge

Für 10 Piroshki von je 75 g oder eine Pirogge von etwa 750 g: 2 Becher Mehl, 1/4 Teel. Natron, 1 Eßl. Zucker, 1/4 Teel. Salz, 8 bis 10 Tropfen Zitronensaft, 1/2 Becher Wasser, 50 g Butter, beliebige herzhafte Fülle, 1 Ei.

Mehl und Natron vermischen und sieben. Zucker, Salz und Zitronensaft in Wasser verrühren und auflösen. Die Butter schaumig rühren. Alle Zutaten möglichst rasch verarbeiten, bis ein glatter Teig entsteht. Den fertigen Teig in 10 Stücke teilen und daraus Kugeln formen. Jede Kugel zu einem Plätzchen ausrollen, in die Mitte jeweils Fülle legen. Die Ränder des Plätzchens über die Fülle schlagen und wie eine gedrehte Schnur verschließen. Die Piroshki auf ein gefettetes Backblech legen, mit verquirltem Ei bestreichen und 15 bis 20 Minuten bei 220 °C bis 230 °C backen. — Soll eine große Pirogge bereitet werden, dann den Teig halbieren. Die eine Hälfte wird zu einem runden oder viereckigen Teigstück ausgerollt, auf ein gefettetes Backblech oder in eine Pfanne gelegt. Die Ränder des Teigstückes werden mit Ei bestrichen. Darauf verteilt man die Fülle und legt das zweite Teigstück darüber, das aus der anderen Teighälfte ausgerollt wurde. Die Pirogge mit verquirltem Ei bestreichen, 30 bis 40 Minuten bei 200 °C bis 220 °C backen.
(Siehe Abb. 84)

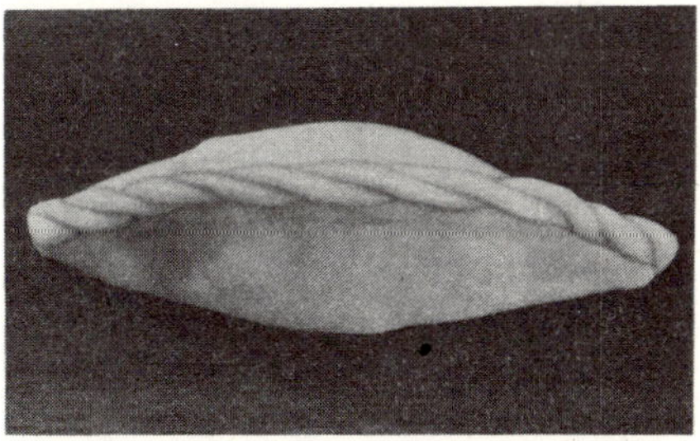

Abb. 84. Piroshki mit einem Verschluß in Form einer gedrehten Schnur

Abb. 85. Kasachische Samsa in Dreiecksform

Kasachische Samsa

Für 10 Samsa von je 60 bis 65 g: Piroshki-Teig aus 2 Bechern Mehl; «Fülle aus Innereien», 1 Ei.

Aus dem Teig 10 Plätzchen von 10 bis 12 cm Durchmesser ausrollen. Die Fülle auf die Plätzchen verteilen und sie dreieckförmig verschließen. Dann mit verquirltem Ei bestreichen, in eine gefettete Pfanne oder auf ein Backblech legen und 15 bis 20 Minuten bei 220 °C bis 240 °C backen.
(Siehe Abb. 85)

Kirgisische Samsa

Für 10 Samsa von je 80 g:

Piroshki-Teig aus 2 Bechern Mehl;
300 g schieres Hammelfleisch,
250 g Zwiebeln, 1/4 Teel. Paprika,
1/4 Teel. Salz.

Aus dem Teig 10 runde Plätzchen von etwa 13 cm Durchmesser ausrollen. Für die Fülle das rohe Hammelfleisch zusammen mit den Zwiebeln durch den Fleischwolf drehen, kräftig mit Paprika und Salz abschmecken. Diese Fülle auf die Plätzchen verteilen und die Teigränder dreieckförmig verschließen. Kirgisische Samsa bäckt man in einer Backröhre oder in einem traditionellen Ofen, den «Tyndyr», 15 bis 20 Minuten bei 200 °C bis 220 °C.

Usbekische Morchel-Piroshki

Für 10 Piroshki von je 60 bis 65 g:
Piroshki-Teig aus 2 Bechern Mehl;
200 g frische Morcheln, Salz,
100 g Butter oder Margarine,
160 g schieres Hammelfleisch,
1 Zwiebel, je 5 g Korianderlaub
(oder Petersilie) und Dill,
1/8 Teel. gemahlener Pfeffer,
1 Becher dicke saure Milch.

Die Morcheln putzen, waschen, 2 bis 3 Minuten in reichlich Salzwasser durchkochen. Dann in einem Durchschlag abtropfen lassen und in kleine Stücke schneiden. Das Fleisch ebenfalls in kleine Stücke schneiden und in einen Teil der heißen Butter geben. Die Morcheln, die feingewürfelte Zwiebel, Salz, Pfeffer sowie feingehacktes Korianderlaub und Dill zugeben. Alles so lange braten, bis die Flüssigkeit verdunstet ist. Aus dem Piroshki-Teig runde Plätzchen formen, mit Fülle belegen und dreieckförmig verschließen. Danach in Sauermilch tauchen und auf einem Backblech in der Backröhre oder im usbekisch-mittelasiatischen «Tyndyr-Ofen» backen. Auf dem Backblech müssen sie mit der «Naht» nach unten liegen. Herausgenommen sofort mit heißer Butter bestreichen.
(Siehe Abb. 86)

Bulgarische Baniza

Für einen Kuchen von etwa 900 g:
Piroshki-Teig aus 2 Bechern Mehl;
3/4 Becher Öl, 200 g Porree,
20 g Butter, 150 g Schafskäse,
2 hartgekochte Eier, 1 Eigelb.

Den Teig in Stückchen zu 20 g aufteilen. Diese zu Plätzchen ausrollen und mit Öl bestreichen. Immer 3 Plätzchen zusammenlegen und erneut dünn ausrollen. 3/4 der Plätzchenmenge so auf ein gefettetes Backblech oder in eine Backform legen, daß sie sich jeweils etwas überdecken. Darüber die Fülle verteilen, die aus feingeschnittenem, in Butter gedünstetem Porree, geriebenem Schafskäse und hartgekochten kleingeschnittenen Eiern bereitet wurde. Darauf legt man die übrigen Plätzchen und bestreicht die Oberfläche mit Eigelb. Die Baniza wird 30 bis 40 Minuten bei 180 °C bis 200 °C gebacken.
(Siehe Abb. 87)

Moldawischer Kuchen mit Schafskäse

Für einen Kuchen von etwa 1000 g:
Piroshki-Teig aus 2 Bechern Mehl;
300 g gekochte Kartoffeln,
160 g Schafskäse, 1 Zwiebel,
1/8 Teel. gemahlener Pfeffer,
160 g Butter oder Margarine.

3/4 des Teiges 1 1/2 bis 2 cm dick aus-

Abb. 86. So entstehen usbekische Morchel-Piroshki

Abb. 87. Bulgarische Baniza wird mit Teigblättchen abgedeckt

rollen und auf ein gefettetes Backblech legen. Die gekochten Kartoffeln, den Schafskäse, die gebratenen Zwiebelwürfel und den Pfeffer gut vermischen und durch den Fleischwolf drehen. Die Fülle gleichmäßig auf dem Teigstück verteilen. Den Rest des Teiges ebenfalls ausrollen und damit die Fülle bedecken. Den Kuchen 20 bis 30 Minuten bei 180 °C bis 200 °C backen. Noch warm mit flüssiger Butter bestreichen.

Tatarischer Beljaschi-Kuchen

Für einen Kuchen von etwa 1000 g:
Piroshki-Teig aus 2 Bechern Mehl;
300 g schieres Rindfleisch,
300 g geschälte Kartoffeln,
1 Zwiebel,
1/4 Teel. gemahlener Pfeffer, Salz,
1/2 Becher Bouillon, 50 g Butter.

3/4 des Teiges 5 bis 6 cm dick ausrollen und so in eine gefettete tiefe Pfanne legen, daß die Teigränder über den Pfannenrand heraushängen. Rohes Fleisch und Kartoffeln in kleine Stückchen schneiden, geröstete Zwiebelwürfel, Pfeffer und Salz nach Geschmack dazugeben. Alles gut mischen und zu einem Berg auf dem Teig in der Pfanne formen. Die Teigränder, die über den Pfannenrand heraushängen, in Falten über der Fülle zusammenschlagen, und zwar so, daß in der Mitte noch eine kleine Öffnung bleibt. Aus dem restlichen Teig eine Kugel von Walnußgröße formen, mit der man die Kuchenoberfläche verschließt. Der Kuchen bäckt 1 bis 1 1/2 Stunden bei 160 °C bis 180 °C. Nach 1 Stunde nimmt man die Teigkugel ab, gießt 1 Becher Bouillon in die Öffnung und deckt wieder zu. Dann wird der Beljaschi-Kuchen fertig gebacken und noch warm mit Butter bestrichen.

Aserbaidshanischer Kuchen

Für einen Kuchen von etwa 1000 g:
Piroshki-Teig aus 2 Bechern Mehl;
600 g halbfettes Hammelfleisch,
1 Zwiebel,
6 bis 10 g Knoblauch,
1/8 Teel. gemahlener Pfeffer,
1/4 Teel. Salz, 1 Ei,
40 g Butter oder Margarine.

3/4 des Teiges 1 1/2 bis 2 cm dick ausrollen und auf ein gefettetes Backblech legen. Das Fleisch zusammen mit der Zwiebel und dem zerdrückten Knoblauch 2mal durch den Fleischwolf drehen, mit Pfeffer und Salz abschmecken. Die Fülle auf dem Teigstück gleichmäßig breit streichen. Mit einer Teigplatte aus dem restlichen Teig bedecken und mit verquirltem Ei bepinseln. Dann ein paar Einstiche machen und 30 bis 40 Minuten bei 180 °C bis 200 °C backen. Noch warm mit Butter bepinseln.

Gebäck aus Strudelteig

Dieser Teig muß dünn wie für Nudeln ausgerollt werden, damit er sich gut backen oder im Fettbad ausbacken läßt. Man stellt daraus Kuchen, Piroshki, Chworost («Reisig», ein Gebäck aus dünnen Teigstreifen) o. ä. her.

Strudelteig

ZUTATEN	MENGEN			
Wasser, Becher	1/4	1/2	3/4	1
Puderzucker, Teelöffel	0—1/2	0—1	0—1 1/2	0—2
Salz, Teelöffel	1/8	1/4	1/3	1/2
Eier, Stück	0—1/2	0—1	0—1 1/2	0—2
Mehl, Becher	1	2	3	4
Backwarenmenge etwa, Gramm	180	360	540	720

In ein Gefäß Wasser gießen, darin Puderzucker, Salz sowie Ei verrühren und zusammen mit dem durchgesiebten Mehl rasch zu einem glatten festen Teig kneten. Nach 1 Stunde dünn ausrollen.

Vanillespäne

Für etwa 400 g Gebäck:
2/3 Becher Zucker, 2 Eier,
3 Eßl. Milch,
1 Päckchen Vanillinzucker,
1 Becher Mehl.

Zucker, Eier, Milch und Vanillinzucker mit dem Schneebesen schlagen, bis sich der Zucker aufgelöst hat. Dann das Mehl zufügen. Nach 1 Stunde die Masse in eine Spritztüte füllen und damit auf ein gefettetes, mit Mehl bestreutes Backblech Stäbchen von 18 bis 20 cm Länge spritzen. Bei 240 °C bis 250 °C 6 bis 7 Minuten backen. Die noch nicht abgekühlten Vanillespäne auf ein dünnes Holzstäbchen wickeln, so daß jeweils eine Spirale entsteht. Nach Belieben kann man den Teig vor dem Backen mit Mohn oder gehackten Mandeln bestreuen.

Östliche Späne

Für etwa 650 g Gebäck:
1/4 Becher Wasser, 3 Eier,
1/2 Teel. Salz, 1 Eßl. Puderzucker,
3 Becher Mehl, Ausbackfett,
Puderzucker,
1 Päckchen Vanillinzucker.

Wasser und Eier in einen Topf schütten, gut verquirlen, Salz und Puderzucker darin auflösen. Das Mehl auf ein Backbrett sieben, eine Vertiefung eindrücken, die Lösung hineingießen und alles rasch zu einem festen Teig verkneten. Dann 1 bis 2 mm dick ausrollen, dünne Bandnudeln schneiden und ein wenig trocknen lassen. Überflüssiges Mehl abschütteln und die Bändchen in kleinen Portionen in siedendem Fett schwimmend ausbacken. Diese Späne in einem Sieb abtropfen lassen, mit Puderzucker, der mit Vanillinzucker vermischt wurde, besieben.

Tatarischer Katlama-Kuchen

Für einen Kuchen von etwa 800 g:
Strudelteig aus 2 Bechern Mehl;
100 g Butter, 1/2 Becher Zucker,
1 1/2 Becher Mohn, 1 Ei.

Aus dem Teig sind etwa 2 mm dicke Teigstücke gleicher Größe auszurollen. Ein Stück auf ein mit Butter bestrichenes Backblech legen. Die Mitte des Teigstückes mit zerlassener Butter bestreichen und mit Zucker vermischten Mohn daraufstreuen. Die Ränder des Teiges mit Ei bestreichen und das nächste Teigstück darauflegen. Auf diese Weise werden alle fünf Teigstücke immer im Wechsel mit Mohn-Zucker-Schichten gestapelt. Das letzte Teigstück wird obenauf mit Ei bestrichen. Dann macht man 3 bis 5 lange Einstiche und bäckt den Kuchen 20 bis 30 Minuten bei 190 °C bis 220 °C.

Tschebureki-Piroshki von der Krim

Für 15 Tschebureki-Piroshki
von etwa 100 g:
5 Becher Mehl, 1 1/4 Becher Wasser,
1/4 Teel. Salz;
850 g schieres Hammelfleisch,
150 g Zwiebel, 1/2 Becher Wasser,
Pfeffer, Salz, 1 Ei,
Ausbackfett.

Aus Mehl, Wasser und Salz einen Teig bereiten und in 15 Stücke teilen. Jedes Stück zu einer Kugel rollen. Nach 15 bis 20 Minuten jede Kugel zu einem runden, 2 bis 3 mm dicken Plätzchen ausrollen. Für die Fülle das vorbereitete Hammelfleisch in kleine Stücke schneiden und zusammen mit der Zwiebel durch den Fleischwolf drehen. Dann 1/2 Becher Wasser zufügen und mit Pfeffer und Salz abschmecken. Auf jedes Plätzchen Fülle legen, die Ränder der Plätzchen mit Ei bestreichen, aufeinanderklappen und festdrücken, wobei die Piroshki eine Halbmondform erhalten. In siedendem Fett schwimmend ausbacken.

Zuckerröhrchen

Für 10 Röhrchen von etwa 70 g oder
20 Röhrchen von etwa 35 g:
2 Eiweiß, 1/2 Becher Zucker,
1 Päckchen Vanillinzucker,
1/2 Becher Milch,

1 gekanteter Becher Mehl;
nach Belieben «Butterkrem» aus
200 g Butter, «Kochkrem»
aus 1 Becher Milch,
«Krem aus süßer Sahne»
aus 1 Becher süßer Sahne oder
«Krem aus saurer Sahne» aus
1 Becher saurer Sahne.

Die Eiweiß mit Zucker, Vanillinzucker und der Milch verrühren, bis sich der Zucker vollständig aufgelöst hat. Das gesiebte Mehl zugeben und einen flüssigen Teig anrühren, in dem keine Klümpchen sein dürfen. Man sollte den Teig 1 bis 2 Stunden kühl stellen, dann werden die Röhrchen weniger zerbrechlich. Dann gibt man auf ein gefettetes Backblech mit einem Löffel jeweils so viel Teig, daß etwa 1 bis 2 mm dicke ovale Plätzchen entstehen. Darauf kann man nach Belieben feingehackte Mandeln oder Nüsse streuen. 4 bis 5 Minuten bei 200 °C bis 210 °C backen. Die noch heißen Plätzchen sofort zu Röhrchen zusammenrollen. Da die Plätzchen sehr schnell abkühlen und sich dann nicht mehr rollen lassen, darf man jeweils immer nur eine kleine Anzahl backen und unverzüglich zu Röhrchen rollen. Nach dem Abkühlen werden sie mit Hilfe eines Spritztütchens mit der gewünschten Krem gefüllt.

Chworost («Reisig»)

Für etwa 300 bis 400 g Chworost:
50 g Hefe,
1/4 gekanteter Becher Wasser,
1 Becher Mehl, 1 Ei,
2 Teel. Zucker,
1/8 Teel. Salz; Ausbackfett,
1 Eßl. Puderzucker,
1 Messerspitze Vanillinzucker.

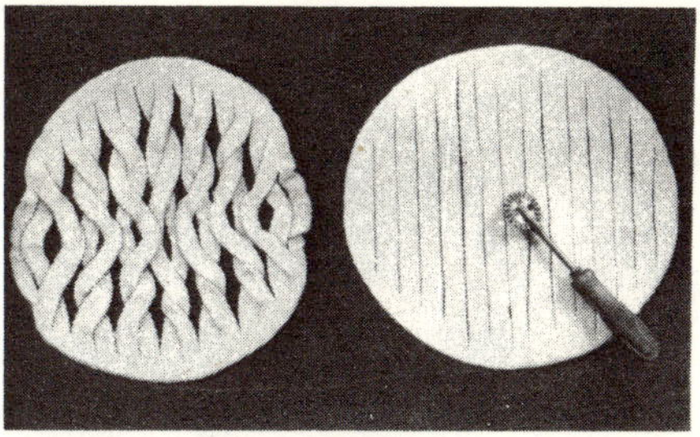

Abb. 88. Für Chworost wurden hier Teigbändchen miteinander verschlungen

Die Hefe in Wasser auflösen, so viel Mehl zufügen, daß ein flüssiger Brei entsteht. 1 Stunde zum Gehen warm stellen. Inzwischen das Ei mit Zucker und Salz verrühren. Dann aus allen Zutaten einen festen Teig kneten. Daraus hühnereigroße Kugeln formen und diese zu dünnen Plätzchen ausrollen. In der Mitte jedes Plätzchens mit dem Messer oder dem Teigrädchen 8 bis 12 parallele Schnitte anbringen, ohne den Rand durchzuschneiden. Die entstehenden Teigbändchen einander entgegenziehen, so daß eine Teigverflechtung entsteht. In einem schmalen Topf mit siedendem Ausbackfett werden die so geformten Teigstücke mit einem Stäbchen, das sich in der Mitte des Teiggeflechts befinden soll, eingelegt. Das Stäbchen wird nach verschiedenen Richtungen gedreht, bis der Chworost eine rosenähnliche Form annimmt. Zuerst wird die eine, dann die andere Seite ausgebacken. Den abgetropften Chworost mit Puderzucker, der mit Vanillinzucker vermischt wurde, besieben. Nach Belieben kann auch 1 Prise Zimt dazu verwendet werden.
(Siehe Abb. 88)

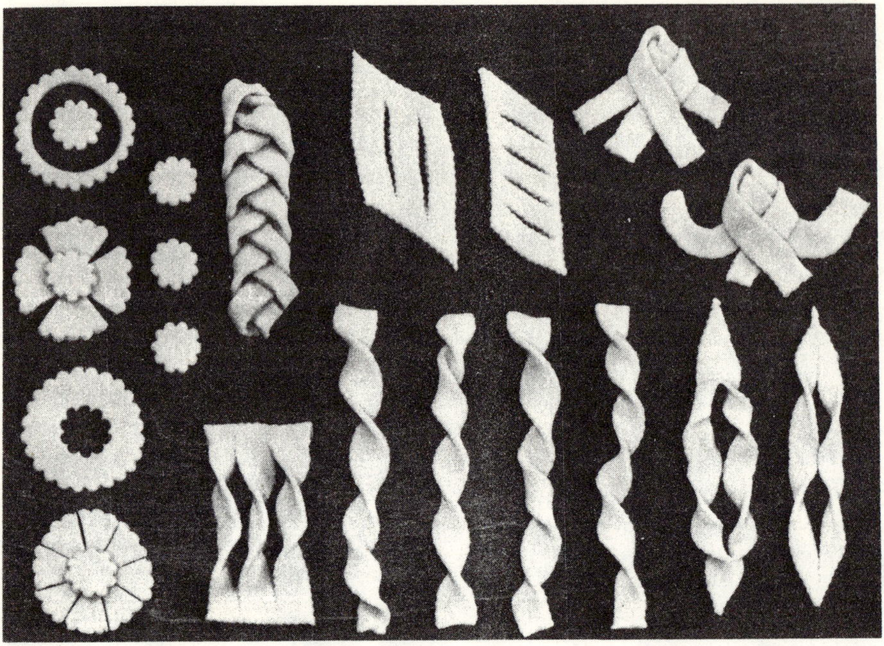

Abb. 89. Verschiedene Formen von Chworost vor dem Einlegen ins Fettbad

Chworost

(«Reisig» aus anderem Teig)

Für etwa 600 g Chworost:
1 Eßl. Puderzucker, 75 g Butter,
6 Eier, 1/8 Teel. Salz, 2 Becher Mehl;
2 Päckchen Vanillinzucker,
Ausbackfett, 1 Eßl. Puderzucker.

Zunächst alle Zutaten ohne das Mehl verarbeiten. Dann das durchgesiebte Mehl innerhalb von 2 bis 3 Minuten zufügen und einen festen Teig kneten. Nach 1 Stunde dünn ausrollen und zu verschiedenen Gebäckstücken formen. Den Chworost in heißem Fett schwimmend ausbacken, zuerst auf einer Seite, dann auf der anderen. Abgetropft mit Puderzucker besieben.
(Siehe Abb. 89)

Turkmenische Piroshki mit Schnittlauch

Für 10 Piroshki von je 60 bis 70 g:
Strudelteig aus 3 Bechern Mehl;
250 g Schnittlauch, 30 g Butter,
je 25 g Dill und Petersilie,
1/4 Teel. gemahlener Pfeffer,
1/2 Teel. Salz, 1 Ei, Ausbackfett.

Den verlesenen und gewaschenen Schnittlauch klein schneiden und in der Butter 10 bis 15 Minuten dünsten. Dill und Petersilie — feingehackt — dazugeben, mit Pfeffer und Salz abschmecken. Aus dem Strudelteig 10 runde, 2 bis 3 mm dicke Plätzchen ausrollen. Auf jedes Schnittlauchfülle geben, die Ränder der Plätzchen mit Ei bestreichen, aufeinanderklappen und festdrücken, wobei Halbmondformen entstehen. Die Piroshki in siedendem Fett schwimmend ausbacken.

Gebäck aus Biskuitmasse (warm und kalt geschlagen)

Unter den verschiedenen Gebäcksorten ist Biskuit am lockersten und leichtesten. Er bildet zum Beispiel die Grundlage für allerlei Torten, Kuchen und Schnitten mit Krem, Warenje und Früchten. Aber auch ein Biskuit ohne Fülle, nur mit Puderzucker besiebt, ist zu Tee oder Kaffee sehr beliebt.

Biskuitmasse warm und kalt geschlagen (Biskuitmasse I)

ZUTATEN	MENGEN			
Eier, Stück	3	6	9	12
Zucker, Eßlöffel	3	6	9	12
Mehl, Eßlöffel	2	4	6	8
Kartoffelstärke, Eßlöffel	1/2	1	1 1/2	2
Backwarenmenge etwa, Gramm	200	400	600	800

Kartoffelstärke kann auch durch Weizen-, Mais- oder Reisstärke und ebenso durch Weizenmehl ersetzt werden. Bei Verwendung von Stärkemehl wird Biskuit poriger und krümelt nicht beim Schneiden. Vom Weizenmehl sollte man «Weizen-Auszugsmehl» (W 405) nehmen.

Um eine Biskuitmasse herzustellen, schlägt man die Eier in einen Topf, schüttet den Zucker dazu und stellt den Topf ins Wasserbad, um die Masse auf 40 °C bis 50 °C zu erwärmen. Dabei wird ununterbrochen mit einem Schneebesen geschlagen. Sobald die Masse die erforderliche Temperatur hat, nimmt man den Topf aus dem Wasserbad und kühlt unter weiterem Schlagen auf 18 °C bis 20 °C ab. Die Masse soll sich dabei verdoppeln bis verdreifachen. Dann fügt man das gesiebte Mehl zu und rührt um, bis eine glatte Masse entsteht, wobei sich das Volumen nicht verringern darf.

Für das Wasserbad gießt man Wasser in einen großen Topf und erwärmt es auf 70 °C bis 80 °C. Da hinein stellt man das Gefäß mit den Eiern und dem Zukker. Während des Schlagens und Erwärmens muß man darauf achten, daß kein Wasser in die zu verarbeitende Masse gelangt.
Die geschlagene Biskuitmasse gießt man in runde oder quadratische Tortenformen, die zuvor gefettet und mit Mehl ausgestreut oder mit Butterbrotpapier ausgelegt wurden. Der Teig darf nur 2/3 hoch eingefüllt werden. Die Oberfläche streicht man mit einem Löffel oder Messer glatt.
Kuchen bäckt man auf einem Backblech, das 2 1/2 bis 4 cm hohe Ränder hat. Man kann den Teig auch in dünner Schicht (4 bis 6 mm) auf ein kreisrund oder viereckig geschnittenes Butterbrotpapier streichen, das in eine Pfanne oder auf ein rundes Backblech gelegt wird.
Eine Biskuitmasse von 2 1/2 bis 4 cm Höhe bäckt man 35 bis 40 Minuten bei 200 °C bis 220 °C. Biskuitmasse, die dünner als 1 cm aufgestrichen wurde, benötigt nur 10 bis 20 Minuten Backzeit bei 200° C bis 220° C. In den ersten 10 bis 15 Minuten des Backens darf man die Backform bzw. das -blech mit der Masse nicht im Herd rücken, weil sie dann zusammenfallen würde. Die Backröhre wird noch vor dem Schlagen der Masse angeheizt, denn Biskuitmasse darf vor dem Backen nicht mehr stehen. Ob Biskuit durchgebacken ist, läßt sich an der Farbe der Oberfläche — sie soll goldgelb bis hellbraun sein — und an seiner Elastizität feststellen: Wenn man mit dem Finger auf die Oberfläche drückt, und es bleibt eine Vertiefung, ist die Masse noch nicht ausgebacken; verschwindet die kleine Vertiefung jedoch sofort wieder, ist der Backprozeß beendet. Ob ein hoher Biskuitboden durchgebacken ist, stellt man mit einem hölzernen Stäbchen fest. Wenn das eingestochene und sofort wieder herausgezogene Stäbchen trocken bleibt, ist der Biskuitboden fertig.
Einen gebackenen Biskuit läßt man abkühlen und nimmt ihn dann vorsichtig aus der Form, wobei man zunächst den Tortenrand mit einem dünnen Messer löst.
Noch warmer Biskuit wird beim Schneiden zusammengedrückt. Deshalb muß er zunächst mindestens 4 Stunden stehen bleiben. Will man ihn jedoch mit aromatisiertem Zuckersirup durchfeuchten, muß er mindestens 7 Stunden stehen, sonst saugt er sich so voll Sirup, daß er dann auseinanderfällt.

Nuß-Biskuitmasse

Der Biskuitmasse I fügt man gegen Ende der Schlagzeit der Ei-Zucker-Masse feingehackte, geröstete Nüsse zu. Auf jeweils 3 Eier verwendet man 1 1/2 Teelöffel gehackte Nüsse.

Kakao-Biskuitmasse

Den Kakao zusammen mit dem Mehl sieben und der Biskuitmasse I bei der Zubereitung zufügen. Auf jeweils 3 Eier nimmt man 1 Teelöffel Kakao, nach Belieben auch etwas mehr.

Anisplätzchen

Für etwa 400 g Gebäck:
3 Eier, 3/4 Becher Zucker,
1 Becher Mehl, Anis.

Eier und Zucker mit dem Schneebesen im Wasserbad schlagen und auf 40 °C bis 50 °C erwärmen. Unter weiterem Schlagen die Masse auf Zimmertemperatur abkühlen und mit dem gesiebten Mehl verarbeiten. Mit einem Spritzbeutel kleine runde Plätzchen auf ein gefettetes, mit Mehl bestäubtes Backblech setzen. Auf jedes Plätzchen 3 bis 5 Aniskörner legen. Dann das Backblech trocken und warm stellen. Sobald die Oberfläche der Plätzchen übertrocknet ist, das Gebäck 8 bis 10 Minuten bei 180 °C bis 200 °C backen. Hierbei muß man aufpassen, daß das Gebäck weiß bleibt. Es darf nicht bräunen. Anisplätzchen kann man paarweise mit Powidel oder Jam zusammensetzen. Anstelle von Anis können die Plätzchen auch mit Kümmel oder Mohn bestreut werden.

Mandelgebäck «Liwazija»

Für etwa 500 g Gebäck:
3/4 Becher Zucker, 4 Eier,
abgeriebene Schale von 1 Zitrone,
1 Becher Mehl, 5 Eßl. Mandeln.

Zucker und Eier in einen Topf schütten und unter Schlagen mit dem Schneebesen im Wasserbad auf 40 °C bis 45 °C erwärmen. Die Masse unter weiterem Schlagen auf Zimmertemperatur abkühlen lassen. Dann mit der Zitronenschale und dem gesiebten Mehl verarbeiten. Mit einem Spritzbeutel oder 2 Teelöffeln auf ein gefettetes und mit Mehl bestäubtes Backblech Teigplätzchen setzen. Die Oberfläche mit abgezogenen, gehackten Mandeln bestreuen und die Plätzchen 8 bis 10 Minuten bei 210 °C bis 230 °C backen.

Piroggen «Kartoschka»

Für 10 Piroggen von je 75 bis 85 g:
Biskuitmasse I aus 6 Eiern;
«Butterkrem» aus 150 g Butter,
2 Eßl. Weinbrand oder Rum,
«Fondant» aus 4 Eßl. Zucker.

Den gebackenen und abgekühlten Biskuit durch den Fleischwolf drehen oder auf andere Weise fein zerkleinern. In einer Schüssel die Biskuitkrumen sorgfältig mit der Butterkrem und Weinbrand vermischen. Zuvor einen Teil der Butterkrem zum Garnieren wegnehmen. Die Biskuit-Butterkrem-Mischung in 10 gleichgroße Stücke teilen. Jedes Stück beliebig formen, z. B. zu einer Kartoffel, einem Tannenzapfen, einem Apfel, einem Häschen usw. Diese Figürchen auf einer Platte verteilen und 20 bis 30 Minuten in den Kühlschrank stellen. Dann die Oberflächen mit erwärmtem Fondant glasieren. Dafür sticht man am besten mit einer Gabel die Figürchen in der Mitte an und taucht sie so in den Fondant. Nach dem Herausnehmen läßt man den überschüssigen Fondant abtropfen. Dann stellt man die Kartoschka so auf die Platte, daß der Fondant oben ist,und garniert nach dem Trocknen noch mit Butterkrem. Man kann die Fondant-Glasur auch weglassen und die Kartoschka nur mit Kakao und Puderzucker besieben.

Biskuit-Frucht-Schnitten

Für 20 Schnitten von je 50 g:
Biskuitmasse I aus 6 Eiern,

«Sirup» aus 2 Eßl. Zucker,
1 Becher Warenje, Jam oder Powidel,
1 Becher frische oder
konservierte Früchte,
«Gelee» aus 3 Eßl. Zucker.

Den gebackenen Biskuit in 3 Scheiben von gleicher Dicke schneiden. Diese Scheiben mit aromatisiertem Sirup durchtränken und mit Warenje zusammensetzen. Auch die oberste Scheibe mit Warenje bestreichen. Alles zu 20 Schnitten zerschneiden. Jede Schnitte mit Früchten garnieren und mit warmem Gelee überziehen.

Biskuitschnitten mit Eiweißkrem

Für 10 Schnitten von je 75 bis 80 g:
Biskuitmasse I aus 6 Eiern;
«Sirup» aus 3 Eßl. Zucker,
1/2 Becher Apfel-Powidel
oder Warenje,
«Eiweißkrem» aus 3 Eiweiß,
1/2 Eßl. Puderzucker.

Den gebackenen Biskuit in 2 Scheiben von gleicher Dicke schneiden. Die erste Scheibe mit aromatisiertem Sirup durchtränken und mit Powidel bestreichen. Dann die zweite Scheibe darauflegen. Auch diese mit Sirup anfeuchten und dann mit Eiweißkrem bestreichen. Mit einem Messer die späteren Schnittflächen vorzeichnen und mit einem Spritzbeutel Garnierungen aus Eiweißkrem aufspritzen. Dann vorsichtig Schnitten schneiden und etwa noch 1/2 Minute in die heiße Backröhre stellen, bis die Eiweißkrem leicht rosig wird. Die Schnitten zuletzt mit Puderzucker besieben.

Biskuit-Schokoladen-Schnitten

Für 10 Schnitten von je 50 g:
Biskuitmasse I aus 3 Eiern mit Kakao;
«Weinbrandsirup» aus 2 Eßl. Zucker,
«Schokoladenbutterkrem»
aus 100 g Butter.

Den gebackenen Biskuit in 2 Scheiben von gleicher Dicke schneiden, mit Weinbrandsirup tränken und mit Schokoladenbutterkrem zusammensetzen. Die obere Scheibe mit Butterkrem bestreichen und alles zu 10 Schnitten zerschneiden. Jede Schnitte mit Butterkrem aus einem Spritzbeutel garnieren.

Vanille-Babka (Napfkuchen)

Für eine Babka von etwa 700 g:
8 Eier, 2/3 Becher Zucker,
1 Päckchen Vanillinzucker,
4 Eßl. dicke saure Sahne,
1 Becher Mehl, 1 Eßl. Puderzucker.

Eier, Zucker und Vanillinzucker im Wasserbad unter Erwärmen auf 40 °C bis 50 °C mit dem Schneebesen schlagen. Unter weiterem Schlagen auf Zimmertemperatur abkühlen lassen. Dann die saure Sahne sowie das gesiebte Mehl zufügen, alles zu einem Teig verrühren und diesen in eine gefettete und mit Mehl oder Semmelbröseln ausgestreute Backform schütten. 25 bis 35 Minuten bei 180 °C bis 200 °C backen. Nach dem Abkühlen die Babka aus der Form nehmen und mit Puderzucker besieben.

Biskuitkuchen mit Zimt

Für einen Biskuitkuchen
von etwa 400 g:
4 Eier, 1 gekanteter Becher Zucker,

1 Becher Mehl;
1 Teel. gemahlener Zimt,
1 Eßl. geröstete,
gemahlene Mandeln, 1 Teel. Zucker.

Wie «Biskuitmasse I» bereiten. Die fertige Masse in einer gleichmäßigen Schicht bis zur Hälfte der Höhe eines vorbereiteten kleinen Backblechs gießen und mit Zimt bestreuen. Dann bis zu 2/3 der Höhe des Backblechs die restliche Masse auffüllen und die Oberfläche mit Mandeln — vermischt mit Zucker — bestreuen. 20 bis 25 Minuten bei 180 °C bis 200 °C backen. Den gebackenen Biskuitkuchen abkühlen lassen, in Stücke schneiden und vorsichtig vom Backblech nehmen.

Schokoladen-Babka

Für eine Babka von etwa 700 g:
8 Eier, 2/3 Becher Zucker,
2 Eßl. saure Sahne,
1 Becher Mehl,
20 g Butter, 50 g Schokolade.

Ebenso zubereiten wie die «Vanille-Babka», jedoch am Ende der Teigbereitung die in warmer Butter geschmolzene Schokolade zufügen.

Kuchen mit getrockneten Aprikosen

Für einen Kuchen von etwa 900 g:
500 g getrocknete Aprikosen,
2 Eßl. Aprikosenlikör,
3 Eier, 3/4 Becher Zucker,
1 Becher Mehl; 1 Eigelb.

Die Aprikosen verlesen, waschen, gut abtropfen lassen und in einer Schüssel mit dem Likör beträufeln. Eier und Zucker im Wasserbad mit dem Schneebesen bis zu einer Temperatur von 50 °C schlagen. Unter weiterem Schlagen auf Zimmertemperatur abkühlen lassen. Nun das Mehl einrühren und die mit Likör getränkten Aprikosen dazugeben. Die Masse in eine gut gefettete und mit Mehl ausgestreute Backform oder auf ein Backblech gießen und 25 bis 35 Minuten bei 190 °C bis 210 °C backen. Kurz vor Beendigung der Backzeit vorsichtig mit verquirltem Eigelb bestreichen.

Kuchen mit Eigelb

Für einen Kuchen von etwa 1200 g:
3/4 Becher Zucker,
10 Eigelb, 1 Ei,
abgeriebene Schale von 1 Zitrone,
1 Eßl. Stärkemehl,
1 Becher Mehl;
50 g Butter, 1 Becher Jam,
Warenje oder Powidel,
«Fondant» aus 12 Eßl. Zucker.

Den Zucker mit den Eigelb und dem ganzen Ei in einem Topf mit dem Schneebesen bei Erwärmung im Wasserbad bis zu einer Temperatur von 50 °C schlagen. Unter weiterem Schlagen auf Zimmertemperatur abkühlen lassen. Dann Zitronenschale und das mit Stärkemehl gesiebte Mehl zufügen. Zuletzt die zerlassene Butter unterziehen. Die Masse 2 bis 3 cm dick auf ein gut gefettetes und mit Mehl bestreutes Backblech schütten. 20 bis 30 Minuten bei 200 °C bis 210 °C backen. Nach dem Abkühlen den Biskuit halbieren, einen Teil mit Jam bestreichen, den zweiten Teil darüberlegen und ein wenig andrücken. Obenauf mit aromatisiertem Fondant glasieren und mit einem Spritztütchen mit verschiedenfarbigem Fondant garnieren.

Biskuittorte mit Butterkrem und Früchten

Für eine Torte von etwa 1000 g:
Biskuitmasse I aus 6 Eiern,
«Sirup» aus 4 Eßl. Zucker,
«Butterkrem» aus 200 g Butter,
1/2 Becher beliebige «Streusel»,
1/2 Becher frische oder
konservierte Früchte.

Falls der in einer runden Form gebackene Biskuit uneben ist, muß man die Oberfläche begradigen. Dann schneidet man die Torte mit einem scharfen Messer oder einem Sägemesser in 3 gleiche Scheiben. Die unterste Scheibe des Biskuits legt man auf ein Backbrett oder eine Platte, befeuchtet sie mit aromatisiertem Sirup und bestreicht sie 2 bis 3 mm dick mit Butterkrem. Darauf legt man die zweite Biskuitscheibe, drückt sie leicht an, durchfeuchtet sie etwas reichlicher mit Sirup als die unterste und bestreicht sie ebenfalls mit Butterkrem. Darauf legt man nun die dritte Biskuitscheibe, drückt sie ebenfalls an, durchfeuchtet sie und bedeckt sie mit einer dünnen Butterkremschicht. Auch den Tortenrand bestreicht man mit Krem. Mit einem «Konditorkamm» wird die oberste Kremschicht verziert. Der Tortenrand wird mit Streuseln bestreut. Tortenstreusel kann man auch aus Biskuitbröseln herstellen, die sich bei der Begradigung der Torte ergeben. Die übrige Butterkrem füllt man in einen Spritzbeutel und garniert damit die Tortenoberfläche nach Belieben. Zuletzt ordnet man darauf noch Früchte an. Vor dem Garnieren kann man die Torte auch schon in eine beliebige Anzahl von Stücken einteilen. Dafür gibt es verschiedene Möglichkeiten: Runde Markierungen macht man mit Ausstechern oder Tellern unterschiedlicher Größe. Dann schneidet man die Torte über Kreuz, wobei das Messer in heißes Wasser getaucht und vor dem Schneiden kurz abgeschüttelt wird. So erhalten die Tortenstücke saubere gerade Kanten, während sie beim Schneiden mit trockenem Messer eingedrückt und zerkrümelt werden. Dann teilt man die Torte weiter nach den vorgegebenen Markierungen auf und verziert jedes Stück gesondert.

Biskuittorte mit Ananasgarnierung

Für eine Torte von etwa 1000 g:
Biskuitmasse I aus 6 Eiern;
«Sirup» aus 4 Eßl. Zucker,
«Schokoladenbutterkrem»
aus 50 g Butter,
«Vanillebutterkrem» aus 150 g Butter,
1/2 Becher «Streusel für Torten».

Die Torte — bis auf die Garnierung — ebenso zubereiten wie «Biskuittorte mit Butterkrem und Früchten». In der Mitte der Torte mit einem Spritzbeutel mit gezahnter Tülle aus Schokoladenbutterkrem ein Ananasrelief spritzen. Für die «Spritzen» der Ananasblätter kann man Stückchen vom Biskuitverschnitt verwenden. Die übrigen Garnierungen werden mit Vanille- oder Schokoladenbutterkrem ausgeführt, wobei man glatte Spritztüllen mit geradem Anschnitt und Tüllen für Rosen verwendet.

Biskuittorte mit Apfelsinen

Für eine Torte von etwa 1100 g:
Biskuitmasse I aus 6 Eiern;

«Sirup» aus 3 Eßl. Zucker,
«Apfelsinenkochkrem»
aus 1/2 Becher Milch,
1/2 Becher Erdbeer-Warenje,
«Teebutterkrem» aus 100 g Butter,
1/2 Becher «Streusel für Torten»,
2 Apfelsinen.

Den Biskuit in dünne Scheiben gleicher Dicke schneiden oder 3 dünne Böden und für die Mitte einen kleineren Kreis ausbacken. Alle Teigböden nacheinander mit aromatisiertem Sirup durchfeuchten. Auf den untersten Boden eine Schicht aus Apfelsinenkochkrem auftragen. Den zweiten Boden darüberdecken, mit einer Schicht Warenje versehen, den dritten Boden darauflegen und mit einer Schicht Teebutterkrem bestreichen. Mit dem «Konditorkamm» ein Muster einritzen. In die Mitte der Tortenoberfläche den kleineren Biskuitkreis legen, ebenfalls mit Butterkrem bestreichen und seitlich mit Streuseln bestreuen, ebenso den äußeren Tortenrand. Die Tortenoberfläche mit Butterkrem und Apfelsinenspalten garnieren.

Biskuittorte mit Früchten

Für eine Torte von etwa 1200 g:
Biskuitmasse I aus 6 Eiern;
«Sirup» aus 3 Eßl. Zucker,
1 Becher Warenje oder Jam
oder Powidel aus Erdbeeren,
1/2 Becher «Streusel für Torten»,
1 Becher Kompottfrüchte
oder frische Früchte,
«Gelee» mit Wein aus 2 Eßl. Zucker.

Den Biskuit in 3 oder 2 Scheiben von gleicher Dicke schneiden, mit aromatisiertem Sirup durchfeuchten und mit Warenje zusammensetzen. Auf den

Abb. 90. Biskuitboden wird mit einem großen Messer in Lagen zerschnitten

Abb. 91. Je nach Rezept mit Likör oder aromatisiertem Zuckersirup tränken

Abb. 92. Die einzelnen Lagen mit Hilfe eines Springformbodens auflegen

Tortenrand Warenje streichen und mit Streuseln bestreuen. Die Tortenoberfläche zunächst mit Warenje bestreichen, dann Früchte auflegen und zuletzt mit Gelee überziehen.

Trockene Biskuittorte

Für eine Torte von etwa 400 g:
Biskuitmasse I aus 6 Eiern;
2 Eßl. Puderzucker.

Die Biskuitmasse zubereiten und entweder in einer rechteckigen oder runden Form backen. Abgekühlt vorsichtig aus der Form nehmen. Die Oberfläche mit Puderzucker besieben und mit dem heißen Messerrücken ein Gitter einritzen. Dann die Torte in Stücke schneiden.

Glasierte Biskuit-Nuß-Torte

Für eine Torte von etwa 1100 g:
Biskuitmasse I aus 6 Eiern;
«Sirup» aus 3 Eßl. Zucker,
«Nußbutterkrem» aus 100 g Butter,
«Nuß-Fondant» aus 8 Eßl. Zucker,
1/2 Becher geröstete Haselnüsse,
1/4 Becher frische Früchte
oder Kompottfrüchte.

Den gebackenen und abgekühlten Biskuit in 3 Scheiben gleicher Dicke schneiden. Alle Scheiben mit aromatisiertem Sirup durchfeuchten und mit Nußbutterkrem zusammensetzen. Einen Fondant zubereiten und diesen noch warm auf die Torte gießen. Sofort mit einem Messer glattstreichen. Die Torte mit Nüssen, Butterkrem und Früchten garnieren.

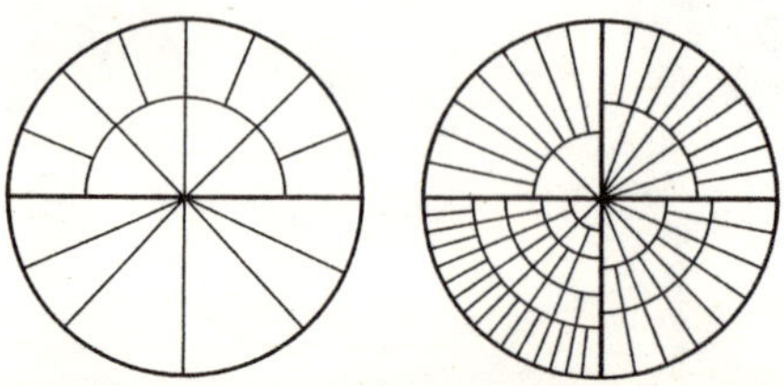

Abb. 93. Möglichkeiten für das Einteilen einer runden Torte

Torte aus Weißbrotbröseln

Für eine Torte von etwa 900 g:
10 Eier, 1 Becher Zucker,
1 Päckchen Vanillinzucker,
2 Becher Weißbrotbrösel,
1 Becher Powidel,
2 Eßl. Puderzucker.

Eier, Zucker und Vanillinzucker schlagen, wie bei «Biskuitmasse I» angegeben, und erst zuletzt mit den feingeriebenen, getrockneten und durchgesiebten Weißbrotbröseln vermischen. Die Masse in einer gefetteten Backform 40 bis 50 Minuten bei 200 °C bis 210 °C backen. Die Torte nach dem Abkühlen quer in 2 gleichdicke Scheiben schneiden. Diese mit Powidel zusammensetzen und mit Puderzucker besieben. Mit dem heißen Messerrücken ein Gitter einritzen.

Torte aus Roggenbrotbröseln

Für eine Torte von etwa 800 g:
3/4 Becher Roggenbrotbrösel,
1 Teel. Kakao, 1 Eßl. Mehl, 5 Eier,
3 Eßl. Zucker;
«Sirup» aus 4 Eßl. Zucker,
«Butterkrem» aus 100 g Butter.

Die Roggenbrotkrumen fein reiben, trocknen und sieben. Den Kakao zusammen mit dem Mehl sieben und die Roggenbrotbrösel daruntermischen. Mit dem Schneebesen Eier und Zucker im Wasserbad schlagen und dabei auf 50 °C erwärmen. Unter weiterem Schlagen auf Zimmertemperatur abkühlen lassen. Dann das vorbereitete Roggenbrot-Mehl-Gemisch zufügen und alles glattrühren. Den Teig in eine gefettete runde Backform oder Pfanne schütten. 40 bis 50 Minuten bei 180 °C bis 210 °C backen. Abgekühlt quer in 2 Scheiben teilen und jede mit aromatisiertem Sirup durchfeuchten. Die Torte mit beliebiger Butterkrem zusammensetzen und garnieren.

Biskuit-Krem-Torte mit Pilzgarnitur

Für eine Torte von etwa 1000 g:
Biskuitmasse I aus 6 Eiern;
«Sirup» aus 4 Eßl. Zucker,
«Schokoladenbutterkrem»
aus 100 g Butter,
«Weinbrandbutterkrem»
aus 50 g Butter,
kleine Pilze aus «Baisermasse»
aus 1 Eiweiß oder aus «Marzipan»,
1/2 Becher «Streusel für Torten».

Die Torte so backen, zerschneiden und durchfeuchten, wie im Rezept «Biskuittorte mit Butterkrem und Früchten» angegeben. Die 3 Biskuitscheiben werden jedoch hier mit Schokoladenbutterkrem zusammengesetzt, während man die oberste mit Weinbrandbutterkrem bestreicht. Dann führt man mit dem Garnierkamm wellige Linien darauf aus. Aus Baisermasse setzt man mit einem Spritzbeutel mit breiter runder Tülle kleine «Stäbchen» für die Pilzstiele und Plätzchen für die Kappen auf ein Blech und bäckt sie langsam. Dann taucht man die Pilzhüte in erwärmte Schokolade oder bestreicht sie mit Schokoladenbutterkrem und streut geröstete Biskuitstreusel darauf. Nun klebt man die Pilzhütchen und -stiele mit Krem aneinander und verteilt sie auf der Oberfläche der Torte. Kleine Pilze lassen sich auch aus Marzipan anfertigen. Dann sollten die Stiele 2 1/2 cm hoch und 1 1/2 cm dick, mit einem Durchmesser von 1 1/2 cm im unteren Teil und 7 mm im oberen Teil sein. Die Pilzhütchen erhalten einen Durchmesser von 1 1/2 cm. Der Tortenrand wird mit Streuseln bestreut.

Gebäck aus Biskuitmasse (kalt geschlagen)

Diese Masse ist noch lockerer als Biskuitmasse warm und kalt geschlagen, jedoch weniger krümelig, deshalb ist sie für bestimmte Backerzeugnisse besonders geeignet.

Biskuitmasse kalt geschlagen (Biskuitmasse II)

ZUTATEN	MENGEN			
Mehl, Eßlöffel	2	4	6	8
Zucker, Eßlöffel	2	4	6	8
Eigelb, Stück	3	6	9	15
Eiweiß, Stück	4	8	12	20
Backwarenmenge etwa, Gramm	200	400	600	800

Die Eiweiß von den Eigelb trennen. Mit dem Schneebesen die Eigelb mit 3/4 des Zuckers so lange schlagen, bis der Zucker aufgelöst ist und sich die Masse verdoppelt bis verdreifacht hat. In einem anderen Gefäß die gut gekühlten Eiweiß mit dem Schneebesen steif schlagen und gegen Ende der Schlagzeit allmählich den restlichen Zucker zufügen. Die zuvor mit Zucker geschlagenen Eigelb mit 1/3 des Eischnees locker verrühren. Dann das Mehl darübersieben und alles leicht vermischen. Nun die übrige Eiweißmasse unterziehen, so daß eine glatte Masse entsteht. Bei der weiteren Verarbeitung die bei Biskuitmasse I gegebenen Hinweise mit beachten.

Biskuit-Frucht-Roulade

Für eine Roulade von etwa 750 g:
Biskuitmasse II aus 6 Eiern;
1 Becher Powidel,
2 Teel. Puderzucker.

Die zubereitete Biskuitmasse in etwa 4

bis 6 mm dünner Schicht auf ein gefettetes Butterbrotpapier, das auf ein Backblech gelegt wurde, gießen. 15 bis 20 Minuten bei 200 °C bis 220 °C backen. Der Biskuit darf nicht austrocknen, weil er sich sonst schlecht aufrollen läßt. Ein anderes Stück Butterbrotpapier auf einem Backbrett ausbreiten und die gebackene Masse vom Backblech darauf stürzen. Vorsichtig das Papier entfernen, auf dem sie gebacken wurde. Die noch elastische Masse rasch mit Powidel bestreichen und mit Hilfe des darunter liegenden Papiers alles zu einer Roulade aufrollen. Mit Puderzucker besieben.

Schokoladenroulade

Für eine Roulade von etwa 1000 g: Biskuitmasse II aus 1 Becher Mehl, 1/2 Teel. Kakao, 3/4 Becher Zucker, 7 Eiern; 1/2 Eßl. Stärkemehl, 1/2 Teel. Kakao, 1 1/4 Becher Milch, 3 Eßl. Zucker, 300 g Butter, 30 ml Rum; 100 g Schokolade.

Die Masse wie «Biskuitmasse II» zubereiten, dabei den gesiebten Kakao zufügen. Für die Butterkrem das Stärkemehl und den Kakao in 1/4 Becher Milch verrühren. Die übrige Milch mit Zucker aufkochen, das angerührte Stärkemehl zufügen und unter Rühren mehrmals aufkochen lassen. Vom Feuer nehmen und auf 20 °C bis 25 °C abkühlen lassen. Dann erst Butter sowie Rum dazugeben und gut rühren. Die Masse wie «Biskuit-Frucht-Roulade» backen. Sofort mit Butterkrem bestreichen und zur Roulade aufrollen. Die Oberfläche wird mit zerlassener Schokolade übergossen und sofort mit dem «Konditorkamm» mit wellenförmigen Linien versehen. Diese Roulade muß 24 Stunden im Kühlschrank gut durchkühlen. Dann kann man sie in Portionen aufschneiden.

Biskuitroulade mit Krem und Warenje

Für 10 Rouladenportionen von je 80 bis 90 g: Biskuitmasse II aus 6 Eiern; 1 Becher Warenje oder frische Früchte, «Butterkrem» aus 100 g Butter, 2 Eßl. Puderzucker.

Aus der Masse eine Biskuitplatte bereiten, wie im Rezept «Biskuit-Frucht-Roulade» beschrieben. Nachdem das Papier abgelöst ist, sofort eine Schicht Warenje und darauf eine Butterkremschicht aufstreichen. Das Gebäck mit Hilfe des Papiers rasch zu einer Roulade aufrollen. Abgekühlt in Scheiben schneiden und mit Puderzucker besieben. Falls die Roulade mit frischen Früchten zubereitet wird, muß man den gebackenen Teig zuerst mit Butterkrem bestreichen, dann die Früchte darauflegen und danach die Roulade aufrollen.

Luftbiskuits

Für Biskuits von insgesamt etwa 250 g: 5 Eier, 2 Eßl. Zucker, 1/2 Päckchen Vanillinzucker, 2 Eßl. Mehl.

Die Eier trennen. Die Eiweiß zu festem Schnee schlagen, gegen Ende des Schlagens nach und nach den Zucker und den Vanillinzucker zugeben. Die Eigelb ein wenig verrühren, mit Eiweiß und Mehl vermischen. Diese Masse mit dem Spritzbeutel zu verschiedenen Figuren auf Butterbrotpapier, das auf ei-

12–160

nem Backblech liegt, setzen. 10 bis 15 Minuten bei 180 °C bis 200 °C backen.

Glasierte Bouchées

Für 20 Bouchées von je 50 bis 55 g:
Biskuitmasse II aus 10 Eiweiß,
7 Eigelb, 6 Eßl. Zucker,
1 Becher Mehl;
«Sirup» aus 2 Eßl. Zucker,
«Butterkrem» aus 150 g Butter,
«Schokoladen-Fondant»
aus 12 Eßl. Zucker.

Die Rezeptur dieser Biskuitmasse unterscheidet sich von gewöhnlichen derartigen Massen dadurch, daß 1 1/2mal soviel Eiweiß verwendet wird als Eigelb. Das Ergebnis ist eine Masse von solcher Beschaffenheit, die man mit einem Spritzbeutel auf Papier setzen muß. Die Masse für Bouchées wird ebenso zubereitet wie die «Biskuitmasse II». Die fertige Masse unverzüglich in einen Spritzbeutel mit einer großen Tülle (2 cm Durchmesser) geben und auf ein mit Papier ausgelegtes Backblech runde oder ovale Plätzchen spritzen. 15 bis 20 Minuten bei 190 °C bis 200 °C backen. Nach dem Abkühlen und Festwerden das Gebäck vom Papier lösen und immer 2 Stück mit Butterkrem zusammensetzen, so daß Bouchées in Form einer Kugel entstehen. Die Oberteile kann man einige Sekunden in aromatisierten Sirup tauchen. Damit die Bouchées beim Glasieren nicht zerbrechen, müssen sie vorher 1 Stunde lang auskühlen. Dann erst kann man den oberen Teil jedes Bouchées in erwärmten Schokoladen-Fondant tauchen und schnell mit dem Fondant nach oben drehen.

Ananastorte

Für eine Torte von etwa 1000 g:
Biskuitmasse II aus 1 Becher Mehl,
3/4 Becher Zucker, 6 Eiern,
abgeriebener Schale von 1/2 Zitrone;
1 Eßl. Stärkemehl, 1 1/4 Becher Milch,
3 Eßl. Zucker, 300 g Butter,
50 ml Vanille-Likör,
200 g konservierte Ananas.

Die Masse wie «Biskuitmasse II» zubereiten. Beim Verrühren der Eigelb die abgeriebene Zitronenschale zugeben. Aus der fertigen Masse 3 Böden gleicher Größe 10 Minuten bei 220 °C bis 230 °C auf Butterbrotpapier backen. Nach dem Abkühlen die Böden mit Butterkrem zusammensetzen und auch obenauf damit bestreichen. Für die Butterkrem das Stärkemehl in 1/4 Becher Milch verrühren. Die übrige Milch mit Zucker aufkochen, das angerührte Stärkemehl zufügen und unter Rühren mehrmals aufkochen lassen. Vom Feuer nehmen und auf 20 °C bis 25 °C abkühlen lassen. Dann erst Butter sowie Vanille-Likör zugeben und gut rühren. 1/4 der Krem zum Garnieren zurücklassen. Die übrige Krem mit Ananasstückchen vermischen. Einen Teil der Ananasstückchen für die Oberflächengarnierung übriglassen. Den Ananassaft aus der Dose für das Tränken der Teigböden verwenden.

Gebäck aus leichter Sandmasse

Leichte Sandmasse unterscheidet sich von Biskuit durch seine Zubereitungsweise und dadurch, daß zu den Zutaten neben Mehl, Zucker und Eiern auch Butter gehört. Deshalb hat leichte Sandmasse eine festere Beschaffenheit. Man stellt daraus vorwiegend Torten und Kuchen her.

Leichte Sandmasse

ZUTATEN	MENGEN			
Eier, Stück	3	6	9	12
Mehl, Eßlöffel	2	4	6	8
Zucker, Eßlöffel	3	6	9	12
Butter, Gramm	35	70	100	135
Stärkemehl, Teelöffel	1	2	3	4
Backwarenmenge etwa, Gramm	225	450	675	900

Das Stärkemehl kann auch durch Weizenmehl ersetzt werden.

Butter und Zucker schaumig rühren, dann unter weiterem Rühren in 3 bis 4 Etappen die Eigelb zufügen. In einem anderen Gefäß die gut gekühlten Eiweiß zu festem Schnee schlagen, der am Schneebesen haften bleibt.
Die Hälfte des Eischnees unter die Butter-Zucker-Eigelb-Masse ziehen. Dann das Mehl und den restlichen Eischnee dazugeben und alles zu einer glatten Masse verrühren.

Leichte Sandmasse wird in beliebigen, nicht sehr großen Backformen oder auf dem Backblech gebacken. Backformen fettet man mit erwärmter Butter, streut sie mit Mehl, feingehackten Mandeln oder Nüssen aus und füllt sie 3/4 hoch mit Sandmasse.
Für das Backen von Sandmasse für Torten und Kuchen kann man auch runde oder viereckige Papierformen verwenden, die sehr leicht herzustellen

sind und auf ein Backblech gesetzt werden.
Sehr dünne Böden backen schnell durch und die Masse fällt nicht zusammen. Platten und Böden, die dünner als 1 cm sind, und kleineres Gebäck benötigen eine Backzeit von 10 bis 20 Minuten bei 200 °C bis 220 °C. Größere Mengen backen 35 bis 40 Minuten bei 190 °C bis 200 °C. Während der Backzeit — besonders jedoch zu Beginn — darf leichte Sandmasse nicht erschüttert werden, sonst fällt sie zusammen und bäckt nicht durch. Ob die Masse durchgebacken ist, stellt man ebenso fest wie bei «Biskuitteig I» angegeben.

Moskauer Zwieback

Für etwa 400 g Gebäck:
6 Eßl. Puderzucker,
1 Päckchen Vanillinzucker,
90 g Butter, 3 Eier, 1 Becher Mehl,
2 Eßl. kleine Rosinen.

Den Puder- und den Vanillinzucker mit der Butter in einer Schüssel 5 bis 8 Minuten schaumig rühren. Unter weiterem Rühren gibt man ein Ei nach dem anderen zu, bis die Zuckerkristalle sich aufgelöst haben und eine lockere schaumige Masse entstanden ist. Dann das Mehl einstreuen und zuletzt die Rosinen dazugeben. 2 bis 2 1/2 cm dick auf Backbleche verteilen, die zuvor mit gefettetem Papier belegt wurden. 30 bis 35 Minuten bei 200 °C bis 210 °C backen. Das abgekühlte Gebäck auf ein Holzbrett legen und in 3 cm breite Streifen schneiden. Jeden Streifen noch quer durchschneiden. Mit der flachen Seite auf das Backblech legen und zum Trocknen bei 190 °C bis 200 °C für 10 bis 13 Minuten noch einmal in die Backröhre schieben. Dann das Backblech herausziehen, die Scheiben umdrehen und noch weitere 3 bis 4 Minuten in der Backröhre übertrocknen.

Zukatengebäck

Für etwa 1000 g Gebäck:
1 1/2 Becher Zucker, 150 g Butter,
6 Eiweiß,
150 g Zukaten (Zitronat, Orangeat),
4 Eßl. Nüsse, 1 Becher Mehl.

Zucker und Butter in einer kleinen Schüssel 5 bis 6 Minuten lang rühren. Dann unter weiterem Rühren die Eiweiß, die in kleine Würfel geschnittenen Zukaten und die feingehackten Nüsse dazugeben. Nun das gesiebte Mehl einstreuen und alles vorsichtig verrühren. Mit dem Teelöffel in kleinen Portionen auf einem gefetteten Backblech verteilen, wobei Zwischenräume gelassen werden. Dann das Backblech leicht gegen den Tisch stoßen, damit die Portionen ein wenig auseinanderfließen. 10 bis 15 Minuten bei 200 °C bis 210 °C backen. Das Gebäck noch vor dem Auskühlen mit einem Messer vom Backblech lösen.

Krem-Warenje-Schnitten

Für 10 Schnitten von je 60 bis 80 g:
leichte Sandmasse aus 6 Eiern;
1/2 Becher Warenje,
«Butterkrem» aus 100 g Butter.

Nach dem Backen der dünn über das Backblech verteilten Masse diese in 3 Stücke teilen und mit Warenje zusammensetzen. Daraus 10 Schnitten schneiden und mit Butterkrem garnieren.

Vanillekuchen

Für einen Kuchen von etwa 700 g:
5 Eier, 150 g Butter,
1 Eßl. Kartoffelstärke,
1 Becher Mehl,
1 Päckchen Vanillinzucker,
3/4 Becher Zucker.

Die Eiweiß von den Eigelb trennen. Die leicht erwärmte Butter, die Kartoffelstärke, das Mehl und den Vanillinzucker darunterrühren. Unter Rühren allmählich die Eigelb zugeben. In eine andere Schüssel die gut gekühlten Eiweiß schütten und mit dem Schneebesen zu festem Schnee schlagen. Am Ende des Schlagens allmählich den Zukker einstreuen. Beide Massen untereinanderheben. Die Masse in eine gefettete Backform oder auf ein Backblech geben. Den Kuchen 25 bis 35 Minuten bei 180 °C bis 200 °C backen.

Korjanka-Kuchen

Für einen Kuchen von etwa 700 g:
1/2 Becher Rosinen, 2 Eßl. Likör,
1/2 Becher Zukaten
(Zitronat, Orangeat),
150 g Butter, 1/2 Becher Zucker,
5 Eigelb, 1 Becher Mehl;
1 Eßl. Puderzucker.

Die Rosinen verlesen, warm waschen, gut abtropfen lassen und mit dem Likör beträufeln. Die Zukaten fein schneiden und mit den Rosinen vermischen. Butter und Zucker in einer Schüssel 5 bis 6 Minuten schaumig rühren. Dabei nach und nach die Eigelb zugeben. Rosinen und Zukaten unter das gesiebte Mehl mischen und nach und nach zu der schaumig gerührten Masse geben. Eine Backform gut fetten und mit Mehl oder feingeriebenen Nüssen bzw. Mandeln ausstreuen und den Teig hineinschütten. 30 bis 40 Minuten bei 200 °C bis 210 °C backen. Abgekühlt und aus der Form genommen mit Puderzucker besieben.

Kartoffelkuchen

Für einen Kuchen von etwa 650 g:
100 g Butter, 1/4 Teel. Salz,
1/2 Becher Zucker,
abgeriebene Schale von 1 Zitrone,
3 Eier, 3/4 Becher Nußkerne,
200 g gekochte Kartoffeln.

Die erwärmte Butter, Salz, Zucker und die Zitronenschale 5 bis 6 Minuten schaumig rühren. Dabei allmählich die Eier zugeben. Dann die feingehackten und leicht gerösteten Nüsse unterrühren. Die geschälten Kartoffeln durch den Wolf drehen oder durch die Kartoffelpresse drücken. Abgekühlt mit den übrigen Zutaten verarbeiten. Eine flache Backform fetten, mit Mehl ausstäuben und den Teig einfüllen. 40 bis 50 Minuten bei 190 °C bis 200 °C backen.

Zitronenkuchen

Für einen Kuchen von etwa 350 g:
75 g Butter,
1/2 gekanteter Becher Zucker,
abgeriebene Schale von 1/2 Zitrone,
1 Päckchen Vanillinzucker,
3 Eier, 1 Becher Mehl.

Die leicht erwärmte Butter mit dem Zucker gut verrühren, dabei Zitronenschale und Vanillinzucker zugeben. Die Masse weiterrühren und allmählich auch die Eier zufügen. Sobald alles gleichmäßig vermischt ist, das Mehl zufügen und rasch den Teig fertig rühren. In eine gefettete und mit Mehl ausgestäubte Backform schütten und 30 bis 40 Minuten bei 190 °C bis 200 °C backen.

Mandelkuchen

Für kleine Kuchen von insgesamt etwa 1100 g:
9 Eier, 1 1/2 gekanteter Becher Zucker, 300 g Butter, 3/4 Becher Stärkemehl, 4 Eßl. geröstete Mandeln, 1 Becher Mehl; 1 Eßl. Puderzucker.

Eier und Zucker mit dem Schneebesen schlagen, bis sich die Masse um das Zwei- bis Zweieinhalbfache vergrößert hat. In einem anderen Topf die Butter schaumig rühren, dann das Stärkemehl und die feingehackten Mandeln zufügen und alles gut vermischen. Unter weiterem Rühren das Mehl sowie das Ei-Zucker-Gemisch zugeben und alle Zutaten vorsichtig untereinanderheben. Den fertigen Teig in Formen von 250 bis 350 g schütten, die gefettet und mit Mehl ausgestreut wurden. 40 bis 50 Minuten bei 190 °C bis 200 °C backen. Die kleinen Kuchen abkühlen lassen, aus der Backform stürzen und mit Puderzucker besieben. Man kann die Kuchen auch mit erwärmter Schokolade überziehen und feingehackte Mandeln darüberstreuen.

Safrankuchen

Für einen Kuchen von etwa 500 g:
1/3 Becher Zucker, 1/2 Becher Milch, 1 großes Ei, 0,1 g Safran, 1/4 Teel. Natron oder Backpulver, 1 Becher Mehl, 50 g Butter, 1/8 Teel. Salz, 1/2 Becher Rosinen; «Gekochter Zuckersirup».

Die Hälfte des Zuckers in der erwärmten Milch auflösen und abkühlen lassen. Die andere Hälfte des Zuckers mit dem Ei schlagen, ein wenig erwärmen und unter weiterem Schlagen wieder abkühlen. Den Safran in wenig warmem Wasser oder Wodka Farbe ziehen lassen. Natron oder Backpulver und Mehl zusammen sieben. Die schaumig gerührte Butter mit allen übrigen Zutaten vermischen, zu einem glatten Teig verarbeiten und in eine gefettete und mit Mehl ausgestreute Backform füllen. 40 bis 50 Minuten bei 190 °C bis 200 °C backen. Nach dem Abkühlen mit gekochtem Zuckersirup überziehen.

Torte mit Warenje

Für eine Torte von etwa 800 g:
Leichte Sandmasse aus 6 Eiern; 1 Becher Warenje, oder Powidel oder Jam, 2 Eßl. Puderzucker, 1/2 Becher Mandeln, beliebige Früchte.

Aus leichter Sandmasse 3 Tortenböden backen. Dafür die Masse 5 bis 7 mm dick in Papierformen (auch gefettete Springformen möglich) streichen. Die abgekühlten Böden mit Warenje zusammensetzen und obenauf mit Puderzucker besieben oder mit Fondant glasieren oder mit Früchten verzieren. Den Tortenrand ebenfalls mit Warenje bestreichen und mit abgezogenen, gehackten und gerösteten Mandeln bestreuen.

Gebäck aus Brandmasse

Brandmasse erhält man durch Kochen von Mehl mit Wasser oder Milch, Butter, Salz und nachfolgendem Verrühren der Masse mit Eiern. Im Laufe des Backens erfolgt ein intensives Verdampfen der Feuchtigkeit der Eier, so daß innerhalb des Gebäcks Hohlräume entstehen, die man mit Krem füllen kann. Um Gebäck von guter Qualität zu erhalten, sind die Hinweise für die Bereitung der Masse und das Backen genau zu beachten.

Brandmasse

ZUTATEN	MENGEN			
Wasser oder Milch, gekanteter Becher	1/3	2/3	1	1 1/3
Salz, Teelöffel	1/8	1/4	1/3	1/2
Butter oder Margarine, Gramm	40	80	120	160
Mehl, Becher	1/2	1	1 1/2	2
Eier, Stück	3	6	9	12
Backwarenmenge etwa, Gramm	185	370	555	740

In einen Topf Wasser oder Milch gießen, Salz und Butter zufügen, zum Kochen bringen und dann das gesiebte Mehl zufügen. Auf schwachem Feuer rasch mit einem Holzlöffel rühren, bis die Masse glatt ist. Noch 1 bis 2 Minuten erhitzen, bis sich die Masse zusammenballt und vom Topfrand löst. Dann vom Feuer nehmen, auf 50 °C abkühlen lassen und unter Rühren die Eier nach und nach zugeben. Dabei darf man nicht schlagen, sondern nur rühren, bis die Masse glatt ist. Falls die Eier groß sind, muß man gegebenenfalls etwas weniger nehmen. Die fertige Masse soll geschmeidig sein. Man füllt sie in einen Spritzbeutel mit einer Tülle von 1 bis 1 1/2 cm Durchmesser und spritzt Figuren.
(Siehe Abb. 94)

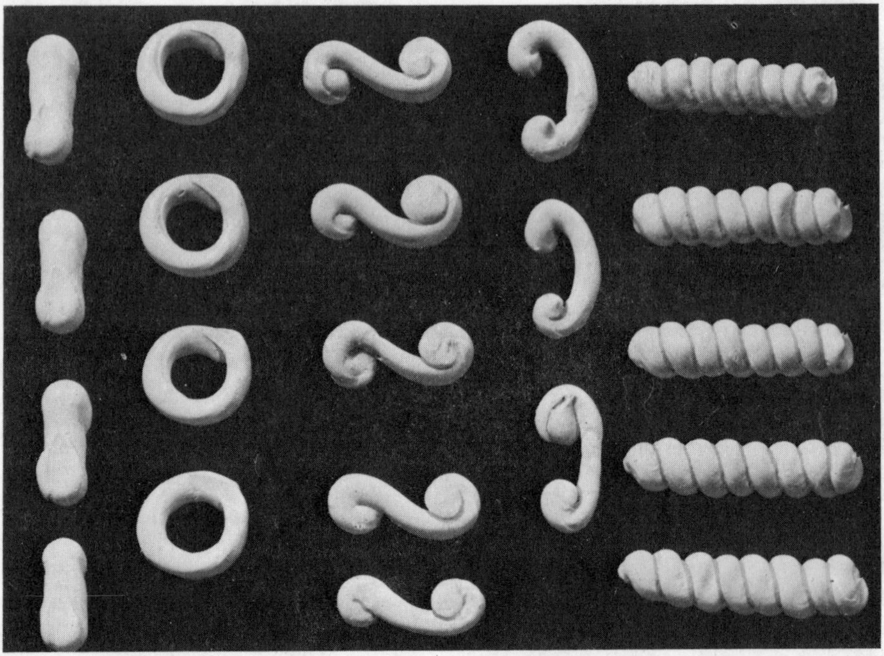

Abb. 94. Verschieden geformtes Backwerk aus Brandteigmasse vor dem Backen

Das Backblech soll nur sehr dünn gefettet sein. Auf einem zu stark gefettetem Backblech werden die Unterseiten des Gebäcks rissig. Ist jedoch das Backblech ganz trocken, bleibt das Gebäck daran kleben.
Brandmasse wird 30 bis 40 Minuten bei 180 °C bis 200 °C gebacken. Bei höherer Temperatur geht das Gebäck mehr auf, bekommt jedoch eine gesprungene Oberfläche. Ist die Temperatur zu niedrig, bleibt es flach und die nötige Lockerung fehlt. Normale Brandmasse lockert sich gut, und innen entstehen die gewünschten Hohlräume. Ist die Masse zu fest, fehlt die Lockerung. Aus zu weicher Masse entsteht verlaufenes Gebäck. Ist die Masse zu weich geraten, muß man festere Masse neu zubereiten und mit der weichen vermischen. Wenn Brandmasse-Gebäck während des Backens wieder zusammenfällt, wurde die Masse zu schaumig gerührt. Fällt das Gebäck nach dem Backen zusammen, ist es zu früh aus der Backröhre genommen worden. Biegen sich die Enden des Gebäcks nach oben, oder es ist weich, ist die Backröhre nicht heiß genug.

Eclairs

Für 10 Eclairs von je 100 g
oder 20 Stück von je 50 g:

Brandmasse aus 1 Becher Mehl;
nach Belieben «Butterkrem»
aus 150 g Butter,

«Kochkrem» aus 1 Becher Milch,
«Eiweißkrem» aus 3 Eiweiß oder
«Krem aus süßer oder saurer Sahne»
aus 1/2 Becher süßer
oder saurer Sahne,
«Fondant» aus 8 Eßl. Zucker
oder 1 Eßl. Puderzucker.

Die Brandmasse zu langen Stäbchen auf das Backblech spritzen und backen. Die fertigen Eclairs kann man auf verschiedene Weise füllen.

Erste Methode: Mit einem zugespitzten Stäbchen an ein oder zwei Stellen die Seitenfläche des Eclairs einstechen und aus einem Spritztütchen die Hohlräume mit der gewünschten Krem füllen. Obenauf die Eclairs mit Fondant glasieren.

Zweite Methode: Die gefüllten Eclairs (siehe vorstehende Beschreibung) auch von oben mit Krem bestreichen und mit Krümelstreuseln bestreuen, die aus zerbrochenen Eclairs hergestellt wurden. Man kann die Krümel auch mit 1 Teelöffel Kakao vermischen. Zuletzt werden die Eclairs mit Puderzucker besiebt.

Dritte Methode: Das Oberteil des Eclairs wird mit erwärmtem Fondant glasiert. Sobald er erstarrt ist, schneidet man das Gebäckstück längs auf und legt das Oberteil beiseite. Mit einem Spritzbeutel wird der Hohlraum des Unterteils mit Krem gefüllt. Dann setzt man das glasierte Oberteil wieder darauf.

Verschieden geformtes Brandmasse-Gebäck

Dieses Gebäck wird aus Brandmasse wie «Eclairs» zubereitet, nur wird es in Form von Ringen, Hufeisen, russischen Buchstaben u. ä. auf das Backblech gespritzt. Nach dem Backen kann es — ebenso wie bei «Eclairs» beschrieben — gefüllt und garniert werden.

Schus (russische Windbeutel)

Für 10 Schus von je 65 bis 75 g:
Brandmasse aus 1 Becher Mehl;
nach Belieben «Butterkrem» aus
150 g Butter oder «Krem aus
süßer oder saurer Sahne» aus
1 Becher süßer oder saurer Sahne;
1 Eßl. Puderzucker.

Die Brandmasse aus einem Spritzbeutel mit gezahnter Tülle auf ein leicht gefettetes Backblech zu runden Plätzchen spritzen. Nach dem Backen die Oberteile abschneiden, den Hohlraum mit Krem — ebenfalls aus einem Spritzbeutel — füllen. Die Krem mit dem Oberteil bedecken und dieses mit Puderzucker besieben.

Storchennester

Für 10 Storchennester von je 40 g:
Brandmasse aus 1 Becher Mehl,
Kardamom; Ausbackfett,
1 Eßl. Puderzucker,
1 Päckchen Vanillinzucker.

Der Brandmasse fein geriebenes Kardamom zufügen. Fertigen Teig in ein Spritztütchen aus Papier füllen, dessen schmales Ende so abzuschneiden ist, daß die entstehende Öffnung einen Durchmesser von nicht mehr als 5 mm hat. Das Ausbackfett in einem schmalen Topf von etwa 15 cm Durchmesser zum Sieden bringen. Sobald es die erforderliche Temperatur erreicht hat,

13–160

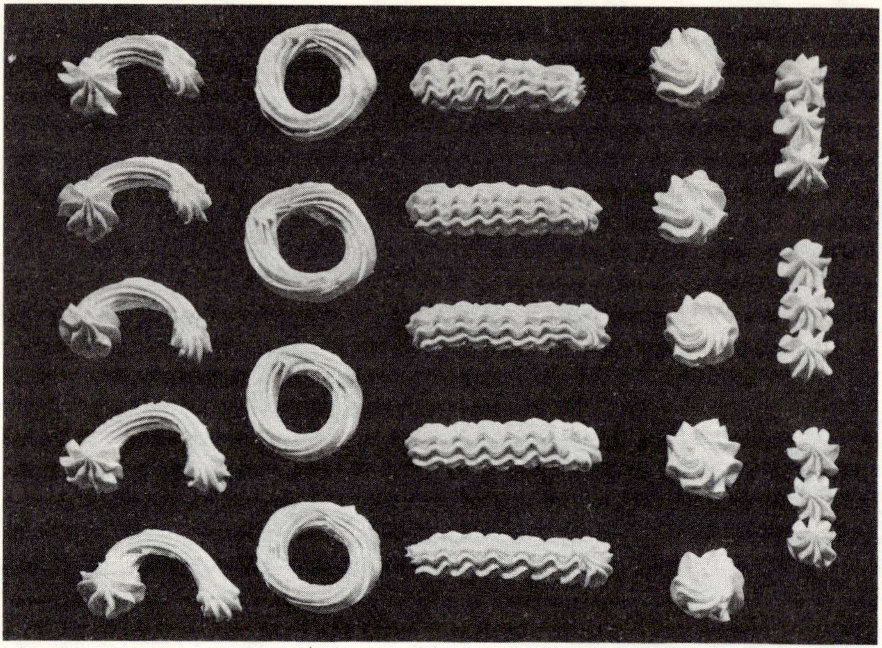

Abb. 95. Kleingebäck aus Brandmasse vor dem Einlegen ins Fettbad

drückt man rasch aus dem Spritztütchen einen dünnen Teigfaden heraus. Durch Kreis- und Überkreuzbewegungen gibt man der Masse die Form eines Nestes. Für jedes Nest verbraucht man etwa 2 bis 3 Eßlöffel Brandmasse. Ist die eine Seite des Nestes gebräunt, muß man es mit 2 Gabeln herumdrehen. Das fertige Nest in ein Sieb legen, damit das Fett abtropfen kann. Mit einem Gemisch aus Puder- und Vanillinzucker besieben.

Ausgebackenes Kleingebäck aus Brandmasse

Für 800 g Gebäck:
Brandmasse aus 2 Bechern Mehl,
1 Teel. Zucker,
3 bis 5 geriebenen Kardamomfrüchten,
1 Päckchen Vanillinzucker oder
abgeriebene Schale von 1/2 Zitrone;
Ausbackfett, 2 Eßl. Puderzucker.

Der Brandmasse bei der Bereitung die angegebenen Gewürze zufügen. Vorher aus Butterbrotpapier zwei Kreise vom Durchmesser des Topfes oder auch der Pfanne schneiden, in der das Gebäck ausgebacken werden soll. Auf beiden Seiten eine Art Griff stehen lassen, damit man den Papierkreis wieder aus dem siedenden Fett ziehen kann. Vor dem Ausbacken die Papierstücke in das siedende Fett tauchen und abkühlen lassen. Aus einem Spritzbeutel dann darauf verschiedene kleine Figuren spritzen: Ringe, Stäbchen, Buchstaben u. ä. Dann das Papier in das siedende Fett tauchen. Das Gebäck löst sich sehr schnell, so daß man das Papier wieder herausnehmen kann. Die

Masse läßt sich auch mit Hilfe von 2 Löffeln zu kleinen Klößchen formen. Das im Fett schwimmende Gebäck muß man zuerst von einer Seite bräunen und dann mit 2 Gabeln wenden. Das fertige Gebäck mit dem Schaumlöffel herausholen, zum Abtropfen auf ein Sieb legen und danach auf einem Teller mit Puderzucker besieben.

Profitroli

Für etwa 350 g Gebäck:
Brandmasse aus 1 Becher Mehl.

Die Brandmasse aus einem Spritztütchen mit kleiner runder Öffnung zu kleinen Kugeln oder anderen Figuren auf ein leicht gefettetes Backblech spritzen. Nach dem Backen und Abkühlen zur Bouillon servieren.

Brandmasse-Gebäck mit Käse

Für etwa 470 g Gebäck:
Brandmasse aus 1 Becher Mehl;
100 g Schnittkäse.

Die Brandmasse mit dem grob geriebenen Käse gut verrühren. Mit 2 Teelöffeln oder einem Spritzbeutel auf ein leicht gefettetes Backblech Häufchen legen oder kleine Figuren spritzen. 15 bis 20 Minuten bei 180 °C bis 200 °C backen.

Torte aus Brandmasse

Für eine Torte von etwa 800 g:
Brandmasse aus 1 Becher Mehl;
«Butterkrem» aus 100 g Butter;
Fondant aus 8 Eßl. Zucker;
1/2 Becher Mandeln oder Nüsse.

Die Brandmasse mit 2 Teelöffeln oder aus einem Spritzbeutel zu kleinen Kugeln auf ein gefettetes Backblech setzen. 20 bis 25 Minuten bei 180 °C bis 200 °C backen. Nach dem Abkühlen in die Kugeln Öffnungen stechen. Diese mit Hilfe eines Spritztütchens mit Krem füllen. Dann die Kugeln einzeln in erwärmten Fondant legen, mit einer Gabel wieder herausholen, wobei überschüssiger Fondant am Topfrand abzustreichen ist. Die so glasierten Kugeln dicht nebeneinander auf eine Tortenplatte legen, wo sie miteinander verkleben. Am besten ist es, die Kugeln mit verschiedenfarbiger Krem zu füllen und mit verschiedenfarbigem Fondant zu glasieren. Dann wird die Torte mit gerösteten Mandelsplittern gespickt.

Gebäck aus Baisermasse

Baisermasse bereitet man auf verschiedene Arten aus Eiweiß mit Zucker und verschiedenen aromatisierenden Zutaten, mit oder ohne Mehl, mit oder ohne Erwärmung zu. Durch das Schlagen reichert sich die Masse mit Luftbläschen an, so daß ein leichtes, lockeres Gebäck entsteht. Die Qualität des Backwerkes hängt vorwiegend vom richtigen Schlagen der Eiweiß ab.

Merengi-Küchlein

Für 10 kleine Küchlein
von je 50 bis 55 g:
Baisermasse aus 4 Eiweiß,
1 Becher Zucker,
1 Päckchen Vanillinzucker;
«Butterkrem» aus 150 g Butter oder
«Krem aus süßer Sahne»
aus 1 Becher süßer Sahne.

Die Eiweiß gut schlagen, dabei am Ende des Schlagens allmählich Zucker und Vanillinzucker zugeben. Die Masse in ein Spritztütchen oder einen Spritzbeutel füllen (man kann auch einen Löffel verwenden) und damit auf ein mit Butterbrotpapier belegtes Backblech runde oder ovale Häufchen von Hühnereigröße setzen. 25 bis 30 Minuten bei 110 °C bis 120 °C trocknen. Die Gebäckstücke nach dem Abkühlen paarweise mit Krem zusammenfügen. Wenn man die Merengi-Küchlein vor dem Backen mit Puderzucker besiebt, erhalten sie eine schöne glänzende Oberfläche. Merengi-Küchlein lassen sich noch abwandeln, wenn man unter die Masse vor dem Backen vorsichtig 1/2 Becher gehackte und geröstete Nüsse oder 1 Eßlöffel gesiebten Kakao hebt.

Lakomka (Feinschmeckergebäck)

Für 650 bis 700 g Gebäck:
5 Eiweiß, 1 Becher Puderzucker,
1 Päckchen Vanillinzucker,
1/2 Becher Zukaten
(Zitronat, Orangeat o. ä.),
2/3 Becher Mandeln, 1/2 Becher Mehl;
3/4 Becher Mandeln.

Die Eiweiß fast steif schlagen. Dann etwa 1/3 des gesiebten Puderzuckers einstreuen und den Eischnee fertig schlagen. Nun Vanillinzucker, die zerkleinerten Zukaten sowie die gehackten Mandeln dazugeben und alles mit dem Mehl vermischen. Erst zuletzt den restlichen gesiebten Puderzucker unterziehen. Mit dem Spritzbeutel oder einem Löffel auf ein leicht gefettetes und bemehltes Backblech runde oder ovale Plätzchen spritzen oder legen. Die Oberflächen der Plätzchen mit abgezogenen, gehackten und leicht gerösteten Mandeln bestreuen. Das Gebäck 10 bis 15 Minuten bei 150 °C bis 170 °C backen.

Luftkonfetti

Für etwa 300 g Gebäck:
5 Eiweiß, 1 Becher Zucker,
1 Päckchen Vanillinzucker;
1/2 Becher Nüsse.

Die Eiweiß schlagen, dabei gegen Ende des Schlagens Zucker und Vanillinzucker zufügen. Die Masse aus einem Spritzbeutel in verschiedenen kleinen Formen auf ein gefettetes und bemehltes Backblech spritzen. Obenauf mit gehackten gerösteten Nüssen oder auch mit gefärbtem Zucker bestreuen. Bei 60 °C bis 90 °C in der Backröhre trocknen.

Luftgebäck

Für etwa 350 g Gebäck:
6 Eiweiß, 1 Becher Zucker,
1 Eßl. Puderzucker,
1 Päckchen Vanillinzucker oder die abgeriebene Schale von 1/2 Zitrone,
1 Eßl. Mehl.

Die Eiweiß fast steif schlagen. Zuletzt den Zucker zufügen und unter weiterem Schlagen mit dem Schneebesen die Masse im Wasserbad auf 40 °C bis 50 °C erwärmen. Dann gesiebten Puderzucker und Vanillinzucker oder abgeriebene Zitronenschale mit einem Holzlöffel unterziehen. Die Masse auf Zimmertemperatur abkühlen. Danach mit dem Mehl vermischen. Mit einem Spritzbeutel mit gezahnter Tülle auf ein gefettetes und bemehltes Backblech alle möglichen Figuren spritzen. Vor dem Backen an einen trockenen warmen Ort stellen, damit sich eine dünne Kruste bildet. Dann 10 bis 15 Minuten bei 130 °C bis 150 °C backen. Das fertige Gebäck kann man nach dem Abkühlen nach Belieben paarweise mit Warenje oder Krem zusammensetzen.

Baisertorte mit Warenje

Für eine Torte von etwa 750 g:
4 Eiweiß, 1 Päckchen Vanillinzucker,
1 Becher Zucker; 1 Becher Warenje.

Die Eiweiß zu festem Schnee schlagen, dabei gegen Ende des Schlagens den Vanillinzucker und allmählich den Zucker einstreuen. Die Masse mit einem Spritzbeutel zu zwei runden Tortenscheiben von etwa 1 cm Dicke auf Butterbrotpapier spritzen. Bei 110 °C bis 120 °C etwa 20 bis 30 Minuten backen. Dann das Papier entfernen und die beiden Baiserböden mit Warenje zusammensetzen.

Didulz-Nüßchen

Für etwa 700 g Gebäck:
7 Eiweiß,
1 1/4 Becher Zucker,
1 Päckchen Vanillinzucker,
2 Becher Mehl.

Die Eiweiß 2 bis 3 Minuten schlagen, Zucker und Vanillinzucker dazugeben und unter weiterem Schlagen mit dem Schneebesen die Masse im Wasserbad erwärmen, bis sich die Zuckerkristalle aufgelöst haben. Die Masse unter Rühren abkühlen lassen. Dann mit dem gesiebten Mehl vermischen und auf ein gefettetes und bemehltes Backblech etwa mandelgroße runde Teigtropfen spritzen. Nach 1 bis 2 Stunden, wenn das Gebäck eine leicht brüchige Kruste hat, 10 bis 15 Minuten bei 150 °C bis 170 °C backen. Nach Belieben können unter die vorbereitete Masse noch 50 Gramm Kakao gerührt werden.

Baisertorte mit Sahnekrem

Für eine Torte von 900 bis 1000 g:
8 Eiweiß, 1 Päckchen Vanillinzucker,
2 Becher Zucker;
«Krem aus süßer Sahne»
aus 1 Becher süßer Sahne.

Die Eiweiß zusammen mit dem Vanillinzucker kräftig schlagen. Gegen Ende des Schlagens allmählich 1 Becher Zucker zufügen, den übrigen Zucker mit einem Löffel unter die Eiweißmasse heben. Eine flache Form fetten, etwa 2/3 der Masse in einer 2 bis 3 cm hohen Schicht einfüllen. 20 bis 30 Minuten bei 120 °C backen. Aus der übrigen Eiweißmasse mit Hilfe eines Teelöffels auf ein gefettetes und bemehltes Backblech kleine Tupfer geben und bei gleicher Temperatur backen. Nach dem Abkühlen die kleinen Baisers in einem Kranz am Tortenrand entlanglegen. Die Mitte der Tortenoberfläche mit Krem füllen.

Moskauer Schneeflocken

Für etwa 400 g Gebäck: 4 Eiweiß,
1 1/2 Becher Puderzucker.

Die Eiweiß steif schlagen, dabei zuletzt in kleinen Portionen den gesiebten Puderzucker zufügen. Ein Backblech mit Butterbrotpapier belegen und mit einem Löffel kleine Häufchen von der Masse daraufsetzen. Bei 60 °C bis 90 °C in der Backröhre trocknen lassen. Dann vom Papier lösen und trokken aufbewahren.

Mohnhäufchen

Für 20 Mohnhäufchen von etwa 45 g:
3 Eiweiß, 1 Becher Puderzucker,
1 Päckchen Vanillinzucker,
1/3 Becher Mohn.

Die Eiweiß steif schlagen, gesiebten Puderzucker und Vanillinzucker zugeben und über Dampf so lange schlagen, bis die Masse steif ist. Nach einiger Abkühlung den Mohn und die Nelken — beides gemahlen — zufügen und gut verrühren. Dann kleine Häufchen auf ein gefettetes Blech setzen und 25 bis 30 Minuten bei 110 °C bis 120 °C in der Backröhre trocknen lassen.

Gebäck aus Mandelmasse

Mandelmasse bereitet man auf verschiedene Weise mit Mandeln, Eiweiß, Zucker, mit oder ohne Mehl, mit oder ohne Schlagen sowie mit oder ohne Erwärmung zu. Bei der Herstellung reichert sich die Masse mit Luftbläschen an, die das Gebäck beim Backen auflockern.

Mandelplätzchen

Für etwa 600 g Gebäck:
1 Becher Mandeln,
1 2/3 Becher Zucker,
7 Eiweiß, 1 Eßl. Mehl.

Die Mandeln abziehen und durch eine Mandelmühle drehen. Zusammen mit dem Zucker und den Eiweiß unter ständigem Rühren mit einem Holzlöffel im Wasserbad auf 45 °C erwärmen. Danach abkühlen lassen und mit dem Mehl vermischen. Die Masse in einen Spritzbeutel füllen und auf ein mit weißem Butterbrotpapier ausgelegtes Backblech kleine runde Plätzchen von 10 Gramm oder größere Plätzchen von 40 bis 50 Gramm spritzen. Kleine Plätzchen 12 bis 15 Minuten, größere 20 bis 25 Minuten bei 150 °C bis 170 °C backen. Die gebackenen Plätzchen sofort mit dem Papier vom Blech nehmen und umgedreht (mit dem Papier nach oben) auf ein Backbrett legen. Das Papier mit Wasser befeuchten und von den Plätzchen entfernen. Nach Belieben können diese Mandelplätzchen paarweise mit Powidel zusammengesetzt werden. Man kann den Teig aber auch auf ein gefettetes und bemehltes Backblech spritzen.

Küchlein «Ideal»

Für 10 Küchlein von je 75 bis 80 g:
1 Becher Mandeln, 3/4 Becher Zucker,
3/4 Becher Mehl, 12 Eiweiß;
«Schokoladenbutterkrem»
aus 100 g Butter.

Die abgezogenen, leicht gerösteten Mandeln mit der Hälfte des Zuckers 3- bis 4mal durch den Wolf drehen, zuerst durch eine grobe, dann durch eine feine Scheibe. Die zerkleinerten Mandeln mit dem Mehl vermischen. Die Eiweiß gut schlagen, dabei gegen Ende des Schlagens den restlichen Zucker zufügen und mit einem Löffel mit Mandeln und Mehl vermischen. Aus dieser Masse mit einem Spritzbeutel mit breiter Tülle auf ein gefettetes und bemehltes Backblech runde dünne Plätzchen spritzen. 20 bis 25 Minuten bei 150 °C bis 160 °C backen. Danach noch heiß zum Abkühlen umwenden. Die Plätzchen paarweise zusammenlegen und Unebenheiten ringsum abschneiden. Dann die Plätzchen mit Schokoladenbutterkrem zusammensetzen, auch obenauf mit Krem bestreichen und mit Krümeln von dem «Verschnitt» bestreuen.

Figurengebäck mit Mandeln

Für 350 bis 400 g Gebäck:
1 Becher Mandeln,
1 Becher Zucker, 4 Eiweiß.

Die abgezogenen Mandeln durch die Mandelmühle drehen und mit den übrigen Zutaten verarbeiten. Den Teig zu einer langen Rolle formen, in Scheiben schneiden, daraus verschiedene Figuren formen und auf ein gefettetes und bemehltes Blech legen. 2 Stunden trocknen lassen. Dann 12 bis 15 Minuten bei 150 °C bis 170 °C backen.

Torte «Ideal»

Für eine Torte von etwa 800 g:
Masse wie Rezept zuvor;
«Pralinenbutterkrem», Puderzucker.

Die Masse auf einem gefetteten und mit Mehl bestäubten Backblech zu 5 Scheiben von 2 bis 3 mm Dicke in quadratischer oder runder Form verstreichen. 8 bis 10 Minuten bei 150 °C bis 160 °C backen. Dann diese Tortenböden mit einem breiten Messer vom Blech nehmen und 6 bis 8 Stunden bei 35 °C bis 40 °C trocknen lassen. Danach die Ränder aller 5 Böden begradigen und mit Pralinenkrem zusammensetzen. Die Oberfläche der Torte mit Puderzucker besieben oder ebenfalls mit Pralinenkrem garnieren.

Gebäck aus Haferflocken- und Maisstärketeig

Da es sich bei Haferflocken um ein Vollkornprodukt handelt, hat daraus bereitetes Backwerk vor allem auf Grund seines Gehaltes an Vitamin B besonderen gesundheitlichen Wert und sollte deshalb hin und wieder — vor allem auch für Kinder — einmal gebacken werden.
Bei der Verwendung von Maisstärke (Maisan) wird mitunter ein Teil Weizenmehl zugefügt, oder die Maisstärke ist teilweise oder in der gesamten Menge aufzukochen, damit sich der Teig beim Backen besser auflockert.

Gebäck aus Maisstärke

Für 850 bis 900 g Gebäck:
200 g Butter, 1 Becher Puderzucker,
1 Päckchen Vanillinzucker, 3 Eier,
2 Becher Maisstärke.

In einer Schüssel die Butter weich rühren, den gesiebten Puder- und Vanillinzucker dazugeben und mit einem Holzlöffel 5 bis 10 Minuten schaumig rühren. Dann nach und nach die Eier zufügen, die gesiebte Maisstärke einstreuen und noch 3 bis 5 Minuten weiterschlagen. Den fertigen Teig in einen Spritzbeutel mit gezahnter Tülle füllen und auf ein trockenes Backblech Muscheln und «Margeriten» spritzen. 8 bis 10 Minuten bei 210 °C bis 220 °C backen. Man kann den Teig auch mit Hilfe von 2 Teelöffeln in kleinen Portionen auf das Backblech setzen. Statt mit Vanillinzucker kann der Teig auch anders gewürzt werden.

Fladen aus Maisstärke-Kochteig

Für einen Fladen von etwa 900 g:
1 1/2 Becher Wasser,
1 Becher Maisstärke, 1/4 Teel. Salz,
100 g Butter, 3 Eier, 2 Eßl. Zucker,
1/3 Becher Milch,
1/4 Teel. Backpulver.

In das kochende Wasser die Maisstärke einstreuen und gut verrühren. Salz und Butter dazugeben, wiederum gut verrühren und auf 30 °C abkühlen lassen. Die Eier mit dem Zucker schaumig rühren und die Milch zugeben. Dieses Eier-Zucker-Milch-Gemisch in kleinen Portionen dem Kochteig zufügen und jedesmal gut verrühren. Unter die letzte Milchportion das Backpulver rühren. Diesen Teig in einer 2 bis 3 cm Schicht auf ein gefettetes Backblech auftragen. 50 bis 60 Minuten bei 180 °C bis 200 °C backen.

Maisfladen

Für einen Fladen von etwa 800 g:
2 Becher Maisstärke,
1/4 Teel. Backpulver, 1 Eßl. Zucker,
2 Becher dicke saure Milch, 3 Eier,
20 g Butter, 1/2 Teel. Salz.

Die Hälfte der Maisstärke mit dem Backpulver sieben. Die andere Hälfte mit allen übrigen Zutaten vermischen und möglichst rasch zu einem Teig verarbeiten und 2 bis 3 cm dick auf ein gefettetes Backblech legen. Den Fladen 30 bis 40 Minuten bei 200 °C bis 220 °C backen und danach in Stücke schneiden.

Maisstärkekuchen

Für einen Kuchen von etwa 800 g:
1 Becher Maisstärke,
1 Becher Weizenmehl,
1 Teel. Backpulver, 2 Eier,
1/4 Becher Zucker, 1/4 Teel. Salz,
1 Päckchen Vanillinzucker,
1 1/2 Becher dicke saure Sahne,
1 Becher Rosinen, 50 g Butter.

Maisstärke, Weizenmehl und Backpulver vermischen und sieben. Eier, Zukker, Salz und Vanillinzucker mit der Sauermilch verrühren. Die gewaschenen und gut abgetropften Rosinen, das Mehl und die zerlassene Butter dazugeben und rasch alle Zutaten zu einem Teig verrühren. Bei zu langem Rühren wird der Teig zu fest. Den fertigen Teig in eine Form oder auf ein Backblech schütten (zuvor gefettet und mit Mehl bestäubt). 40 bis 50 Minuten bei 200 °C bis 210 °C backen. — Statt Butter kann man auch Margarine und statt Sauermilch Kefir nehmen.

Haferflockengebäck

Für 550 bis 600 g Gebäck:
100 g Butter, 3/4 Becher Zucker,
1 Päckchen Vanillinzucker oder
die abgeriebene Schale von 1 Zitrone
oder 1 Apfelsine oder 1 Eßl. Likör,
2 Eier, 1 Teel. Mehl,
1/2 Becher Nüsse,
2 Becher Haferflocken.

Butter und Zucker mit den Gewürzen in einer Schüssel schaumig rühren. Unter weiterem Rühren die Eier nacheinander zufügen. Sobald die Zuckerkristalle sich aufgelöst haben, die mit dem Mehl und den gehackten, leicht gerösteten Nüssen vermischten Haferflocken einstreuen und gut unterrühren. Von dem Teig mit 2 Teelöffeln kleine Häufchen auf ein gefettetes und bemehltes Backblech setzen. 15 bis 20 Minuten bei 170 °C bis 200 °C backen. Dann das Haferflockengebäck sofort vorsichtig mit einem Messer vom Blech lösen.

Haferflockengebäck mit Honig

Für 750 bis 800 g Gebäck:
1 Becher Mehl, 1/2 Teel. Backpulver,
100 g Butter, 1/2 Becher Zucker,
1/2 Becher Honig,
1/2 Becher saure Sahne,
1 Ei, 1 Becher Haferflocken.

Mehl und Backpulver miteinander sieben. Butter und Zucker schaumig rühren. Bei weiterem Rühren nach und nach den Honig, die saure Sahne, das

Ei, das Mehl-Backpulver-Gemisch und die Haferflocken zufügen. Den Teig noch 2 Minuten rühren. Dann mit einem Nudelholz 3 bis 5 mm dick ausrollen und verschiedene Figuren ausstechen. 10 bis 15 Minuten bei 200 °C bis 220 °C backen.

Weizen-Mais-Brötchen

Für 10 Brötchen von 70 bis 75 g:
1/2 Becher Milch,
1 Becher Weizenmehl,
30 g Hefe, 1 Becher Maisstärke,
1 Becher Wasser, 1/4 Teel. Salz,
1 Eßl. Zucker, 50 g Butter, 2 Eier.

Aus der Milch, dem Weizenmehl und der Hefe einen Vorteig zubereiten. Maisstärke, Wasser und Salz unter Rühren zusammen durchkochen. Nach 2 Stunden, wenn der Vorteig gegangen und die gekochte Maisstärke auf 35 °C bis 40 °C abgekühlt ist, beides zusammenschütten, die übrigen Zutaten dazugeben und einen Teig anrühren, der 1 Stunde gehen muß. Dann aus dem Teig runde Brötchen formen, auf ein gefettetes Backblech legen und noch ein wenig gehen lassen. 25 bis 30 Minuten bei 200 °C bis 230 °C backen.

Haferküchlein

Für etwa 450 g Gebäck:
3 Eiweiß, 2/3 Becher Zucker,
1 Päckchen Vanillinzucker,
1 Becher Haferflocken,
2/3 Becher geriebene Nüsse
oder Mandeln, 1 Eßl. Zitronensaft.

Die Eiweiß fast steif schlagen, Zucker und Vanillinzucker zufügen und 10 Minuten weiterschlagen. Dann Haferflocken, geriebene Nüsse sowie Zitronensaft dazugeben und alles gut verarbeiten. Auf ein gefettetes Backblech mit einem Teelöffel kleine Häufchen setzen und 12 bis 15 Minuten bei 200 °C bis 210 °C backen.

Gebäck aus Pfefferkuchenteig

Eigentlich hat «Pfefferkuchen» gar nichts mit Pfeffer zu tun, denn unter «Pfeffer» verstand man früher Gewürze überhaupt. Für Pfefferkuchenteig sind vielerlei Gewürze charakteristisch.
Pfefferkuchen sind eine der ältesten russischen Leckereien. Früher wurden sie ausschließlich mit Honig hergestellt, weil Zucker aus fernen Ländern importiert werden mußte. Heute werden Pfefferkuchen sowohl nur mit Zucker als auch mit Gemischen aus Honig, Zucker und Sirup bereitet. In alten Zeiten waren Pfefferkuchen weit verbreitet. Es gab sie auf fast allen Volksfesten, man stellte sie in verschiedenen Größen her, gab ihnen alle möglichen Formen und verzierte sie mit phantasievollen Zeichnungen.

Pfefferkuchenteig

ZUTATEN	MENGEN					
Mehl, Becher	3	3	3	3	3	3
Zucker, Becher	—	—	1 1/4	1 1/2	3/4	1
Honig, Becher	1	3/4	—	—	1/2	1/4
Butter oder Margarine, Gramm	50	100	50	100	50	100
Eier, Stück	2	1	1	—	2	1
Natron oder Backpulver, Teelöffel	1/2	1/2	1/2	1/2	1/2	1/2
Gewürze (zerkleinert), Teelöffel	1/4	1/4	1	1	1/2	1/2
Wasser, Becher	—	1/4	1/2	3/4	1/4	1/4
Backwarenmenge etwa, Gramm	850	850	950	1000	950	950

Abhängig davon, ob Pfefferkuchenteig Zucker, Honig oder Zucker und Honig enthält, unterscheidet man 3 Arten: Honigteig, Zuckerteig (ohne

Honig) oder Honig-Zucker-Teig. Pfefferkuchenteig kann man nach 2 Methoden bereiten, entweder auf kaltem Wege oder mit Kochzeit. Backerzeugnisse aus Pfefferkuchenteig der ersten Methode werden rasch trocken und hart, während solche aus Kochteig lange Zeit frisch und aromatisch bleiben.

Zubereitung von Pfefferkuchenteig auf kaltem Wege: In eine Schüssel schüttet man den flüssigen Honig, gibt die weichgehaltene Butter, die Eier sowie die Gewürze dazu und verrührt alles 1 bis 2 Minuten. Dann wird das mit Natron oder Backpulver vermischte und gesiebte Mehl zugegeben und ein nicht zu fester Teig bereitet.
Falls der Honig zu fest (verzuckert) ist, muß er zuvor erwärmt werden, bis sich die Kristalle aufgelöst haben. Honig darf jedoch niemals aufkochen, weil er sonst an Aroma verliert. Nach dem Erwärmen wird er auf Zimmertemperatur abgekühlt und der Teig — wie zuvor beschrieben — bereitet.
Bei der Zubereitung von Pfefferkuchenteig auf Zuckerbasis wird der Zukker im Wasser zum Kochen gebracht und abgeschäumt. Dann rührt man die Butter unter den Zuckersirup und kühlt alles auf Zimmertemperatur ab. Falls der Sirup dünn ausfällt, dampft man ihn bis zur «Dickfadenprobe» ein. Dem kalten Sirup fügt man unter Umrühren die Gewürze, die Eier und schließlich das mit Natron oder Backpulver vermischte und gesiebte Mehl zu.

Zubereitung von Pfefferkuchenteig mit Erwärmung: In einen Topf den Honig und den Zucker schütten, das Wasser darübergießen und unter Rühren auf 70 °C bis 75 °C erwärmen. Dann die Hälfte des gesiebten Mehls und die fein zerriebenen bzw. pulverisierten Gewürze dazugeben und alles schnell mit einem Holzlöffel verrühren. (Wenn man Mehl in den heißen Sirup schüttet, und läßt es 1 bis 2 Minuten ungemischt, entstehen Klumpen, die sich kaum wieder auflösen lassen!) Diesen Teig auf Zimmertemperatur abkühlen, Eier sowie den Rest des Mehls — vermischt mit dem Triebmittel — dazugeben und so lange rühren bzw. verarbeiten, bis ein nicht zu fester Teig entstanden ist.

Mögliche Veränderungen der Rezepte: Die Butter kann durch Margarine oder Öl ersetzt werden, weil sie Pfefferkuchen geschmacklich nicht beeinflußt. Man kann den Teig mit der doppelten Fettmenge oder auch ohne Fett zubereiten. Pfefferkuchen ohne Fett sind natürlich nicht so gut im Geschmack wie die mit Fett zubereiteten. Man kann dem Teig auch doppelt so viele Eier oder gar keine Eier zufügen, wenn man die Wassermenge entsprechend verändert. In der Regel wird Pfefferkuchen aus Weizenmehl zubereitet. Man kann aber auch Pfefferkuchen aus Roggenmehl oder einem Gemisch aus Weizenmehl (2 Becher) und Roggenmehl (1 Becher) zubereiten. Die Mehlmenge kann — abhängig von der Dicke des Sirups oder des Honigs — schwanken; auch von der Fettigkeit- und der Eiermenge hängt die Mehlmenge ab. Man sollte keinen allzu festen Teig herstellen, weil er sonst schlecht treibt und die Backwaren hart werden. Sehr weicher Teig wiederum läßt sich schlecht ausrollen und verformt sich beim Backen. Deshalb soll fertiger Teig elastisch sein, nicht so sehr am Backbrett oder an den

Händen kleben und sich leicht formen lassen. Natron oder Backpulver kann man durch Pottasche oder Hirschhornsalz ersetzen.

Würzen und Färben des Teiges: Pfefferkuchen, die mit Honig zubereitet werden, besitzen ein kräftiges Honigaroma. Deshalb sollte man sie nur leicht würzen. Pfefferkuchen ohne Honig müssen wesentlich stärker gewürzt werden. Als Aromastoffe nimmt man fein zerriebene oder pulverisierte getrocknete Gewürze. Für ein Pfefferkuchen-Gewürz-Gemisch verwendet man 35 % Koriander, 30 % Zimt, 10 % Kardamom, 10 % Muskatnuß und jeweils 5 % Nelken, Sternanis (oder Anissamen) und Pfeffer. Man kann das Gewürzverhältnis nach Geschmack verändern. Außerdem können dem Pfefferkuchenteig noch 1/2 Becher abgezogene, gehackte und leicht geröstete Mandeln, gehackte Nüsse oder Zukaten (Zitronat, Orangeat), abgeriebene Zitronen- oder Apfelsinenschale und 5 bis 10 Gramm Vanillinzucker zugefügt werden.
Falls die Pfefferkuchen aus dunklen Honigsorten und dunklen Mehlsorten hergestellt werden, braucht man den Teig nicht noch dunkler zu tönen. Pfefferkuchenteig jedoch, der auf Zuckerbasis oder aus hellen Mehl- und Honigsorten zubereitet wird, bedarf einer dunklen Tönung durch gebräunten Zucker (den Zuckercouleur, siehe unter «Das Kochen von Zuckersirupen»), den man bei Beginn des Teiganrührens zugießt.

Verarbeiten und Backen von Pfefferkuchenteig: Den fertigen Teig legt man auf ein Backbrett, das zuvor mit Mehl bestreut wurde. Mit den Händen formt man den Teig ziegelförmig, streut noch etwas Mehl obenauf und rollt ihn 5 bis 8 mm gleichmäßig dick aus. Bei der Herstellung russischer Pfefferkuchen, Kowrishki, wird der Teig 10 bis 12 mm dick ausgerollt. Man kann ihn auf das Nudelholz rollen und so auf das Backblech verlagern. Wenn man jedoch andere Pfefferkuchen herstellt, wird der ausgerollte Teig mit dem Messer zerschnitten oder mit Ausstechern (auch Becher u. ä.) zu allen möglichen Figuren ausgestochen.
Einzelne Pfefferkuchensorten — z. B. Batony und Tulaer Pfefferkuchen — können bis zu 100 Gramm wiegen. Die russischen Kowrishki unterscheiden sich von den gewönlichen Pfefferkuchen durch ihre Größe. Eine Kowrishka ist ein großes gebackenes Teigstück mit oder ohne Fülle und Verzierungen, das man gebacken in Stücke schneidet.
(Siehe Abb. 96)

Abb. 96. Verschiedene Möglichkeiten, Kowrishka vorzubereiten

Festen Pfefferkuchenteig kann man zum Backen auf ein trockenes Backblech legen. Verarbeitet man jedoch weichen Teig, legt man das Backwerk auf ein gefettetes Backblech, sonst klebt es fest, und das Gebäck bekommt große Blasen oder reißt an der Unterfläche. Vor dem Backen pinselt man das überschüssige Mehl von den Pfefferkuchen und bestreicht sie dann mit verquirltem Ei oder nur mit Eigelb. Man kann auch ein ganzes ausgerolltes Teigstück mit Ei bestreichen und nach Belieben mit der Gabel oder mit dem «Konditorkamm» verschiedene Linien und Zeichnungen darüberziehen oder gehackte, ungeröstete Nüsse darüberstreuen. Sobald das Ei etwas getrocknet ist, schneidet man das Teigstück mit dem Messer in Stücke. Kleine und dünne Pfefferkuchen bäckt man 8 bis 15 Minuten bei 220 °C bis 240 °C. Größeres Gebäck und Kowrishki bäckt man 30 bis 40 Minuten bei 180 °C bis 220 °C.

Glasieren von Pfefferkuchen: Nach dem Backen und Abkühlen kann man die Oberflächen von Pfefferkuchen mit gekochtem Zuckersirup bestreichen. Dadurch bleiben Aroma und Frische des Backwerkes besser erhalten. Außerdem sieht es schöner aus. Die Regeln für die Zubereitung und Anwendung solcher Glasur siehe unter «Das Kochen von Zuckersirupen».

Ungefüllte Kowrishka

Für eine Kowrishka von etwa 900 g: Pfefferkuchenteig aus 3 Bechern Mehl; 1 Eigelb.

Den Teig zu einem rechteckigen Stück formen, auf ein gefettetes Backblech legen und mit dem Nudelholz 1 bis 1 1/2 cm dick ausrollen. Von der Oberfläche das Mehl abpinseln, den Teig mit Eigelb bestreichen und mit der Gabel verzieren. Damit sich beim Backen keine Blasen bilden, muß man die Teigplatte zuvor an einigen Stellen mit der Gabel einstechen. 30 bis 40 Minuten bei 190 °C bis 200 °C backen. Dann die Kowrishka rechteckig in Stücke von beliebiger Größe schneiden.

Glasierte Kowrishka

Für eine Kowrishka von etwa 1000 g: Pfefferkuchenteig aus 3 Bechern Mehl; «Zuckersirup» aus 6 Eßl. Zucker.

Den Teig 1 bis 1 1/2 cm dick ausrollen, auf ein leicht gefettetes Backblech legen und — um Blasen zu vermeiden — an mehreren Stellen einstechen. 30 bis 40 Minuten bei 190 °C bis 200 °C backen. Sofort die Oberfläche mit Zuckersirup glasieren. Nach 1 Stunde, sobald die Glasur fest ist, die Kowrishka in Stücke beliebiger Größe schneiden.

Mandel-Kowrishka

Für eine Kowrishka von etwa 1100 g: Pfefferkuchenteig aus 3 Bechern Mehl, 1 1/2 Becher Mandeln; 2 Eigelb.

Die Mandeln abziehen und jede mit dem Messer längs halbieren. Die schönsten Mandelhälften für die Verzierung der Kowrishka aussuchen. Die übrigen Mandeln hellbraun rösten, in der Mandelmühle zerkleinern und bei Beginn der Teigbereitung zufügen.

Den fertigen Teig 1 bis 1 1/2 cm dick ausrollen und auf ein gefettetes Backblech legen. Von der Teigoberfläche das Mehl entfernen und die Kowrishka mit Eigelb bestreichen. Dann mit dem Messerrücken Linien markieren, nach denen das Gebäck später aufgeschnitten werden soll, und jedes Stück mit halbierten Mandeln garnieren. Die Kowrishka 30 bis 40 Minuten bei 190 °C bis 200 °C backen und dann entsprechend den markierten Konturen aufschneiden.

Ungefüllte Pflasterstein-Kowrishka

Für eine Kowrishka von etwa 1000 g:
Pfefferkuchenteig aus 3 Bechern Mehl;
Zuckersirup aus 6 Eßl. Zucker.

Den Teig zu kleinen Kugeln von der Größe einer Haselnuß rollen. Auf ein gefettetes Backblech dicht nebeneinander legen und 15 bis 20 Minuten bei 210 °C bis 220 °C backen. Die Teigkugeln gehen dabei auf und bilden ein festes Teigstück, das an Kopfsteinpflaster erinnert. Nach dem Backen und Abkühlen die Oberfläche der Pflasterstein-Kowrishka mit Zuckersirup bestreichen. Sobald der Sirup fest ist, nach 1 bis 2 Stunden, die Kowrishka in rechteckige Stücke schneiden.

Gefüllte Pflasterstein-Kowrishka

Für eine Kowrishka von etwa 1500 g:
Pfefferkuchenteig aus 3 Bechern Mehl;
1 1/2 Becher Powidel oder Jam,
«Zuckersirup» aus 6 Eßl. Zucker.

Ein reichliches Drittel des Pfefferkuchenteiges 5 bis 8 mm dick ausrollen, auf ein gefettetes Backblech legen und 8 bis 10 Minuten bei 220 °C bis 230 °C backen. Nach dem Abkühlen des Bodens die Oberfläche mit Powidel oder Jam bestreichen. Aus dem anderen Teig kleine nußgroße Kugeln rollen und dicht nebeneinander auf ein gefettetes Backblech legen, so daß ein Teigstück von gleicher Größe wie der Boden entsteht. 15 Minuten bei 210 °C bis 220 °C backen. Dann auf den mit Powidel bestrichenen Boden legen und ein wenig festdrücken. Die Oberfläche mit Zuckersirup glasieren. Ist der Sirup fest geworden, die Kowrishka in rechteckige Stücke schneiden.

Batony

Für 20 Batony von je 40 bis 45 g:
Pfefferkuchenteig aus
3 Bechern Mehl; 1 Ei.

Den Teig 6 bis 8 mm dick ausrollen und in Rechtecke von 6 mal 12 cm schneiden. Die Pfefferkuchenscheiben auf ein leicht gefettetes Backblech legen, mit verschlagenem Ei bestreichen, mit einer Gabel verzieren und 12 bis 15 Minuten bei 200 °C bis 210 °C backen. (Siehe Abb. 97)

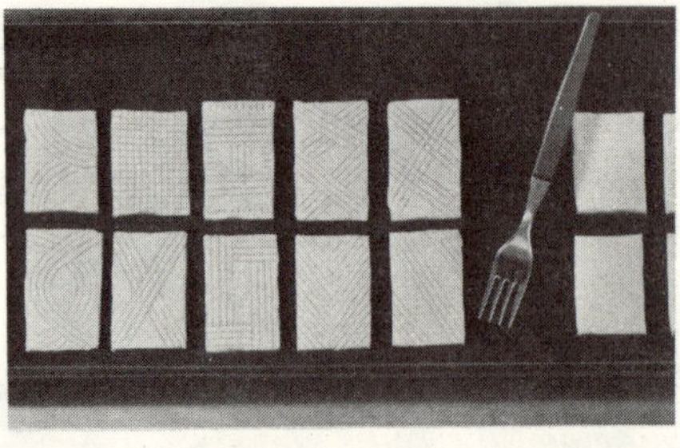

Abb. 97. Batony vor dem Backen mit Mustern versehen

Prjaniki

Für Prjaniki von etwa 1000 g:
Pfefferkuchenteig aus 3 Bechern Mehl;
«Zuckersirup» aus 6 Eßl. Zucker.

Aus dem Teig kleine Kugeln formen, auf ein trockenes Backblech legen, leicht andrücken, damit sie flach werden, und 10 bis 12 Minuten bei 220 °C bis 230 °C backen. Nach dem Abkühlen jeweils einige Prjaniki in einen kleinen Topf legen, mit Zuckersirup übergießen, der bis zur Dicken-Faden-Probe gekocht wurde. Den Topf zudecken und mehrmals schütteln, bis der Sirup die Pfefferkuchen gleichmäßig bedeckt hat. Danach die Prjaniki auf ein sauberes Backblech oder einen Rost legen und trocken stellen. Nach 1 bis 2 Stunden sind die Pfefferkuchen getrocknet, und man kann sie längere Zeit aufbewahren.

Oreschki (Pfefferkuchennüßchen)

Für etwa 1000 g Oreschki:
Pfefferkuchenteig aus 3 Bechern Mehl,
1 Becher Nüsse, 50 g Butter.

Die Nüsse von den Häutchen befreien und goldgelb rösten. Dann fein hacken oder durch die Mandelmühle drehen und dem Teig bei der Bereitung zufügen. Aus dem fertigen Teig kirschgroße Kugeln formen, auf ein trockenes Backblech legen und 7 bis 8 Minuten bei 230 °C bis 240 °C backen. Die Oreschki sofort — solange sie noch warm sind — in einen Topf schütten, die zerlassene Butter dazugeben, den Topf zudecken und mehrfach schütteln, damit die Butter die Pfefferkuchennüßchen gleichmäßig überzieht und sie ein glänzendes Aussehen erhalten.

Glasierte Rosinenpfefferkuchen

Für etwa 1100 g Pfefferkuchen:
Pfefferkuchenteig aus 3 Bechern Mehl,
1 Becher Rosinen;
«Zuckersirup» aus 6 Eßl. Zucker.

Die Rosinen verlesen, waschen, abgetropft auf ein Tuch gebreitet etwas trocknen lassen und dem Teig bei der Bereitung zufügen. Den fertigen Teig zu walnußgroßen Kugeln rollen und auf ein gefettetes Backblech legen. Mit der Handfläche etwas andrücken, damit die Kugeln eine flache Form bekommen. Diese Rosinenpfefferkuchen 8 bis 10 Minuten bei 210 °C bis 220 °C backen. Nach dem Abkühlen mit Zuckersirup glasieren.

Batony mit Erdnüssen

Für 20 Batony von je 50 g:
Pfefferkuchenteig aus 3 Bechern Mehl,
1 Becher Erdnüsse, 1 Eigelb.

Von den Erdnüssen die dünne Schale entfernen. Die Nüsse hacken, hellbraun rösten und abgekühlt unter den Teig kneten. Daraus mehrere lange Würste formen, etwa von der Länge des Backbleches, mit einem Durchmesser von 3 bis 3 1/2 cm. Auf ein leicht gefettetes Backblech legen. Mit der Hand etwas andrücken, damit die Teigstücke flacher werden. Dann die Oberfläche mit verschlagenem Eigelb bestreichen. 9 bis 10 Minuten bei 220 °C bis 230 °C backen und danach in schräge Stücke schneiden.

Pfefferkuchen mit gebräuntem Zucker

Für etwa 800 g Pfefferkuchen:

1 1/2 Becher Zucker,
3/4 Becher Wasser, 50 g Butter,
1 Teel. Pfefferkuchengewürz,
3 Becher Mehl,
1/2 Teel. Natron oder Backpulver.

1/2 Becher Zucker in eine Pfanne schütten und unter Umrühren hellbraun rösten. Unter weiterem Rühren langsam das Wasser zugießen. Dann noch 1 Becher Zucker, die Butter sowie die Gewürze zufügen und alles unter Umrühren auf Zimmertemperatur abkühlen lassen. Das Mehl mit dem Natron oder Backpulver vermischen, sieben und alle Zutaten zu einem Teig verarbeiten. Den fertigen Teig 4 bis 5 mm dick ausrollen, beliebige Figuren ausstechen und 12 bis 15 Minuten bei 210 °C bis 220 °C backen. Nach Belieben können die Pfefferkuchen zuvor mit Ei bestrichen oder nach dem Backen glasiert werden.

Gefüllte Pfefferkuchen

Für etwa 700 g Pfefferkuchen:
Pfefferkuchenteig aus
1 1/2 Bechern Mehl; 1 Ei,
1 Becher Powidel oder Jam
oder dickes Warenje,
«Zuckersirup» aus 4 Eßl. Zucker.

Den Teig 4 bis 5 mm dick ausrollen, zu 7 cm großen Quadraten schneiden und mit Ei bestreichen. In die Mitte jedes Quadrates Powidel, Jam oder Warenje geben. Eine Teigecke jeweils über die Fülle decken, so daß Dreiecke entstehen. Die Ränder fest aufeinander drücken. Die Gebäckstücke auf ein trockenes Backblech legen und 12 bis 15 Minuten bei 210 °C bis 220 °C backen. Nach dem Abkühlen jedes mit Zuckersirup glasieren.

Gefülle Pfefferkuchen mit Fondantglasur

Für 10 Pfefferkuchen von je 70 g:
Pfefferkuchenteig aus
1 1/2 Bechern Mehl; 1 Ei,
1/2 Becher Powidel oder Jam
oder dickes Warenje,
«Fondant» aus 4 Eßl. Zucker.

Die Hälfte des Teiges 4 bis 5 mm dick ausrollen und mit einem runden großen Ausstecher 10 leichte Markierungen darauf anbringen. Das Teigstück mit verquirltem Ei bestreichen und in die Mitte jedes Kreises 1/2 Eßlöffel Powidel, Jam oder dickes Warenje geben. Dann das zweite ausgerollte Teigstück darüberlegen. Mit den Fingern um die Fülle herum leicht andrücken und mit dem Ausstecher die Pfefferkuchen so ausstechen, daß jeweils die Fülle in der Mitte ist. Die Pfefferkuchen auf einem trockenen Backblech 10 bis 15 Minuten bei 200 °C bis 220 °C ausbacken. Nach dem Abkühlen mit erwärmtem Fondant glasieren, auf ein sauberes Backblech oder ein Drahtgitter legen und 30 bis 40 Minuten neben der Herdröhre trocknen lassen.

Pfefferkuchen mit saurer Sahne

Für 800 bis 900 g Pfefferkuchen:
1 1/2 Becher Zucker,
3/4 Becher saure Sahne, 1 Ei,
1/2 Teel. Pfefferkuchengewürz,
3 Becher Mehl,
1/2 Teel. Natron oder Backpulver.

Zucker, saure Sahne, Ei und Pfefferkuchengewürz mit dem Schneebesen 5 bis 6 Minuten schlagen. Mehl und Natron oder Backpulver vermischen, sieben und mit den übrigen Zutaten zu einem geschmeidigen Teig verarbeiten. Den fertigen Teig verarbeiten und backen, wie in einem der vorangegangenen Rezepte beschrieben.

Pfefferkuchen mit Schokoladen-Fondant

Für 20 Pfefferkuchen von je 35 g:
Pfefferkuchenteig aus
1 1/2 Bechern Mehl;
«Schokoladen-Fondant» aus
4 Eßl. Zucker.

Den fertigen Teig 6 bis 8 mm dick ausrollen und mit dem Ausstecher 20 runde Plätzchen ausstechen. Auf trockenem Backblech 12 bis 15 Minuten bei 220 °C bis 230 °C backen. Nach dem Abkühlen die Oberfläche der Pfefferkuchen mit Schokoladen-Fondant bestreichen. Man kann die Pfefferkuchen auch mit der Gabel anspießen und in den erwärmten Schokoladen-Fondant tauchen.

Tulaer und Wjasmaer Pfefferkuchen

Für etwa 700 bis 800 g Pfefferkuchen:
Pfefferkuchenteig mit Honig
und Zucker aus 1 1/2 Bechern Mehl;
1/2 Becher dickes Warenje
oder Powidel oder Jam, 1 Ei,
«Zuckersirup» aus 4 Eßl. Zucker.

Den fertigen Teig 5 bis 8 mm dick ausrollen, in Rechtecke schneiden oder auch runde Plätzchen ausstechen. Auf die Hälfte der Plätzchen in die Mitte dickes Warenje oder Powidel oder Jam geben. Diese Fülle bis fast an den Rand des Plätzchens streichen. Die Ränder jeweils mit verquirltem Ei bestreichen. Ein zweites Plätzchen darauflegen. Damit die Fülle nicht herausläuft, die Ränder fest aufeinanderdrücken. Die Pfefferkuchen 10 bis 12 Minuten bei 240 °C bis 250 °C backen und dann mit Zuckersirup glasieren. Wer gemusterte Pfefferkuchen möchte, kann den Teig mit einer Waffel- oder Riffelrolle (Nudelholz mit entsprechender Musterung) ausrollen. Das Muster bringt man vor dem Ausstechen der oberen Deckplätzchen an. Die Original-Pfefferkuchen haben die Aufschrift «Tulski» oder «Wjasemski», d. h. «aus Tula, Tulaer» oder «aus Wjasma, Wjasmaer». Diese Schrift wird mit einer Spezialschablone aufgetragen. Danach werden die Pfefferkuchen zunächst in sehr heißem Ofen gebacken, damit die Schrift deutlich erhalten bleibt. Zu Ende gebacken werden sie bei niedrigerer Temperatur und danach mit Zuckersirup glasiert. Unter häuslichen Bedingungen kann man diese Pfefferkuchen jedoch auch so herstellen, wie oben beschrieben.

Figurenpfefferkuchen mit Eiweißspritzglasur

Für 10 Pfefferkuchen von je 100 g:
Pfefferkuchenteig aus
3 Bechern Mehl;
1 Eigelb,
«Eiweißspritzglasur» aus 1 Eiweiß.

Den Teig 6 bis 8 mm dick ausrollen. Mit Hilfe von Ausstechern oder einem Teigrädchen alle möglichen Figuren ausstechen oder -rädeln. Auf ein gefettetes Backblech legen und die Oberflächen mit verquirltem Eigelb bestreichen. 12 bis 15 Minuten bei 210 °C bis 220 °C backen. Abgekühlt mit Eiweißspritzglasur, die beliebig gefärbt sein kann, garnieren.

Figurenpfefferkuchen mit Mandeln

Für etwa 1000 g Pfefferkuchen:
Pfefferkuchenteig
aus 3 Bechern Mehl;
1 Ei, 3/4 Becher Mandeln.

Den Teig 4 bis 5 mm dick ausrollen. Mit dem Messer oder mit Ausstechern verschiedene Figuren aus dem Teig ausschneiden oder ausstechen. Diese auf ein gefettetes und mit Wasser bespritztes Backblech legen. Die Oberflächen der Pfefferkuchen mit verquirltem Ei bestreichen und jede Figur mit Mandelhälften verzieren. 6 bis 8 Minuten bei 220 °C bis 230 °C backen.

Honigkuchen

Für etwa 700 g Pfefferkuchen:
2 Becher Mehl, 1/4 Teel. Natron,
100 g Butter, 3/4 Becher Honig,
2 Eier, je 1 Prise Nelke,
Ingwer und Pfeffer,
je 1 Messerspitze Zimt
und Kardamom; 1 bis 2 Eigelb,
1/2 Becher Mandeln.

Das Mehl mit Natron vermischen und sieben. Die Butter zerdrücken. Den Honig, falls er kristallisiert ist, ein wenig erwärmen, bis sich die Kristalle aufgelöst haben, und wieder abkühlen. Honig, Butter, Eier und die gesiebten Gewürze gut miteinander verrühren. Das Mehl zugeben und alles rasch zu einem Teig verarbeiten. Diesen Teig etwas abkühlen lassen und dann ausrollen. Die verschiedensten Figuren ausstechen, auf ein gefettetes Back-

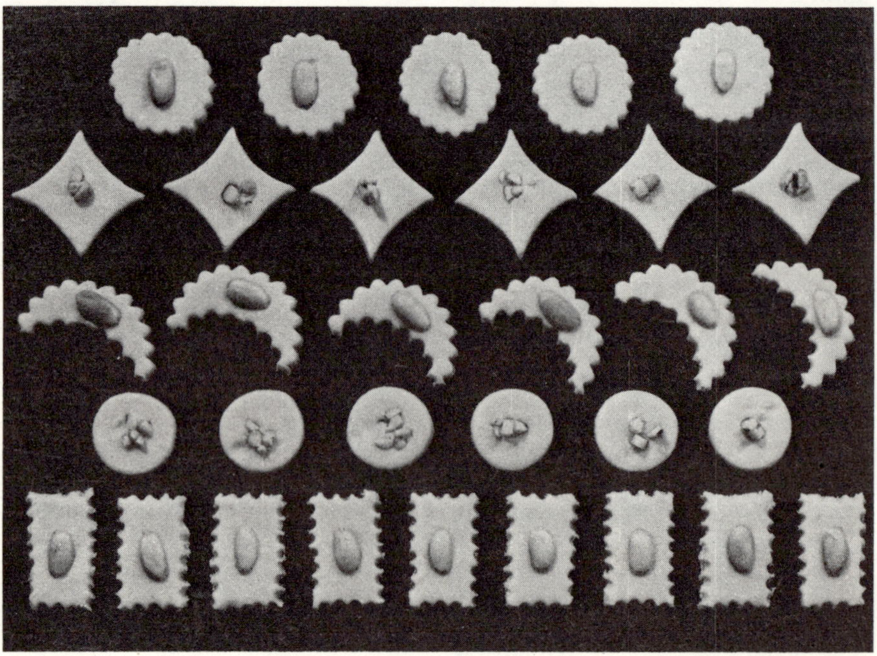

Abb. 98. Honigkuchen lassen sich beliebig ausstechen

blech legen, mit Eigelb bestreichen und mit abgezogenen Mandeln verzieren. 10 bis 15 Minuten bei 210 °C bis 220 °C backen. Die Honigkuchen können nach dem Backen auch mit «Zuckersirup» oder «Fondant» glasiert und erst danach beliebig mit Mandeln, Nüssen oder Zukaten (Zitronat, Orangeat) verziert werden.
(Siehe Abb. 98)

Zukaten-Pfefferkuchen

Für etwa 1100 g Pfefferkuchen:
Pfefferkuchenteig aus 3 Bechern Mehl,
1 Becher Zukaten
(Zitronat, Orangeat o. ä.);
«Zuckersirup» aus 6 Eßl. Zucker.

Bei der Teigbereitung die kleingehackten Zukaten zufügen. Den fertigen Teig 7 bis 8 mm dick ausrollen. Mit dem Messer in kleine Vierecke schneiden, auf ein trockenes Backblech legen und 8 bis 10 Minuten bei 220 °C bis 230 °C backen. Dann mit aromatisiertem Zuckersirup glasieren.

Pfefferkuchenallerlei

Für etwa 600 g Pfefferkuchen:
1 Becher Mehl, 1/2 Teel. Natron
oder Backpulver, 1/2 Teel. Zimt,
2/3 Becher Zucker, 1/3 Becher Wasser,
2 Eßl. Honig, 50 g Margarine.

Mehl, Natron oder Backpulver sowie Zimt mischen und sieben. Zucker, Wasser und Honig bis zur Auflösung des Zuckers erwärmen und wieder auf Zimmertemperatur abkühlen lassen. Dann die Margarine sowie alle anderen Zutaten dazugeben und zu einem Teig verarbeiten. Den fertigen Teig 6 bis 8 mm dick ausrollen. Mit Ausstechern verschiedene kleine Figuren ausstechen, auf einem trockenen Backblech 8 bis 10 Minuten bei 210 °C bis 220 °C backen.

Schokoladenpfefferkuchen

Für etwa 900 g Pfefferkuchen:
1 1/2 Becher Zucker oder Honig,
100 g Butter,
1 Teel. Pfefferkuchengewürz,
3 Teel. Kakao, 4 Eier, 3 Becher Mehl,
1 Teel. Natron.

Zucker oder Honig, Butter, Gewürze und Kakao 5 bis 6 Minuten rühren. Unter weiterem Rühren die Eigelb dazugeben. Dann die steifgeschlagenen Eiweiß unterziehen. Zuletzt das zusammen mit Natron vermischte Mehl einstreuen und rasch zu einem Teig verarbeiten. Weiter verwenden und backen, wie in einem der vorhergehenden Rezepte beschrieben.

Pfefferkuchenstreifen mit Warenje

Für Pfefferkuchenstreifen
von insgesamt etwa 1200 g:
Pfefferkuchenteig aus 3 Bechern Mehl;
1 Ei, etwa 1 Becher dickes Warenje.

Den Teig 4 bis 5 mm dick ausrollen, in 6 bis 7 cm breite Streifen schneiden. Die Hälfte der Streifen in Abständen von 1 1/2 bis 2 cm voneinander auf das leicht gefettete Backblech legen. Dann die Streifen mit Ei bestreichen und in die Mitte jedes Streifens längs dickes Warenje geben. Darauf jeweils einen anderen Streifen legen und die seitlichen Ränder ringsum andrücken. Die Oberflächen mit verquirltem Ei bestreichen. 10 bis 12 Minuten bei 200 °C bis 210 °C backen. Die Streifen nach dem Abkühlen zu Pfefferkuchen beliebiger Größe schneiden.

Vanille- oder Pfefferminzpfefferkuchen

Für etwa 700 bis 800 g Pfefferkuchen:
3 Becher Mehl,
1/2 Teel. Natron,
1 1/4 Becher Zucker,
1/2 Becher Wasser,
1 Päckchen Vanillinzucker oder
3 bis 5 Tropfen Pfefferminzaroma
oder etwas -likör, 1 Ei.

Das Mehl mit Natron vermischen und sieben. Zucker mit Wasser zum Kochen bringen und bis zur Dicken-Faden-Probe eindampfen lassen. Diesen Zuckersirup auf Zimmertemperatur abkühlen lassen, Vanillinzucker oder Pfefferminzaroma, Ei sowie Mehl dazugeben und alles in 3 bis 4 Minuten zu einem Teig verarbeiten. Den fertigen Teig zu bohnengroßen Kugeln rollen, auf ein leicht gefettetes Backblech legen und 5 bis 7 Minuten bei 180 °C bis 200 °C backen. Man kann aus dem Teig auch größere Kugeln — etwa von Pflaumengröße — rollen, auf das Backblech legen, mit einer Gabel über Kreuz darauf drücken oder mit dem Boden eines Salzfäßchens oder eines Bechers ein Muster eindrücken. Der Teig läßt sich auch 1 cm dick ausrollen, die Oberfläche mit einer Waffelrolle (Nudelholz mit entsprechender Musterung) verzieren und dann mit einem Becher zu Kreisen ausstechen. Diese Pfefferkuchen werden 6 bis 8 Minuten bei 190 °C bis 210 °C gebakken. Möglichst noch warm können jeweils zwei Stück mit Jam oder Warenje zusammengesetzt werden. Das Glasieren mit «Vanille-Fondant» gibt Vanillepfefferkuchen einen noch kräftigeren Geschmack.

(Siehe Abb. 99)

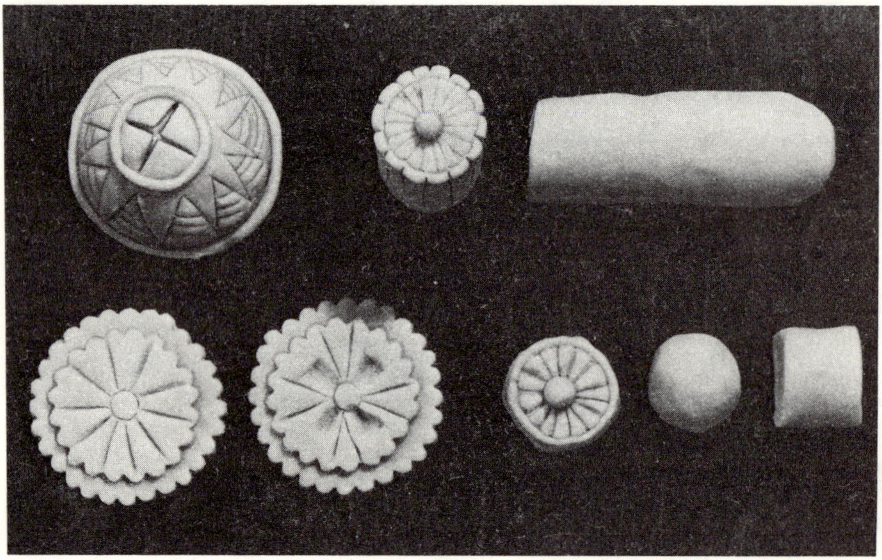

Abb. 99. Vanille- oder Pfefferminzpfefferkuchen können hübsche Muster erhalten

Sportpfefferkuchen mit Mandeln

Für etwa 700 bis 800 g Pfefferkuchen:
2 Eßl. Honig, 1 1/2 Becher Zucker,
50 g Butter, 2 Eßl. Milch,
1/2 Teel. Zimt, etwas Muskat,
4 Nelken, 1/2 Zitrone, 1 Ei,
1/2 Teel. Natron, 2 Becher Mehl;
1 Ei, 1/2 Becher Mandeln.

Honig und Zucker erwärmen. Sobald sich der Zucker aufgelöst hat, Butter, Milch, gemahlenen Zimt, geriebenes Muskat, pulverisierte Nelken, abgeriebene Schale und Saft der Zitrone dazugeben. Die Masse gut verrühren und auf Zimmertemperatur abkühlen lassen. Dann das Ei sowie das mit Natron vermischte und gesiebte Mehl dazugeben. Alles zu einem Teig verarbeiten. Den fertigen Teig 5 bis 7 mm dick ausrollen, in Rechtecke schneiden, auf ein leicht gefettetes Backblech legen, mit verquirltem Ei bestreichen und die Teigoberfläche mit abgezogenen Mandeln verzieren. 12 bis 15 Minuten bei 220 °C bis 230 °C backen.

Sachwortverzeichnis

Bildtafelverzeichnis

27. Pljuschki mit Mohn
28. Blätterteig-Piroshki
29. Wosmjorki
30. Profitroli
31. Kulebjaka, Pastete aus Blätterteig
32. Figurenpfefferkuchen, gefüllte Pflasterstein-Kowrishka